国家社科基金
GUOJIA SHEKE JIJIN HOUQI ZIZHU XIANGMU
后期资助项目

健康中国持续推进中体医融合运行机制的理论与实践研究

Research on Integration of Sports and Medicine under the Healthy China 2030 Plan

马勇 著

上海三联书店

2021 年国家社科后期资助项目

《健康中国持续推进中体医融合运行机制的理论与实践研究》，

项目编号：21FTYB009。

前　言

　　《健康中国 2030 规划纲要》的颁布实施将人民健康上升到国家战略发展高度立即引起社会各界的高度关注和共鸣。尤其是文件中提到的"体医融合"这一概念立即引起了学术界的高度重视。健康中国持续推进进程中,健康促进问题是重点问题也是难点问题。"体医融合"作为一种国家力推的新型健康促进方式,如何在健康中国建设进程中发挥积极效应是一个值得研究问题。现阶段,体医融合不论是理论研究还是实践探索均处于起步阶段,这就给体医融合整体效应的发挥增添了难度,同时也体现出以体医融合为研究对象的价值所在。本研究对体医融合运行机制进行研究,并不是构建一个全新体医融合运行机制,而是在社会运行机制理论框架体系下,探讨体医融合运行机制如何良性运行的理论与实践问题。在体医融合学术理论研究及实践探索成为关注点的当下,既能为认知体医融合提供新的视角,也能为体医融合机制实践运行提供参考。

　　本研究以体医融合理论和实践问题为导向,以社会运行机制理论为理论基础,以五个二级机制之间的相互关系为主线,采取理论研究和实践研究相结合的研究范式,运用文献资料、调查访问、实地考察、比较分析、逻辑分析等研究方法系统探讨体医融合运行机制问题。机制运行的过程也是体医如何融合的过程。本研究的主要内容及观点如下:

　　第一章研究起点问题探究。本章属于研究前提,主要对研究的背景与意义、体医融合概念界定、体医融合运行机制的理论基础以及体医融合实践等前提性问题进行探讨。在健康中国持续推进中,作为健康促进的有效手段,体医融合不论是在理论层面还是实践层面均存在着较多问题。在理论层面,体医融合理论体系的构建才刚刚起步,体医融合内涵特点尚未完全发掘、体医融合的理论基础尚未系统梳理、体医融合实践类型与特点尚未充分整理。故此,本部分首先对存有较大争议的体医融合概念进行了界定,确定了体医融合的理论基础是中医的治未病理论;然后将体医融合放置于历史发展的视角,对体医融合的历史发展脉络进行梳理。其目的是将体医融合研究归置于社会运行机制理论视角下。在社会运行机制理论下,体医融合运行机制可分为动力机制、激励机制、保障机制、整合机制和控制机制。五个二级机制的确立为分章论述体医融合运行机制提供了理论支撑。最后,结合体医融合实践场域,对体医融合实践类型与特点进行类型划分。这为五个二级机制运行实践提供了实践支撑。

第二章体医融合动力机制。动力机制为体医融合机制运行提供适宜的动力。首先对体医融合动力机制内涵、动力要素进行解读。然后构建体医融合动力机制理论分析框架,最后剖析体医融合动力机制实践运行过程、规律、存在的问题及运行策略。体医融合动力是主动力和逆动力的辩证统一。主动力包括:人民对健康的需要与不平衡、不充分发展之间的矛盾,体育系统和医疗卫生系统改革,健康中国建设以及全面建成小康社会。逆动力包括:民众体医融合意识和行为障碍,技术、资源和制度障碍几个方面。在内生动力、外生动力和动力传动的三维分析中,内生动力包括了民众体医融合主体要素和由意识、行为、技术、资源、制度组成的核心要素组成。外生动力则主要包括由政治、经济、文化组成的环境要素组成。动力传动则由氛围、信息和利益组成。体医融合动力机制运行要把握动力盈亏规律和动力正负规律。在动力机制运行过程中暴露出动力机制运行过程不畅,内生动力作用体现不足等突出性问题。针对问题提出要从内驱力激活机制、外驱力强化机制、政策融入机制、专项政策制定机制、体医融合效果实现机制、主体利益保障机制、氛围营造与信息传递机制、适宜的激励机制等方面进行思考。

第三章体医融合激励机制。激励机制为体医融合机制运行提供活力。首先对激励机制内涵、体医融合激励机制特点及激励理论对体育融合激励机制运行启示等内容进行分析。然后构建出激励主体、激励介体和激励环境的体医融合激励机制理论分析框架。最后对体医融合不同类型利益相关者的激励机制运行实践过程、存在的主要问题及运行策略进行分析。体医融合激励机制呈现出激励主体多样性、激励标准模糊性、激励环境复杂性的特点。多学科的激励理论能为体医融合激励机制运行提供启示。在激励环境、激励主体、激励客体以及激励介体的多维理论分析框架下,集中指向于对体医融合利益相关者的激励问题。对三类利益相关者进行激励的过程中要注重采取不同的激励方法、激励内容和激励形式。在激励机制运行过程中暴露出外在激励的强势和内在激励的疲软,激励效果指向性分散等突出问题,提出体医融合实施目标设置机制、体医融合行为规范研制机制、实践主体利益诉求与表达机制、先进典型示范表彰机制、适宜的保障机制等方面进行思考。

第四章体医融合保障机制。保障机制是维护机制运行安全,为体医提供良性融合条件。首先对保障机制内涵、功能和特点进行分析。然后在保障主体、保障内容及保障方式三维理论分析框架下,分别对体医融合保障主体保障功能实现机理、保障内容及其保障方式进行理论分析。最后对保障机制运行实践过程、运行实践困境和运行实践策略进行探讨。保障机制运行是保障主体采取保障方式对保障内容进行保障的过程。体医融合的保障内容涉及到组织保障、经济保障、法律法规保障和服务保障。而服务保障则是保障机制运行的落脚点,包括了对人力资源、场地器材、技术、信息的保障。在保障机制运行过程中存在着保障机制运行过程的依附性较强、保障机制运行效果分散等问题。现阶段,体医融合整合机制的良性运行可以从政府监管与部门协调机制、实践组织协同机制、资金共筹专用机制、场地器材设施共享扶持机制、人才利用与培养机制、技术转化与话语完善机制、构建完善的整合机制等方面进行思考。

第五章体医融合整合机制。整合机制是协调体医融合各方利益，使体医融合内部要素构成一个整体。首先对整合机制内涵以及整合机制与其他机制之间的关系进行梳理。然后构建出整合主体、整合方式、整合内容和整合维度的四维理论分析框架。最后在整合机制运行原则的指导下对横向整合和纵向整合实践路径进行探讨，结合整合路径实践，对整合机制运行实践困境与实践策略进行分析。体医融合整合机制集中指向于对利益和资源进行整合，最终通过功能整合和空间整合两个方面体现出来。在整合机制运行过程中存在着体医融合政策力体现不足，利益保护下的整合困境，实践主体整合意识淡薄等突出问题。体医融合保障机制的良性运行实践可以从整体政府治理机制、实践组织联席会议机制、实践共同体构建机制、信息化整合平台构建机制、建立有效的控制机制等方面进行思考。

第六章体医融合控制机制。控制机制为体医融合及机制运行提供方向和进程上的把控。首先对体医融合控制机制内涵及不同学科控制理论对体医融合控制机制启示进行解读。然后构建出控制系统、被控制系统和控制介质系统和控制输出四维理论分析框架。最后对控制机制运行实践原则、实践存在的问题及运行策略进行分析。体医融合控制主体要素主要是指政府职能部门，控制客体要素主要是指体医融合实践主体。控制方向表现为要坚持中国共产党领导下的中国特色社会主义方向，坚持中国特色社会主义初级阶段的公共服务方向，坚持健康中国持续推进中的全民健身与全民健康方向；在控制进程上要坚持城镇地区向农村地区推进，坚持发达地区向欠发达地区推进，坚持典型区域向非典型区域推进。在控制机制运行中主要存在着多元控制主体职责指向分散，控制机制运行过程不畅等突出性问题。体医融合控制机制的良性运行可以从多元主体控制机制、体医融合工作融入机制、体医融合工作纳入机制及域外经验借鉴机制等方面进行思考。

目　　录

第四章　体医融合保障机制

目

录

第一章 研究起点问题探究

第一节 研究背景与研究意义

一、新时代背景

新时代即中国特色社会主义进入新时代。2017 年在党的十九大报告中做出了"中国特色社会主义进入新时代"的重大判断,昭示着国家发展以一种新的姿态进入新的发展阶段。新时代的重大判断是党和国家事业发展的全局视角下,继往发展取得的历史性成就,开来本世纪中叶的发展目标所作出的科学判断。新时代概括了中华民族的历史飞跃,坚定了中国共产党的时代使命,树立了国家事业发展的鲜明旗帜,预示了时代未来的美好愿景。体医融合是新时代发展的产物,新时代为体医融合机制的运行提供了广阔的空间。

(一) 新时代是社会主要矛盾转变的时代

在社会主义初级阶段,我国社会的主要矛盾是"人民日益增长的物质文化需要同落实的社会生产之间的矛盾"。进入新时代,社会主要矛盾转化为"人民日益增长的美好生活需要和不平衡不充分的发展之间的矛盾"①。社

①田天亮.改革开放以来中国共产党对我国社会主要矛盾的认识[D].东北师范大学博士学位论文,2020(6):18.

会主要矛盾对社会发展起着支配和决定作用①。在新时代背景下,社会主要矛盾的转变是党基于发展的现实问题、人民的实际需要以及所处国情的高度概括,对国家全局发展具有战略方针意义。随着人们生活水平的不断提高,人们对健康的需求越来越强烈,但是健康促进在不同区域发展不协调,医疗卫生的总体量不能满足人们对健康促进的需要。这就需要加入一些绿色、环保、经济、有效的健康促进方式缓解人们"日益增长的健康需要与健康促进不平衡不充分发展之间的矛盾"。体医融合恰好契合了新时代人们对健康的迫切需求,是一种历经历史与现实检验的有效的健康促进方式,对于缓解人们日益增长的健康需要与健康促进不平衡不充分之间的矛盾具有良好效果。

(二) 新时代是实现人全面发展的时代

实现人的解放和人的自由而全面发展是科学社会主义的出发点和落脚点②。人的全面发展是中国共产党领导下坚持人民利益至上、尊重人民主体地位的具体表现。新时代人的全面发展不仅仅是指劳动能力的全面发展,而且是体力、智力、道德等全方位和谐、健康、充分地发展。共产党领导下的新中国为人的全面发展创造了极佳条件,既是对我国建设的历史传承也是新时代背景下中国特色社会主义建设新征程的重要指标。健康是人全面发展的重要内容,是人全面发展的基石。没有健康的体魄,人的体力、智力、道德的发展也就失去了存在的意义。人的全面发展是社会高度发展的内在需要,是共产党领导下中华民族艰苦奋斗的结果。只有社会政治、经济、文化发展到一定高度时才能触发人的全面发展。所以,人的全面发展是新时代的象征。体医融合是一种有效的健康促进方式,在实现人的全面发展过程中具有重要地位。

---

①包学文.中国特色社会主义分配制度的演进逻辑——以"资源配置"转变为中心[J].南京林业大学学报(人文社会科学版),2022(6):60—69+114.
②江源.中国特色社会主义对世界社会主义发展的贡献[J].濮阳职业技术学院学报,2023,36(6):61—64+104.

但是,在新时代背景下如何发挥体医融合应然的健康促进效果,为人的全面发展保驾护航是一个值得深入研究的问题。

(三) 新时代是践行新发展理念与思维的时代

新时代背景下需要新的发展理念与思维来应对国家发展过程中出现的新的问题。习近平主席在 2015 年 10 月党的十八届五中全会中提出了"创新、协调、绿色、开放、共享"的新发展理念。将全党和全国人民的思想和行动统一到新发展理念中来,为实现中国特色社会主义阶段发展目标服务。创新注重的是调动与激发人民群众推动社会发展的创新性、积极性和主动性,解决社会发展动力问题。协调是协调不同区域、不同领域发展不均衡、不充分、不持续的问题。绿色是遵循自然发展规律,创设人与自然和谐发展,构建生命共同体的问题。开放是处理社会发展事务内外联动的问题,坚持改革开放,提出"一带一路",实现人类命运共同体建设。共享是社会发展过程中不断提高共识,增强凝聚力,推动社会事务全民共建共享,解决社会公平正义问题。在新发展理念的指引下,对国家事务的发展要不断提高战略思维能力、历史辩证思维能力、系统思维能力、创新思维能力,以便对国家事务发展做出高效的战略部署。在人们追求健康的过程中,我们开展健康促进工作也要以新发展理念为理论基础,结合重点问题和主要矛盾点,转变传统健康促进的工作思维,为全民健康服务。体医融合作为一种新型的健康促进方式,不论是在理论研究还是实践效应凸显上均有不足之处,这就要求对体医融合进行研究要转变思维,借助新的发展理念将体医融合实践效应落到实处。

(四) 新时代是高质量发展为主题的时代

2017 年,中国共产党第十九次全国代表大会上首次提出高质量发展的主题。2021 年 3 月,中央政治局会中审议《关于新时代推动中部地区高质量发展的指导意见》,同年 9 月,国务院批复《推进资源型地区高质量发展"十四五"实施方案》。高质量发展是转变经济发展类型，由原来的高速增长转变为高质量发展。在全面建设社会主义现代化国家的过程中，高质量发展是首要任务。高质量发展是以经济发展为线索，不断完善社会主义经济制度，构建高水平社会主义市场经济体制。利用经济体制改革努力发展适应现代化国家的现代化产业体系，在体系打造过程中统筹城乡发展，全面推进乡村振兴。城乡协调发展的同时，深入实施区域协调发展战略，打造高质量发展区域块。高质量发展是经济发展新常态下主动适应经济环境变化的最优选择，是科学贯彻"创新、协调、绿色、开放、共享"新理念的具体表现，也是努力适应新时代背景下社会主义矛盾变化的必然要求。高质量发展就是要处理政府和市场的关系，努力体现社会主义市场经济的优越性，实现社会和谐和经济平稳增长的良性互动。高质量发展是适应国内需求的升级，不断推进我国供给侧改革。人们对健康的需求是高质量发展的结果，高质量的健康发展也是国家高质量发展的重要内容。以高质量经济发展推动健康供给的高质量，优化健康供给侧改革，打破健康促进的单一局面，实现健康促进的"去中心化"，供给主体多元化，是新时代背景下健康促进高质量发展的内在需要。体医融合机制也要高质量运行，这是体医融合之于健康促进效应突显的内在要求。然而，体医融合机制如何高质量运行就需要借助合适的理论对体医融合机制内部要素进行梳理，对体医融合机制运行过程进行剖析，对体医融合机制运行实践问题进行把脉诊断，以实现体医融合健康促进高质量发展。

二、国家政策背景

体医融合研究离不开政策的支持。新时代背景下，体医融合产生、发展以及健康促进效应的显现均离不开政策的支撑。2016年国务院颁布实施《"健康中国2030"规划纲要》，第六章第三节加强体医融合和非医疗健康干预，"推动形成体医结合的疾病管理与健康服务模式"①。体医融合的概念首次在国务院政策文本中出现。

2017年1月22日国务院印发《中国预防慢性病中长期规划（2017—2025年)的通知》在专栏1"健康教育与健康促进项目"中明确提出："促进体医融合,在有条件的机构开始运动指导门诊,提供运动健康服务"②。体医融合俨然已经成为健康促进和健康管理的有效手段,用以全民健康水平。尤其是在降低高危人群发病风险,提高患者生存、生活质量,从而实现从"防病治病"向"健康促进"转变。体医融合健康促进理念被广泛接受。

2019年7年健康中国推进委员会发布《健康中国行动（2019—2030年)》③,政策中明确指出要"构建科学健身体系。建立针对不同人群、不同环境、不同身体状况的运动促进健康指导方法,推动形成'体医结合'的疾病管理与健康服务模式。"体医融合引起各界重视。

尤其是2021年3月李克强总理在全国"两会"作的政府工作报告中明确指出："持续推进健康中国"是"十四五"期间的主要目标任务,可以看出,在今后相当长的一段时间内,体医融合将在健康中国持续推进中扮演重要角色。

三、现实背景

(一) 日益增长的健康需要与健康促进不平衡不充分之间的矛盾

健康需要是一种自我实现的价值需要。随着人民生活水平的不断提高,人们在物质需要得到满足后,对更高层次的健康需要表现强烈。然而,生活水平的提高也使得健康问题频发。慢性病俨然成为人们健

---

①中华人民共和国中央人民政府. 中共中央国务院印发《"健康中国2030"规划纲要》[EB/OL]. http://www. gov. cn/xinwen/2016—10/25/content_5124174. htm. (2016. 10. 25)[2021.04.20].

②中华人民共和国中央人民政府. 中国预防慢性病中长期规划（2017—2025年). www. gov. cn/zhengce/content/2017—02/14/content_5167886. htm. (2017—02—14)[2022.10.10].

③中华人民共和国中央人民政府. 健康中国行动(2019—2030年). http://www. gov. cn/xinwen/2019—07/15/content_5409694. htm. (2019. 07. 15)[2022.10.21].

康的"重要杀手"。据不完全统计,2022 年底我国慢性基础病病人大约有 3.5 亿,其中 60 岁以上老年人约有 2.7 亿,65 岁以上老年人 2 亿,0—3 岁儿童人口数为 3021 万人。老年人和儿童是健康的刚需人群。从《2022 年我国卫生健康事业发展统计公报》的数据显示,2022 年全国医疗卫生机构总诊疗人次为 84.2 亿,人均到医疗卫生机构就诊次数为 6.0 次[①]。由此可见,不论是对健康有刚需的老年人与儿童,还是诊疗实践人次均表明人们对健康的需求越来越强烈。2022 年末,我国医疗卫生机构总数为 1032918 个,比 2021 年增加 1983 个,总床位数 975.0 万张,医疗卫生工作人员总数为 1441.1 万人(比 2021 年增加 42.5 万人,增长 3.0%),总费用为 84846.7 亿元[①]。一方面健康需求不断增加,一方面医院、床位、工作人员数量在逐渐增加,但是仍然无法解决"看病难"的问题。日益增加的健康需要与健康促进不平衡不充分之间的矛盾表现明显。

人们习惯用医疗卫生手段对健康进行干预,然而体育也是健康干预的有效手段。让更多的非医疗干预手段参与到全民健康促进中来,形成医疗与非医疗共同干预健康的局面,既可以解决日益增加的健康需要与健康促进不平衡不充分之间的矛盾,还可以减轻国家经济负担。故此,体医融合是大势所趋。只是在健康干预中体医融合的实践效应并没有完全显现。主要原因在于体育与医疗系统的融合既缺乏系统理论支撑也缺少实践经验。这就需要我们站在合适的理论视角下对体医融合运行机制进行系统分析。

(二)健康中国持续推进需要体医融合的高质量参与

全民健康是健康中国持续推进的重要内容之一。全民健康的实现深度与广度决定着健康中国持续推进速度。2019 年 7 月 9 日,国务院成立"健康中国行动推进委员会"负责统筹健康中国的组织、实施、检测和考核工作。健康中国建设有了最高的领导机构。全民健康不仅仅是医疗卫生系统的任务,也是体育系统的职责所在。大量研究表明:对于不可逆性的健康风险来说,加强体育锻炼可以提高人体机能和免疫系统功能,延缓不可逆健康风险的发生,有规律的体力活动和运动可以带来如下益处:1.减少心脏病的发病率和死亡率;2.减少心血管疾病的发病率和死亡率;3.减少脑血管疾病和中风;4.良好的血压控制;5.调节血脂;6.促进心血管健康;7.增强心肺耐力;8.改善糖耐量;9.增进骨骼肌肉健康;10.提高生命活力和生活质量;11.延长寿命等等。可见,体育是一种绿色、经济、有效的健康促进方式。体育与医疗强强联手共同干预健康是健康中国持续推进过程中必然要求。

体育与医疗卫生分属两个不同的系统,在长期"条块分割"的管理模式下,两个系统内部交流融合并不常见,这就给体医融合效益实现增加了难度。如何实现体育系统和医疗卫生系统的真正融合,让高质量的体医融合参与到健康中国持续推进中去是一个值得研究的问题。

四、研究意义

(一)理论意义

1.为认知体医融合提供了新的理论视角

"体医融合"促进健康的发展模式在国外开展已久,而在我国却还是一种新型的健康促进方式,是一种全新的概念。在学术研究中,体医融合研究始于2006年,2016年《健康中国"2030"规划纲要》提出体医融合概念后立即引起了学术界的高度重视,学术研究成果成倍增长。2016年前的体医融合研究大都与医学院校人才培养相关,将体医融合作为医学院校教育教学和人才培养的基本理念。此时的体医融合内涵与现在存在着较大的差异。2016年至2022年间,体医融合不论是在学术期刊还是学术论文都有大量的研究成果。其研究主题可以分为:体医融合与群众体育实施研究、体医融合与慢性病预防研究、体医融合与健康中国建设研究、不同人群（青少年、老年人）体医融合健康促进体系研究、体医融合国外经验介绍与启示研究等。体医融合研究成果内容丰富为本研究提供理论视角、研究内容与方法上的帮助。尤其是体医融合与健康中国建设研究对本研究的启示最大。

纵观体医融合现有的研究成果，还存在以下问题：其一，对体医融合概念、体医融合的理论基础等元问题研究不够深入。其二，在体医融合与健康中国建设研究中，鲜有将体医融合放置于整个社会运行机制中去系统考察。借助于成熟的社会运行机制理论对体医融合的动力机制、激励机制、保障机制、整合机制和控制机制进行理论分析，能为体医如何更好融合提供理论参考，还能从整体上认知与把握体医融合提供新的理论研究视角。

2. 为健康中国持续推进提供理论参考

健康中国建设的首要指标是全民健康。现阶段，全民健康促进的手段主要依赖于医疗卫生。鉴于我国人口基数大，人们对健康的需要与日俱增，形成了日益增长的健康需要与健康促进不平衡不充分之间的矛盾。缓解主要矛盾是社会主义制度优越性的表现，也是中国共产党领导下的全国人民努力奋斗的目标。全民健康需要开辟更多、更有效的健康促进手段。无可置否，体育符合健康中国持续推进中对人们健康干预的需要。从近年来，国家对学校体育改革的力度，对群众体育的重视与投入不难发现，体育作为绿色、经济、有效的健康促进手段正被国家和人民群众重视。

在事物多元化的视角下，任何事物的发展不可能在相对封闭的自系统内产生。多事物融合发展俨然成为一种发展趋势。对于健康促进而言，仅靠医疗卫生系统和体育系统很难实现全民健康。两个系统融合发展，共同为全民健康发力，实现"1＋1＞2"的效果需要体医融合。体医融合直接指向于全民健康。本研究以健康中国持续推进为研究背景，以体医融合运行机制理论与实践为主题，其中理论研究部分能为健康中国持续推进提供理论参考。具体表现为对体医融合动力机制的理论分析,能为国家通过有效手段激发体医融合适宜动力提供理论参考;对体医融合激励机制的理论分析,能为监管主体通过适宜的激励手段、内容与方式激发体医融合实践主体积极性提供理论参考;对体医融合保障机制的理论分析,能够从保障主体、保障内容、保障方式的理论分析中为体医融合顺利开展提供保障条件的理论参考;对体医融合整合机制的理论分析,能够从整合主体通过合适的整合方式、整合内容及整合维度上提供理论参考;对体医融合控制机制的理论分析,能够从控制主体、控制介质及控制方向与进程上提供理论参考。

（二）实践意义

1. 加快实现体医融合之于健康中国建设的实践效应

健康中国建设的实践效应是全民健康水平得以真实提高。《健康中国行动(2019—2030年)》提出了健康知识普及行动、合理膳食行动、全民健身行动、控烟行动、心理健康促进行动、健康环境促进行动、妇幼健康促进行动、中小学健康促进行动、职业健康保护行动、老年健康促进行动、慢性病防治行动、传染病防控行动等十五项具体指标。人民的健康水平显著提高是健康中国建设的最终目标。十五项行动指标与健康实践密不可分。

现阶段,社区、医院、学校等场域正在进行体医融合实践。2015年国家体育总局成立"体医融合促进与创新研究中心",2017年,10所医学高校发起"中国医体整合联盟"在浙江杭州成立;上海、北京、深圳、苏州等社区体医融合正在如火如荼开展;体医融合俱乐部也在社会中如雨后春笋般出现。体医融合实践主体的实践效果好坏关系到健康中国建设进程。本研究以社会运行机制为理论基础,对体医融合动力机制、激励机制、保障机制、整合机制和控制机制进行理论与实践分析。在实践分析部分,分析五个二级机制的实践过程及规律,剖析五个二级机制运行过程中存在的典型问题,进而提出相应的解决策略。这为体医融合实践活动的开展具有一定的实践指导价值。

2.加快实现体医融合之于健康促进的实践效果

体医融合在我国的实践尝试有着悠久的历史,东汉时期的医学家华佗创立"五禽戏"就是模仿五种动物的肢体动作以达到预防疾病、增强体质的效果。2016 年《健康中国"2030"规划纲要》提出体医融合概念之后,短短几年时间内在各个场域进行了体医融合实践尝试。体医融合实践场域主要有:医院、社区、学校、体医融合俱乐部等。在众多实践场域中,医院、社区开展体医融合最为常见。就医院体医融合实践而言,可以有效解决体育与医疗无法解决的运动安全性、运动有效性及运动持续性等问题。但是从医院体医融合实践情况并不乐观,"到医院去锻炼"的依存性较低,医生开具的运动处方能长期坚持的人不到 20%。医院的运动场地不足以及体医融合体验感差是医院体医融合实践存在的主要问题①。对社区体医融合实践而言,可以有效解决体医融合可及性的问题。当前社区体医融合实践大致有政企合作模式、社区体医融合俱乐部模式、社区体质检测中心模式。但是社区体医融合实践还存在着体医融合理念认知不足、社区内各主体缺乏长效合作机制主动参与力不足、体医融合专业人才缺位、社区资源整合不够等突出问题②。

总体而言,各实践主体的体医融合实践效应体现不足。这在一定程度上影响了体医融合之于健康促进的整体效果。本研究对体医融合运行机制的五个二级机制进行实践研究,提出了五个二级机制运行实践的过程,尤其是对实践问题的剖析及运行策略建议对各实践主体开展体医融合实践活动具有一定的实践指导价值。

从政协十三届全国委员会第二次会议第 0948 号(医疗体育类—《关于体医结合建立社区慢性疾病管理中心的提案》)答复函中透露出将逐

---

① 中国青年网.从"去医院锻炼"到"不能总去医院锻炼"—专家热议体医融合新变化 EB/OL]. https://baijiahao.baidu.com/s? id = 1767906712073974352&wfr = spider&for = pc. [2023—06—06](2023—10—10).

② 王一杰,王世强,李丹等.我国体医融合社区实践:典型模式、现实困境和发展路径[J].中国全科医学,2021,24(18):2260—2267.

步构建体医融合疾病管理和健康服务网络体系。体医融合在健康促进中的实践效应正被人们所重视。尤其是回复函中明确提到"十四五期间，将深入研究体医融合策略和体制机制，不断增强体医融合发展的动力和活力"①。这既体现了本研究的意义与价值也增强了研究信心。

第二节　概念界定与体医融合理论基础探寻

一、体医融合概念界定

（一）体医融合的三种形态

《"健康中国2030"规划纲要》提出"加强体医融合和非医疗健康干预"后，"体医融合"一词立即引起学界高度重视。体医融合是体育与医疗作为健康促进有效手段进行交融渗透的一种状态。然而，在学术研究及相关政策文本中，先后出现了体医整合、体医结合和体医融合三个词汇。

比较而言，体医整合在学术研究中出现频率较低，在医学领域，借助于整合医学理论从人的整体出发，将医学各领域内最先进的理论知识和最有效的临床实践经验进行有机整合，立足社会、环境和心理三个维度进行修正与调整，使体医融合更加适合人的整体健康和疾病诊疗。2019年2月国家体育总局科学研究所牵头成立了"中国医体整合联盟"。体医结合最早出现与1998年王圣宝发表的《漫画华佗体医结合》一文中，文中指出"将体育与医学相结合，共同防病治病，增强体质，延年益寿，其功劳应归于中国古代医学家华佗②。虽然文中未对体医结合概念进行界定，但为后续学者对体医融合和体医融合概念的界定奠定了基础。2011年赵仙丽，李之俊等在《"体医结合"健康促进模式的

---

①中华人民共和国国家卫生健康委员会. 关于政协十三届全国委员会第二次会议第0948号（医疗体育类112号）提案答复的函［EB/OL］. www. nhc. gov. cn/wjw/tia/202009/9debad1b880f43c58aceed079834de31. shtml. (2020—09—14)［2021—04—21］.

②王圣宝. 漫画华佗体医融合［J］. 体育文史，1998(5)：55—56＋44.

问题研究》一文中首次对体医结合的概念进行界定：体医结合就是"体育和医学的结合，就是指运动医学、保健体育、康复医学、医学营养、健康评估、运动处方等众多知识的集合。体育和医学紧密结合，相互补充，相互渗透，相互促进"①。随后学者们站在不同的角度对体医结合进行了界定。体医结合广义上是指一切以体育与医疗相结合来进行健身的方式方法；狭义是指健身模式以提升全民健康为目标，将日常的体育锻炼行为与医学保健相结合的方式方法②。随着体医融合研究成为热点问题，对其概念的界定也呈多样化趋势。体医融合就是体育与医学的结合，通过相互融合、相互补充、相互渗透，将运动医学、康复医学等众多知识集合起来③；体医融合是体育与医疗相结合，这种交叉和融合不光在体育科学和医学科学的交叉和融合上，还包括思想、理论等诸多方面和层次的紧密结合④；体医融合就是通过运动手段促进身体健康，在"医疗"的概念中加入了体育元素⑤。

从三者界定的基本情况来看，学者们对三者的内涵认识基本趋同。就是借助体育和医疗两者的健康促进属性，共同维护大众健康。只是学者们对体医内容的理解层面不同而已。有的学者从健康管控的方式方法出发，有的学者从联动管理的角度出发，有的学者从实践路径的角度出发。认识的不断深入，对体医融合内涵的把握需要从多角度、多层次信息把握。目前取得的共识是体医融合是一个宏观的系统性问题，不仅涉及到体育和医疗两个学科的基础理论，还涉及体育与医疗在健康干预过程中的基本理念和实践。

①赵仙丽,李之俊等.构建城市社区"体医融合"体育公共服务的创新模式[J].2011,32(4):58—63.

②李明良,蔡建光.科学健身视阈下"体医融合"健身模式的驱动因素与提升策略[J].湖北体育科技,2017,36(5):377—379.

③梁丽珍.体医融合背景下民族传统体育产业的发展创新模式与路径选择[J].经济研究导刊,2017(28):53—54.

④梁丽珍.体育融合背景下社区医疗与体育健康产业协同发展模式研究[J].经济研究导刊,2017(30):54—55.

⑤向宇宏,李承伟."体医融合"下我国学校体育的发展[J].体育学刊,2017,24(5):76—79.

概念是知识的最小单元。作为国家力推的健康促进方式,体医融合需要发挥其在健康中国持续推进中的应然价值就需对体医融合的概念进行有效界定。以免在政策文件中同时出现"体医结合"和"体医融合"的现象。从现代汉语词义的角度看,"整合"意为"集结不同的意见或事物,重新统合,成为新的整体";"结合"意为"人或事物间发生密切联系";"融合"意为"不同的事物合成一体"①。可见,体医整合是体医融合的初级状态,以为体育和医疗的统合,而体医结合是体医融合的过渡状态,是体医整合的高级结合态,而体医融合才是体医与医疗两大系统交融发展共同干预人民健康的理想态。健康是体育与医疗融合的逻辑起点,也是健康中国持续推进中对两大系统提出的现代化历史使命与要求。(图1-1)

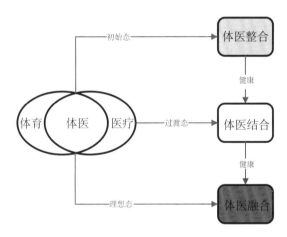

图1-1 体医融合的三种状态

(二) 体医融合的内涵

内涵是对思维对象特有本质属性的反映②。体医融合的内涵是人们在认识体医融合这一抽象概念的过程中区别于其他事物融合

①中国社会科学院语言研究所词典编辑室编.《现代汉语词典》[M].北京:商务印书馆出版,1992(2):1142.

②郭芙蓉,张荣,王婷婷.逻辑学导论[M].哈尔滨:东北林业大学出版社,2008(2):16.

过程中"质"的规定,用以说明体医融合反映的事物是什么样的问题。

在学术研究中,对体医融合概念的界定是研究的逻辑起点。而对体医融合内涵的探讨则立足于不同层面,内涵把握存在较大的差别。有学者从融合方法途径的角度,认为体医融合之本质在于将体育运动与医疗理论相结合发挥保健康复、疾病预防、增强体质、辅助医疗等作用[①]。有学者从体医融合目的角度来诠释内涵,认为体医融合是通过体育和医疗卫生部门协同配合,共同促进人民健康[②]。还有学者从体医融合实践路径认识内涵,认为体医融合是体育学与医学在方法、理念、人才、资源等诸多方面的融合[③]。

学者们对体医融合内涵的把握存在两个分歧:其一,是体育与医疗卫生还是体育学与医学的融合? 其二,体医融合是策略是途径还是方法?

其一,体育是以运动为载体的复杂社会文化活动[④]。医疗卫生是由公共卫生服务、医疗服务、医疗保障、药品供应保障四大体系构成的事业[⑤]。首先,不论是体育还是医疗卫生均以"人"为活动(服务)对象;其次,体育和医疗卫生均以"健康"为线索。在体医融合三种发展形态中不难发现,体育的"健康"属性是体育与医疗卫生融合的逻辑起点。在《卫生保健知识辞典》中医疗卫生不仅是国家发展的事业,还是国家为民众提供的服务。服务是过程,是一种活动[⑥]。人们在借助体育活动医疗卫生进行个人健康维护的活动过程中不仅需要利用两者的知

---

①李璟圆,梁辰,高璨,等.体医融合的内涵与路径研究—以运动处方门诊为例[J].体育科学,2019,39(7):23—32.

②岳建军,王运良,龚俊丽等.后疫情时代体医融合新取向:健康储备[J].成都体育学院学报,2021,47(4):112—117.

③胡杨.从体医分离到体医融合—对全民健身与全民健康深度融合的思考[J].体育科学,2018,39(6):24—30.

④易建东.体育概念的梳理与厘清[J].成都体育学院学报,2019,45(5):17—21.

⑤王守田.卫生保健知识辞典[M].济南:济南出版社,1996(09):66.

⑥叶万春.服务营销学[M].北京:高等教育出版社,2007(01):24.

识,还需借助场地、器材等要素。可见,体医融合不仅仅是体育学和医学知识的融合。医疗卫生由四大体系构成,而体育由三种形态(学校体育、竞技体育、群众体育)构成。体系由要素构成,而要素则是构成系统的最小单元①。可见,体医融合是体育系统和医疗卫生系统内部要素的融合。诸如政策融合、知识融合、人才融合、技术融合、话语融合、信息融合、资金融合、硬件资源融合等诸多要素。

其二,关于体医融合是策略是途径还是方法问题的解答其本质上是解决体医融合属性问题。首先,体医融合是一种策略,一种健康促进的策略。尤其是"健康中国2030"首次将体医融合写入相关条款后,体医融合便是健康中国建设的基本策略之一。其次,体医融合也是一种途径,是将体育和医疗卫生两条健康促进途径合二为一的一种新型健康促进方式。再次,体医融合还是一种方法,一种健康促进的方法。这种方法也是在健康中国建设进程中,借助体育和医疗卫生方法来促进人们健康。同时,体医融合还是一种健康服务模式。"健康中国2030"提出"推动形成'体医融合'的疾病管理与健康服务模式"②。可见,体医融合的属性是一种模式,一种健康促进的新模式。

(三)体医融合概念界定

根据形式逻辑学"种差+属性"的定义方法。本研究将体医融合定义为:以健康为主线,将体育系统和医疗卫生系统进行有机连接交融,进而共同促进人民健康的新模式。

本定义与其他定义的区别在于:第一,把握住了体育与医疗卫生融合发展的基本主线是健康;第二,突破了学科(体育学、医学)、知识的局

---

① 涂序彦. 大系统控制论[M]. 北京:国防工业出版社,1994(09):33.
② 中华人民共和国中央人民政府. 中共中央引发关于《健康中国2030规划纲要》[EB/OL]. http://www.gov.cn/zhengce/2016-10/25/content_5124174.htm. 2017. 10. 10. [2016. 10. 25](2018. 6. 10)

限,将体育与医疗卫生视为融合发展的两个系统;其三,明确了体医融合是在健康中国建设进程中的一种健康促进新模式的本质属性。

二、体医融合的理论与实践溯源

(一)体医融合的理论溯源——治未病

1.“治未病”思想的提出与发展

从古至今,医学中的“治未病”思想一直为医家所倡导,为民众所熟知,是古代朴素唯物主义“防患于未然”的代表。“治未病”一词最早见于《黄帝内经·素问》“四气调神大论”篇“圣人不治已病治未病,不治已乱治未乱,此之谓也。夫病已成而后药之,乱已成而后治之,譬犹渴而穿井,斗而铸锥,不亦晚乎”①。虽然《黄帝内经》的成著时间无从考究(注②),但足可见,“治未病”思想具有悠久的历史。“治未病”是中医的重要理论,纵观中医理论对“治未病”理论的梳理,普遍认为“治未病”理论起源于远古至春秋战国时期,形成于秦至汉代时期,发展于魏晋至宋金元时期,成熟于明清至现代③④。

(1)远古至春秋战国时期。该时期人们在生活和生产实践中产生出防病健身的感性认识,这为“治未病”思想的形成奠定了思想基础。《庄子·盗跖》中有云:“古者禽兽多而人少,于是民皆巢居以避之,昼拾橡栗,暮栖木上,故名之曰有巢氏之民”。在树上筑巢用于躲避恶劣天气和禽兽攻击,这便是“防患于未然”思想。《韩非子·五蠹》中也提到:“民食果蓏蚌蛤,腥臊恶臭而伤害腹胃,民多疾病。有圣人作,钻燧取火以化腥臊,而民说之,使王天下,号之曰燧人氏”⑤。用火去腥来防治肠胃疾病。《吕氏春秋·孝行览》也有相识的记载"时疾时徐,减腥去躁除膻,必以其胜,天失其理,调和之事,必以甘酸苦辛咸"①。到春秋战国时期,受道家和孔孟儒家思想的影响,治未病思想得到进一步发展,《老子》主张"少私寡欲",强调精神调摄之于治未病的重要性。《国语·楚语》曰:"夫谁无疾眚?能者早除之……为之关藩篱而远备闲之,犹恐其至也。是之为日惕。若召而近之,死无日矣。"说的就是疾病治疗要在早期,以防其传变②。

(2)秦至汉代时期,"治未病"思想得到了进一步的发展。这一时期最显著的变化就是从朴素的唯物主义思想上升到了理论高度。而理论体系的雏形又以《黄帝内经》和《周易》注③为代表。《灵枢·逆顺》"上工刺其未生者也;其次,刺其未盛也;其次,刺其已衰也"④。强调了未病先防的疾病管控思想。《素问·阴阳应象大论》"故善治者治其皮毛,其次治肌肤,……其次治六腑,其次治五脏"⑤。阐述了古代医生在治疗疾病方面的医治逻辑:尽早治疗,不要等病情恶化后再治疗。《周易·复卦·象辞上传》"动而以顺行,是以'出'入无疾。"《周易·象传》"水在火上,既济。君子以思患而豫防之。⑥"即强调顺时养生对防治疾病的重要性。

(3)魏晋至宋金元时期医术的进一步发展以及一批著名的医学家和养生学家为"治未病"理论的深入发展创造了条件。古代著名医学家张仲景的《伤寒杂病论》就有治未病的诸多描述:"若人能养慎,不令邪风干忤经络……病则无由入其腠理。""凡饮食滋味以养于身,食之有妨,反能为害……若得宜则益体,害则成疾,……"

①张奇酰校译.秦·吕不韦.吕氏春秋[M].上海:学林出版社,1984(4):740.
②田景振,周长征.中医养生与保健[J].个人图书馆.2016,03,18:1—11
③注:《周易》成书时间有三种观点,一曰成型于西周,一曰成型于战国,一曰成型于西汉。
④吴颢昕.灵枢经百话解读[M].湖南科学技术出版社[M].2010(05):24.
⑤王琦,李炳文,邱德文,等.素问今释[M].贵州人民出版社,1981(01):55.
⑥班新能,王翔.中医"治未病"学术思想浅析及其现实意义[J].兵团医学,2009(3):22—28.

"服食节其冷热、苦酸辛甘"①。汉末华佗创立的"五禽戏"模仿动物的动作进行强身健体就是一种典型的防病祛病的做法。唐代孙思邈的《千金要方》明确指出："上医医未病之病，中医医欲病之病，下医医已病之病。若不加心用意，于事混淆，则病者难以救矣!"②直接继承了《黄帝内经》治未病的思想。《千金翼方》中写道："……喜养性者，治未病之病……"③也是如此。

（4）明清至现代"治未病"不论是在理论上还是在实践层面均趋于成熟。经过前人思想的熏陶及医学家和养生学家的医疗实践，医学家的医学专著中大都体现着"治未病"的理论。汪绮石著的《理虚元鉴》"虚劳当治其未成"，认为若病已成而后治之则"病虽愈亦是不经风浪"；"是当于未成之先，审其现何机兆，中何病根，尔时即以要言一二语指示之，令其善为调摄，随用汤液十数剂，或丸剂、胶剂二三斤，以断其根，岂非先事之善策哉!"④。清代叶天士的《温热论》中提出"先安未受邪之地"⑤。张璐的《张氏医通》"夏月三伏用药贴敷肺俞、膏肓俞、天突等穴，可预防哮喘冬季发病"⑥。到现代，尤其是进入 21 世纪之后，随着人们对健康的日趋重视，"治未病"理论与实践得到进一步发扬，而"体医融合"便是在这一理论下提出的现代健康管控方式。

2."治未病"思想的内涵

"治"从水从台，自水的初始处、基础、细小处开始，以水的特征为法，进行的修整、疏通，是为治⑦。"治"有整治、管理、办理等十几种含

①张明渊，李金田.从仲景方谈《伤寒论》治未病思想[J].甘肃中医学院学报，2011(06)：23—24.

②孙思邈.备急千金要方[M].北京：人民卫生出版社，1955(01)：78.

③刘永畅.《金匮要略》"治未病"学术思想浅析[J]，实用中医药杂志，2004，20(7)：394.

④刘时觉.四库及续修四库医书总目—理虚元鉴第二卷[M].北京：中国中医药出版社出版，2005.3：231.

⑤叶桂、薛雪(张志斌整理).温热论湿热论[M].北京：人民卫生出版社，2007.7：224.

⑥刘时觉.四库及续修四库医书总目—张氏通医第十六卷[M].北京：中国中医药出版社出版，2005.3：667.

⑦许慎.说文解字[M].天津：天津古籍出版社，1991(06)：442.

义,但在"治未病"中的"治"是治疗之意。"未"是象形文字,其本义为"古代的一种树木或繁茂",借以表述滋味。未作动词意为"不足,还不够",作名词意为"十二地支的第八位、生肖中的羊、将来、姓氏等"。作形容词表示否定,相当于"没有",表示疑问,相当于"否"①。"治未病"中的"未"作形容词用,意为否定没有的意思。"治未病"中的"病"也有多层含义,如"生理上或心理上发生的不正常状态、害处、缺点、祸害、责备等"②。"治未病"中的"病"意为"疾病"之意。故此,从汉语组词的角度看,"治未病"本义为:治疗没有发生的病。

"治未病"含义有狭义和广义之分。狭义的"治未病"是指采取有效措施对机体内可能出现的疾病进行有效的预防,以防止疾病的发生、发展、传变③。在中医学中称为"病欲发而有先兆"。广义的"治未病"则是针对人体不同生理或心理状态的一种调理、治疗以及康复思想。这一思想包括四层含义:未病养生、病而未发、病而未传、愈而未发。

(1) 未病养生,医学中称为健康态,未并为无病,此时治未病的内涵为未病养生。《素问·四气调神大论》就提到"从阴阳则生,逆之则死,从之则治,逆之则乱。"这就是养生法则。《灵枢·本神》也提到"智者之养生也,必须四时而适寒暑,和喜怒而安居处,节阴阳而调刚柔。如是,则僻邪不至,长生久视"。指出养生要注意周围环境和精神情意活动在养生中的重要性。

(2) 病而未发,中医学中称为"欲病救萌,防微杜渐,消患于未兆"④,即为亚健康状态,身体机能不符合现代临床医学的诊断标准。

---

①百度百科. 未[EB/OL]. https://baike. baidu. com/item/未/4793386? fromModule=lemma-qiyi_sense-lemma. [2020—06—12](2022—10—12).

②百度汉语. 病[EB/OL]. https://hanyu. baidu. com/zici/s? from=aladdin&query=病&srcid=51368&wd=病. [2021—04—12](2022—10—12).

③贾天奇,李娟,樊凤杰,等. 传统体育疗法与未病学[J]. 体育与科学,2007,28(4):12—14+19.

④王天芳,孙涛. 亚健康与"治未病"的概念、范畴及其相互关系的探讨[J]. 中国中西医结合杂志,2009,29(10):929—933.

此时的治未病内涵为有病早治。《素问·疟论》:"疟之未发也,阴未并阳,阳未并阴,因而调之,真气得安,邪气乃亡。"指的就是疾病的治疗应该在为发病之前。"疟之未发,因而调之""治于未有形""逢而泻之其病立已""早遏其路",说的就是这种状态。

(3)病而未传。中医学称为"既病而尚未殃及之地"①,即已经发生疾病但未发生传变,符合临床医学关于疾病的诊断标准,但未发生病情转移。此时的治未病内涵为治愈现病,杜防他病。《素问·阴阳应象大论》提到"邪风之至,疾如风雨,故善治者治皮毛,其次治肌肤,其次治筋脉,其次治六腑,其次治五脏。治五脏者,半死半生也"②。说的是对疾病应早期诊断,以确保治疗的效果。

(4)愈而未发,在医学中称为"瘥后调摄、防其复发",在临床医学中属于"治愈"的状态,但有复发的可能性存在。此时的治未病内涵为调养保健。《素问·离合真邪论》提到"夫圣人之起度数,必应于天地……夫邪之入于脉也,寒则血凝泣暑则气淖泽,虚邪因而入客,亦如经水之得风也,经之动脉,其至也亦时陇起,其行于脉中循循然,其至寸口中手也,时大时小,大则邪至,小则平其行无常处,在阴与阳,不可为度,从而察之,三部九候,卒然逢之,早遏其路"③。意为疾病初入及早治疗,其后注意观察,以便尽早痊愈。

由此可见,"治未病"思想的内涵即针对人体不同健康状况所作出的相应调整。治未病思想是基于大健康观提出的一种健康管控方式。这一点与体医融合有异曲同工之处。其思想内容包括了健康养生、疾病预防,病情治理和病后康复等健康管控全过程。在健康中国建设背景下,基于"治未病"理论提出的体医融合是新时代健康形势下的健康管控模式。

---

①姜良铎. 健康、亚健康、未病与治未病相关概念初探[J]. 中华中医药杂志,2010,25(2):167—170.

②王琦,李炳文,邱德文,等. 素问今释[M]. 贵阳:贵州人民出版社,1981(01):244.

③王琦,李炳文,邱德文,等. 素问今释[M]. 贵阳:贵州人民出版社,1981(01):306.

（二）体医融合实践的历史追溯

古代体医融合实践伴随着"治未病"理论的不断完善而日趋繁盛。结合"治未病"思想的历史分期,体医融合实践的历史追溯也按照此划分进行。

1. 远古至春秋战国时期体医融合实践

严格意义上说,远古至春秋战国时期的体医融合实践具有各自鲜明的特征。远古时期的体医融合实践围绕人类生存的生产和生活为中心,而到了春秋战国时期由于各家思想的出现,体医融合实践开始与身心健康管控建立联系。在远古时期,人类为躲避恶劣天气和猛禽攻击在树上筑巢,钻木取火用于熏烤食物均体现了朴素的体医融合实践。如《礼含文嘉》中就有记载"燧人氏钻木取火,炮生为熟,令人无腹疾,有异于禽兽"。《白虎通·号》中也有记载"钻木取火,教民熟食,养人利性,避臭去毒,谓之燧人"①。

春秋战国时期,受到诸子百家养生思想的影响,体医融合实践按照其内涵真义开始出现。诸子百家思想以孔孟为代表,孔子及其弟子提出了以"仁"为首的道德行为规范。"志士仁人,无求生以害仁,有杀身以成仁"。儒家强调"执用两中""过犹不及",即儒家中庸思想的体现。在体医融合实践过程中,儒家注重日常的"坐卧行走"外化的肢体行动中同时体现内化的修为。《论语·乡党》就有记载"吾教自有养生术,安事偃仰吐纳为"②,提出了吐故纳新导引术对身体的管控。道家强调"以道养生",倡导"道法自然",主张人应顺其自然,按照自然的规律进行饮食起居。在精神修养上,主张"少私寡欲""恬淡虚无"。此外,道家更加推崇导引术,认为对"道"的追求无需求助别人而要回到自身,内求于己。在内心要做到清心寡欲、抱一守中、中正和平。而庄子不仅极力

---

①百度知道. 燧人氏钻木取. ［EB/OL］. https://zhidao. baidu. com/question/814949101603971852. html.［2022.06—13］(2022—12—23).

②洪丕漠. 中国古代养生术[M]. 上海,上海人民出版社,1990(07):68.

推崇身体运动,而且亲身实践"吹呴呼吸""熊经鸟伸",并对"坐忘""朝彻""心斋"等修炼形式进行了分析①。

这一时期的体医融合实践具有以下特点:其一,由于生产力的低下,体医融合实践与生产和生活密切相关;其二,受百家养生思想的影响,人们在追求精神升华的同时也注重身体的健康,并进行了积极的尝试。

2. 秦至汉代时期体医融合实践

如果说春秋战国时期的体医融合实践更多地与身体运动的联系更紧密的话,那么到了秦汉时期,鉴于科学技术及医疗技术的发展,人们在追求体医融合实践过程中出现了更丰富的形式。这一时期的体医融合实践起到一个承前启后的效果。

秦代在继承前人饮食养生的同时,还十分注重体医融合实践的多样性。在饮食养生方面,《十问》中就提到:"酒食五味,以志其气,目明耳葱(聪),被(皮)革有光,百脉充盈,阴乃口生"②。讲的是美味佳肴各具功效,需合理搭配以起到滋生养血的作用。此外,在秦代还强调根据四季的变化,结合运动进行健康调理。

到了汉代,随着医学技术体系化,体医融合实践取得了突破式发展。尤其是秦代的导引术在这一时期得到了蓬勃发展。西汉开国功臣张良就有练习导引术来达到祛病强身的记载(汉书·张良传)③。尤其是1973年在湖南长沙马王堆出图的"导引图"描绘了44个肢体动作,每一个动作均可用于缓解某一种病症。并且在肢体动作的基础上还加入了器械动作,以达到深层次的祛病强身的效果。尤其重要的是,导引图还针对13种病症的导引疗法。如通过"引肤责(积)""(引)腹中""(引)烦""引颓"来治疗内脏器官疾病,通过"引项""引膝痛""引痹痛"

①程秋雷,吴燕,黄岚等.中国古代体医融合思想的生成逻辑、历史进程及当代价值意蕴[J].体育研究与教育,2022.37(6):93—96.
②网易.时光逆流,跟着兵马俑重回大秦,看古人的养生之道[EB/OL]. https://www.163.com/dy/article/H6OOJI830514BK5D.html.[2022—05—07](2022—12—23).
③陶朔秀.中华导引术的中医学生学研究[D].上海:上海体育学院博士学位论文,2015(06):60.

来治疗躯干疾痛。在湖北江陵出土的"引书"更是拓宽了"导引图"疾病防控种类,涉及的疾病种类达到 41 种。汉代的体医融合实践以导引为主,并在当时十分盛行。以至于华佗认为人要健康,就应运动。并且对运动的"度"作了规定"沾濡汗出"①。华佗创编的"五禽戏"可见神医对利用运动来管控健康的重视。

医学体系的发展为该时期体医融合实践创造了条件,秦汉时期的体医融合实践以导引为主,积极探索利用身体运动来防病、治病,实现了现代意义上的体医融合。

3. 魏晋至宋金元时期体医融合实践

魏晋至金元时期历经 1148 年,涉及 17 个朝代。除唐宋两朝统治上百年外,其他朝代统治的时间均较短。该时期体医融合实践以唐宋为代表。虽然该时期战乱频发,分裂割据,社会动荡,但是随着玄学的兴起以及医学的进一步发展,使得体医融合实践依然得到迅速发展。

玄学家稽康在《养生论》中提出精神修养和健全身体需要持之以恒,在体医融合实践上主张"虚静"形式为主②。而北齐学者颜推则主张"全身保性",强调全身运动对健康的干预③。东晋名医葛洪十分重视身体运动对健康的管控,认为身体运动应渗透到人们生活的各个环节中去。其医学著作《抱朴子·杂应》就在"五禽戏"的基础上编制了"龙导""虎引""熊经""龟咽""燕飞""蛇屈""鸟伸""猿据""兔惊"九个用于疾病治疗的身体运动形式④。到了南朝,医学家陶弘景也极力倡导用体医融合的方式来进行"养神"和"养形"。《养性延命录·教诫篇》中提出了"啬神、爱气、养形、导引、言语、饮食、房室、反俗、医药、禁忌"十大养生要点⑤,其中导引和医药就是体医融合的典型代表。此外,陶泓

①宋·范晔. 后汉书[M]. 北京:中华书局,2009(04):126.
②段逸山. 医古文[M]. 北京:中国中医药出版社,2007(07):367.
③崔永乐. 中国民族传统体育学[M]. 北京:科学出版社,2018(06):34.
④郑全. 葛洪研究[M]. 北京:宗教文化出版社,2010(12):125.
⑤养元气.《养生延命录》养生教诫篇(梁·陶弘景)[EB/OL]. https://www.yangyuanqi.com/post/yxymljj.html[2016—12—07](2022—12.27).

锦不仅对"五禽戏"的具体操作进行了详细的说明还创编了"长息法"对脏器症状进行调理,"长息法"的具体操作要领和治病功能详细地记录在《养性延命录·服气疗病篇》①。

到了隋唐宋元时期,体医融合实践呈现多样化发展。唐代道教家马承祯就提出了"忘杂""安神""意守"的养生理念②。唐代道家胡愔将道家养生理论和医学相融合,在《黄帝内经五脏六腑补泄图》中详细阐述了从五脏六腑的病理机能所对应的修炼方法和措施③。佛教在唐代的盛行,唐代佛学家智顗采取"半跏坐""全跏坐"来调养身神。北宋道家张柏端在《悟真篇》提出了"筑基""炼精化气""炼气化神""炼神还虚"四步法的体医融合实践操作过程④。宋徽宗时期,《圣济总录》还记载了"转肋舒足、上朝三元"的体医融合内容⑤。到南宋期间,最为著名的是"八段锦",并根据锻炼实践分为"文八段"和"武八段",其中"武八段"是以身体运动的形式,辅以"咽津,行气之法"⑥。宋司仪郎蒲虔结合实践体会创编了"小劳术"用以养生防病。

该时期的体医融合实践历经时间最长,经过不断的探索,体医融合实践呈现出多样化趋势。同时,体医融合思想和实践得到了官方政府的高度认可。体医融合实践随着文化交流活动传到了世界各地,拓宽了国际视野。

4. 明清时期体医融合实践

明清虽然只有两个王朝,但历经了500多年,很好地继承和发扬了前朝优秀的成果。国家统一稳定、生产力水平提升,为体医融合实践创造了优越的条件。表现为这一阶段不论是体医融合理论还是实践均取

①梁·陶弘景集,王家葵校注. 养性延命录校注[M]. 北京:中华书局,2014(11):38.
②陈涤平,吕文亮,孙晓生,等. 中医治未病学概论[M]. 北京:中国中医药出版社,2017(7):271.
③任继愈主编. 道藏提要[M]. 北京:中国社会科学出版社,1991(02):192—193.
④卿希泰. 中国道教思想史纲 第二卷 隋唐五代北宋时期[M]. 成都:四川人民出版社,1985(09):668.
⑤金宏柱. 推拿学基础[M]. 上海:上海中医药大学出版社,2000(10):68.
⑥裴海泓. 体育[M]. 北京:人民卫生出版社,1998(08):114.

得了继往开来的成就。

　　明代学者高濂不仅鼓励民众进行饮食起居、花鸟虫鱼,还推荐医药卫生、山川游历对人体健康的益处,其养生著作《遵生八笺》中有详细的记录。此外,高濂还根据陈希夷的"十二月坐功"创编出"二十四节气"为纲的体医融合锻炼方法,他还以脏腑为中心,创编出针对肝脏、肾脏、脾脏、心脏等内脏器官疾病防控的体医融合锻炼方法①。明代冷谦还整合了擦涌泉、闭息揉肾俞、摩目揉耳、吸气开弓、平卧吐纳、举手扶胁等有治病效果的动作方法②。此外,罗洪元极力推崇华佗的"五禽戏",并且对"五禽戏"进行了改变,被成为"明本五禽戏"。医学家周履靖在其著作《夷门广牍》第一卷中主要介绍练气功法,而第二、三卷主要介绍五禽戏、八段锦、华山睡功等身体运动与疾病防治。

　　清代的体医融合实践在明朝的基础上得到了长足发展。其中清代著名医学家、养生学家曹廷栋历经康熙、雍正和乾隆三大王朝,其杰出成就在于对老年人体医融合实践具有指导价值。著作《老老恒言》③不仅涵盖了老年人日常生活的方方面面,还将身体锻炼作为老年人健康维护的重要方法。鼓励老年人不要受炼丹、纳气等错误养生方法的误导,建议老年人在身体练习上采用卧、立、站三种简便的身体练习方法。清代尤乘的《寿世青编》、汪昂的《医方集解》、徐文弼的《寿世传真》、曹无极的《万寿仙书》、柳华阳道人的《金仙论证》、马齐的《陆地仙经》、尤乘《寿世青编》、潘伟如的《内功图说》等著作都将体医融合作为摄养健身、防止疾病的重要方法予以详细论述。清代名医沈金鳌在《杂病源流犀烛》中详细介绍了治疗各类疾病的身体锻炼方法④,首次将身体运动的导引术和医疗导引术进行区分,是现代意义的体医融合。

---

①明·高濂著,王大淳等整理. 遵生八笺[M]. 北京:人民卫生出版社,2007(06):248.
②卿希泰. 中国道教第 1 卷[M]. 北京:知识出版社,1994(01):23.
③清·曹庭栋撰,崔为,崔仲平译. 老老恒言[M]. 北京:人民卫生出版社,2013(04):64—65.
④黄健. 古代医学名著中的气功(十)—《杂病源流犀烛》中的"导引"与"运动"[J]. 2012(3):13—14.

明清时期的体医融合实践继承了前朝丰硕的成果，拓宽了体医融合实践的新领域。该时期的体医融合实践不仅种类繁多，而且呈现出体系化的特点。说明：其一，体医融合实践离不开身体运动的体育学和疾病治疗的医学理论的完善；其二，体医融合实践自然离不开一大批医学家、养生学家的实践尝试；其三，体医融合实践与政治、经济、文化、生产力水平的不断发展有着密切的关系。

在健康中国建设背景下的体医融合理论与实践是古代体医融合的继承和发扬。纵观体医融合理论和实践的发展脉络，要想发挥出体医融合在健康中国建设进程中的应然功效，必须加大对体医融合理论的研究力度，以发挥理论引领实践的效用，也必然将体医融合实践归置于特定的社会空间场域、特定的人群对象、特定的时间细节中去尝试。

第三节　社会运行机制理论与体医融合运行机制

一、社会运行机制理论与体医融合运行机制关系梳理

（一）社会运行机制理论的核心内容

社会运行机制理论是在静态观察的基础上从动态运行的角度对事物予以观察。我国社会运行学派的开创者郑杭生先生认为，社会运行机制构成复杂，形态各异，根据不同的分类标准将社会运行机制分为不同的类型。根据社会运行机制的形成过程分为自发机制和人为机制。自发机制是自然选择的过程，体现了社会运行的基本规律，其过程是漫长的；人为机制是社会人创造的结果，其产生、形成与发展其实质也是自然选择的结果，受社会实践的检验。按照社会运行机制的作用领域分为经济机制、政治机制、文化机制、体育机制、医疗机制等。按社会机制运行的形态分为显性机制和隐形机制。人为机制大都属于显性机制，如社会安全阀机制属于人为设置的显性机制；市场机制被称为"看不见的手"，故市场机制属于隐性机制。按社会运行的层级分为一级社

会运行机制、二级社会运行机制、三级运行机制、四级运行机制等等。不同层级的运行机制构成了整个社会运行机制体系。如果把整个社会运行机制作为一级机制的话,二级机制就包括了动力机制、激励机制、整合机制、保障机制和控制机制5个二级机制,而每个二级机制中又包括了若干三级机制。社会运行机制的5个二级机制既相互独立又相互联系,共同为社会的良性运动服务。其实质是我们观察社会运行,研究社会规律的不同角度和方法。社会运行动力机制是从社会运行动力的角度来观察社会运行的规律;社会运行整合机制是从协调社会利益的角度,把人的不同利益整合成整体来考察社会运动的内在过程和运行规律;社会运行激励机制是从人的行为和价值观念一致性的角度,依据激励手段促使人的行为和价值观念与社会倡导的保持一致性;社会运行保障机制是从保障要素的角度,采取必要的保障措施,使机制运行朝着预定的目标进行;社会运行控制机制是从控制论的角度出发,以控制机制运行的方向与速度。

社会运行机制理论认为社会运行分为良性运行、中性运行和恶性运行三种状态。在体医融合理论研究与实践探索尚处于起步阶段而言,为我们由内而外地研究体医融合提供了理论支撑。尤其是社会运行机制的层级划分对于我们不同角度、不同层面认识体医融合机制运行的内涵具有积极的作用。

(二) 体医融合运行机制与社会运行机制的契合点

人文社会学机制研究的内在逻辑可以理解为:静态的结构关系是机制内部构成要素之间相互联系的表现;动态的结构关系则是内部构成要素间作用功能实现的机理过程。由此产生的相互关系及作用功能实现过程具有相对的稳定性和规律性。对机制内部结构要素的探寻则是之于机制稳定性的要求;对机制作用机理实现过程的探寻则是之于规律性的要求。机制的稳定性和规律性是一个有机的整体,稳定性中隐藏着规律性,而对规律性的探寻离不开机制的运行。这是因为:对所

第一章 研究起点问题探究

27

有机制问题的研究终究离不开运行,不论是自发机制也好还是人为机制也罢,机制就是一种稳定的运行模式,没有无运行的机制。

体医融合才刚刚起步,体医融合实践中所存在的种种问题,均是体医融合机制运行过程结果的呈现。破解体医融合实践过程中存在的问题,既可以在微观的实践层面,从主体协同机制、理念融合机制、问责机制、资源共享机制、利益分配机制的角度来解决体医如何融合问题,也可以在宏观的角度,从动力机制、激励机制、保障机制、整合机制和控制机制的角度来诠释体医如何融合的问题。

我国体医融合是在健康中国建设进程中一种国家力推的新型健康促进方式。体医融合实践还处于起步阶段,在体医融合实践主体多元化的前提下,需要从宏观的顶层设计的角度来解决体医如何融合的问题。这是当前体医融合实践的主要矛盾之所在,也是体医融合运行机制与社会运行机制的契合点之所在。

二、体医融合运行机制内涵、结构与特点

(一) 体医融合运行机制内涵解读

内涵是反映对象事物本质属性的总和,对事物内涵揭示的过程也是我们全面深刻认识事物的过程。在前面的分析中,我们对体医融合的概念界定为"以健康为主线,把体育系统和医学系统进行有机连接,进而共同促进人们健康的新模式"。因此,体医融合机制是以健康促进为基本线索,从个人、家庭、社区、国家的角度综合考虑影响健康的各种因素,进而改进和处理现阶段所面临的健康问题。体医融合主要是体育系统和医疗系统的融合,两个系统都有各自独立的运行机制。因此,体医融合机制绝不是两套机制的复加,而是把两套机制中有利于健康的各个因素(有利因素、不利因素)找出来,并且厘清各个因素之间的相互关系。健康问题、体育问题以及医疗卫生问题是当前社会系统中出现的社会问题,体医融合机制遵循当今社会运行机制的基本规律。因此,社会运行机制理论作为体医融合机制的理论基础是合理的、可

行的。

从机制形成的过程看,体医融合机制是一种人为机制,也就是说这种机制不是自发产生的,是人类对健康追求过程的产物,人类对健康追求的发展史也是体医融合机制形成的发展史。这一机制在我国有着悠久的历史,只是在每一个历史阶段,其内部结构、相互关系之间存在着较大的差异。这正是社会运行机制的能动性和可变性的表现所在。

从机制存在的形态来看,体医融合机制是显性机制,这不仅是由于体医融合机制是人为机制,而且还是因为只有人们对健康追求到一定程度的时候才会触发或产生这种机制。也可以说,人们从身体健康的需求到"三位一体"健康需求的迫切程度,从健康是个人的事到健康关乎国家兴旺,民族复兴的转变也是触发体医融合机制的内在动力。

从机制的运行层级来看,如果把体医融合运行机制作为一级机制,那么机制内同样包括了动力机制、整合机制、激励机制、控制机制和保障机制5个二级机制。这5个机制既不是存在于体育运行机制中也不存在于医疗运行机制中,而是具有完整结构的独立运行体系,是置身于整个社会运行,独立于体育和医疗运行机制的客观存在。只是在体医融合发展的初级阶段,体医融合机制的运行与体育运行机制和医疗运行机制存在着千丝万缕的联系。要想发挥体医融合机制的应有效用,打破体育与医疗的制度壁垒,形成完备的、独立的融合机制并有效运行,这才是体医融合运行机制的真正使命。

(二) 体医融合运行机制结构及其关系

机制的结构以及相互关系是机制研究的核心问题。体医融合运行机制是整个社会运行机制层级结构中的组成部分。

作为一种独立运行的机制体系,与其他运行机制一样具有独立的内部基本结构。如果把体医融合运行机制作为一级机制的话,其内部结构同样包括着动力机制、激励机制、保障机制、整合机制和控制机制5个二级机制,5个二级机制中又包含着若干的三级机制。5个机制彼此独立又相互联系,即受内部结构关系间的相互制约和影响又受到整个社会环境和系统外其他因素的干扰。体医融合运行机制的内部结构及其相互关系见图:(图1-2)

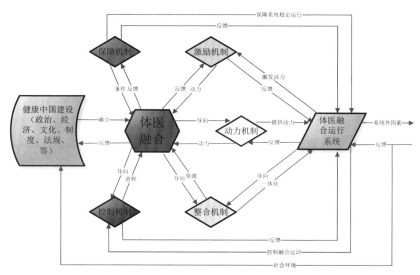

图1-2 体医融合运行机制结构及相互关系①

上图中清晰地表明了体医融合机制及运行之间的关系。在宏观层面体医融合机制对象包括了5个二级机制,5个二级机制指向于如何融合,是体医融合机制内部要素静态稳定性的表现。把5个二级机制的运行理解成运行系统则是动态规律性的表现。

从机制内部的结构要素及关系来看,体医如何融合是机制的集中指向,既是研究的目标所在,也是体医融合的实践目标之所在。如何融合必然受现阶段的政治、经济、文化、法规制度等宏观因素的影响。体医如何融合需要依靠5个二级机制的整体配合。可见,如何融合是机制运行的关键,对整个体医融合机制的有效运行起到了导向的作用。导向作用存在两种情况,其一,调整二级对象机制积极向良性结合靠近;其二,体医融合机制出现恶性运行时,就应该坚持评定5个二级机

①参照郑杭生社会运行机制示意图进行修改。郑杭生,郭星华.试论社会运行机制[J].社会科学战线,1993(1):125—129+149.

制可能出现的问题,这是如何融合的反导向作用。体医融合 5 个二级机制彼此联系,与机制运行系统形成相互联系的闭合通路。

具体来说,体医如何融合对象是 5 个不同类型的二级机制。体医融合动力机制就是为体医如何结合提供合适的动力,抵消外界给予的反动力,从而让体医融合机制的运行得以持续。体医融合整合机制就是整合各方面资源与利益,促使不同利益追求的参与主体形成有机整体,为体医如何融合及有效运行提供条件。体医融合激励机制就是采取适当的激励手段和措施,促使参与主体的价值观念、行为方式与体医融合运行相一致,从而激发体医如何融合的活力。体医融合控制机制就是采取有效的控制手段以控制体医融合过程中的方向与速度。体医融合保障机制就是为保障体医融合顺利进行并使系统运行的稳定性,采取必要的保障措施,使体医融合朝预定的目标前行。

5 个不同类型的运行机制彼此独立又相互影响,以体医如何融合为中介,形成导向和反馈的相互作用,以确保体医融合机制在机构和功能上相互协调与耦合。同时体医融合机制与运行系统之间也存在着导向和反馈的关系,机制运行在整个运行系统中不断修正、不断调整,在外部条件和影响因素下,让运行系统的发展朝着不同的结合状态发展。

(三) 体医融合运行机制的特点

从社会运行机制的层级关系来看,体医融合机制是整个社会运行机制的下的低层级机制,因此具备了一般意义上的社会运行机制的特点。严家明认为社会运行机制具有主观能动性、联动性、可分性、复合型和动态性等特点[①]。郑建新认为社会运行机制具有连锁性、回归性、渗透着主观因素的客观性、动态性等特点[②]。从机制形成的过程来看,体医融合机制是一种人为机制,与自发机制不同的是人为机制具有其自身的特点。

[①]严家明.社会运行机制概论[J].社会科学,1990(8):52—55.
[②]张建新.社会机制的涵义及其特征[J].人文杂志,1991(6):27—29+11.

郭湛认为社会机制的人为机制具有稳定性、自组织性、整体性和择优性的特点[①]。郑伟建认为社会运行机制具有功能关联性、无形性、客观性、系统性的特点[②]。以上可以看出,关于社会运行机制特点的认识还存在着较大的争议,学者们站在不同的角度看待社会运行机制,其呈现的特点具有较大的差异性。不可否认的是,体医融合机制具备了社会运行机制一般意义上的特点之外,还具备了自身的特点。这种自身的特点与体医融合机制的内涵有着直接关系。首先,体医融合机制运行在我国还处于初始阶段,因此,具备了初级结合机制的特点。其次,体医融合机制虽然是独立的客观存在,但是在具体的运行过程中与体育系统运行机制和医疗系统运行机制有着千丝万缕的联系。为此,我们认为体医融合机制具有更强的针对性、极强的耦合性、较强的潜隐性以及动态性等特点。

1. 更强的针对性

这里的针对性指的是体医融合机制目的的针对性。不可否认的是,任何机制的建立均具有一定的目的,如社会运行机制的目的是社会的良性运行,体育公共服务机制的目的是提供更好的体育公共服务。体医融合机制的目的是提高健康水平,具体针对的是人民健康。

2. 极强的耦连性

体医融合机制的耦连性表现在两个方面:其一,体医融合机制是一个独立的系统,内部构成要素之间在信息传递和反馈的过程中相互联系、相互制约,一个因素的变化可能会引起其他诸多因素的耦合效应。其二,体医融合的速度与广度,还必须依靠体育系统和医疗系统的耦合程度。

3. 较强的潜隐性

体医融合机制的潜隐性通过机制的运行表现出来。主要有以下几个方面的表现:第一,由于体医融合作为一种国家力推的健康促进方式,在人们心理接受程度上并没有形成广泛的共识,他们对体医融合的

①郭湛,曹延莉.社会运行机制的特点及优化途径[J].河北学刊,2009.29(2):148—151.
②郑伟建.社会运行机制与社会现代化[J].理论与改革,1991(2):32—36.

需求具有潜隐性。第二,从体医融合实践来看,虽然专门体医融合机构已经零星出现,但是对体医融合实践主要依托于各类医院、社区、养老机构、社会健身俱乐部,这些实践机构的本质功能决定了体医融合机制的运行具有较强的潜隐性。第三,从体医融合的技术角度看,首先,进行科学有效的体育运动并与医疗相融合可以达到目标,这一过程是漫长的,其健康的效果具有潜隐性;其次,竞技体育中有效体医融合技术并没有完全应用到健康促进中,竞技体育中体医融合技术的渗透过程既具有长期性也具有潜隐性。

4. 很强的动态性

首先,体医融合机制运行是动态性的具体表现;其次,5 个二级机制在如何融合的过程中同样具有动态性。这是因为:5 个二级机制在融合过程中不是同步进行,其速度和融合程度存在着差异,这就使得 5 个二级机制在运行后的结果呈现出体医整合、体医结合、体医融合的动态发展过程。体医融合实践才刚刚起步,解决如何融合问题较符合体医融合发展的客观规律。

第四节　健康中国建设进程中
体医融合实践探索

一、体医融合实践类型划分

(一) 体医融合实践类型来源

1. 文献资料中搜集体医融合实践

文献资料是理论的代表,是学者们通过实践问题的观察上升到理论层面的思考。学者们在对体医融合相关问题研究过程中必然会借助体医融合实践来论证相关论点,这就给体医融合实践类型的搜集提供了方便。通过中国知网、万方数据、百度学术、维普数据等文献检索平台搜集体医融合相关文献资料。截止到 2022 年 12 月 30

日,共收集体医融合为主题的文献共计 1300 余篇。文献类型包括期刊文献、学位论文、会议报告、报刊文献等。通过对全部文献的通读,对文献中涉及到的体医融合实践案例进行检索,共检索到体医融合实践案例共计 128 个,剔除重复案例,从文献资料中检索到的体医融合实践案例共 98 个。

2. 网络查询体医融合实践案例

通过网络搜索引擎可检索医院、健身平台、养生中心、体医融合相关企业等体医融合实践案例。网络搜索引擎包括百度、谷歌,检索关键词为"体医融合"。还通过国家及各省市体育局和卫健委官网查询体医融合实践案例。与文献检索案例进行比较分析,剔除重复案例,最终保留体医融合案例共 123 个。

3. 通过实地考察调查体医融合实践

以深圳市、广州市、上海市、天津市、衡阳市为实地考察对象,调查该地某行政区域体医融合实践案例。实地考察具体对象为社区、医院、学校、健身/健康中心、企业等。通过走访调查(2022 年 1 月—2022 年12 月),共检索到体医融合实践案例 68 个。68 个案例与前面检索的案例无重复。

(二) 体医融合实践具体类型

通过多种途径共检索到体医融合具体案例共 289 个。对体医融合实践案例进行分类是一个复杂的问题。这是因为:其一,检索到的体医融合实践案例较多给划分分类增加了难度;其二,根据不同的分类标准得出的具体分类存在着差异。按照体医融合运行方式可以将体医融合案例分为营利类、非营利类和公益类。营利类主要包括体医融合相关企业、健身/健康中心、私人养老机构等;非营利类主要包括公立医院、高校体医融合研究中心、社区体医融合等;公益类主要包括公益组织推广所进行的公益活动、体医融合网址等。根据体育融合在实现健康功能的作用可将体医融合实践分为疾病预防类、疾病治疗类、疾病康复类。疾病预防类如以医院和社区为中心的慢性病知识讲座与宣传小册;疾病治疗类和康复类如医院和健康管理中心的具体疾病治疗与康复。根据体医融合具体表现形式可以分为医院康复类、体育医院类、企业公司类、健康/健身中心类、居家类等。

不同的分类给体医融合运训机制的理论分析增加了难度。通过专家访谈,采取"体医融合实践地点与功能"为划分标准对体医融合实践案例进行具体分类较有利于实现研究目的。通过对收集到的体医融合案例共分为7类。第一类,医院康复类,具体包括:徐州市中心医院、北京中医药大学第三附属医院、济南历下体医融合中医诊所等35个;第二类,公司运营类,具体包括:南京体医融合康复产业研究院有限公司、山西体医融合科技有限公司、北京陈博士体能康复工作室等19个;第三类,养生中心类,具体包括上海康博士运动康复中心、武汉康英达养生中心、北京迈动健康体医融合服务中心等12个;第四类,社区服务类,具体包括海南健身与健康融合中心、上海杨浦区1+2健身健康服务中心、南京社区体医健康门诊等56个;第五类,高校校园类,具体包括:北京体育大学体医融合中心、济南大学体医融合研究院、集美大学体育学院体医融合示范社区等12个;第六类,健身会所类,具体包括徐州博武堂健身会所、苏州英派健身俱乐部、宝力豪健身俱乐部等9个;第七类,居家基其他类,具体包括:苏州广场舞微信小程序、苏州运动云医院平台、安徽智慧体育公共服务平台等12个。七大类代表性体医融合实践案例见下表:(表1-1)

表1-1 我国代表性体医融合实践案例

具体分类	代表性案例
医院康复类	1.徐州市中心医院康复医学;2.北京中医药大学第三附属医院与国家奥林匹克体育中心合作共建医疗康复中心;3.浙江大学明州医院;4.苏州九龙医院把运动融入常见慢性病的预防、治疗中;5.山东省胜利油田中心医院神经康复科;6.济南历下体医融合中医诊所;7.陕西省人民医院;8.江苏省中医院;9.合肥ut运动康复诊所;10.杭州尤看运动医学诊所等。

具体分类	代表性案例
公司运营类	1.北京陈博士体能康复工作室；2.南京体医融合康复产业研究院有限公司；3.山西体医融合科技有限公司；4.体医融合（山东）科技有效公司；5.体医融健（北京）科技有限公司；6.广州体医融合健康管理公司等。
养生中心类	1.上海康博士运动康复中心有限公司；2.武汉康英达养生中心有限公司等。
社区服务类	1.合肥市庐阳区社区国民体质监测站；2.浙江省温州市鹿城区国民体质监测站；3.上海市嘉定区的"1＋1＋2"社区主动健康工程；4.北京海淀区"体医融合示范区"；5.徐州奥体中心的推拿按摩养生中心；6.海南健身与健康融合中心；7.常州市社区高血压慢性干预；8.上海杨浦区形成1名全科医生＋2名家庭健身指导员的服务模式；9.常州探索"2＋2"社区工作模式；10.南京社区医院开设"体医健康门诊"；11.浙江嘉兴中南社区示范点；12.福建龙文区实践"政府—医院—社区—科研所"四位一体模式；13.安徽卢湾区三方协作社区试点；14.山东开展"社区主动健康"试点活动计划；15.山西长治市体育局与市二医院联合设立医体融合中心；16.河北推出体医融合中心；17.甘肃兰州市开展体医融合示范点；18.四川成都建设"市民运动健康促进服务平台"；19.江西上饶市开展"中医让运动更健康"社区服务；20.广东深圳开展运动处方师培训；21.云南开展慢病防控示范区体医融合服务试点；22.广西依托体科所创建体医融合健康服务基地；23.太原市社区居民"体育融合"实践；24.北京市来广营乡北苑社区老年人体医融合实践等。
高校校园类	1.北京体育大学兼具体育和医学资源，建成"发挥体医融合优势，运动健身科学防疫"项目；2.济南大学体医融合研究院康养基地；3.上海体育学院与上海健康医学院联合培养研究生；4.集美大学体育学院"体医融合示范社区"；5.体医融合糖尿病运动管理之东南大学实践；6.南京医科大学；7.华中科技大学；8.泰山医学院；9.四川大学；10.广州体育学院；11.成都体育学院；12.西安体育学院；13.复旦大学；14.安徽医科大学等。
健身会所类	1.银川市残疾人康复中心体育康复；2.徐州市搏武堂健身会所；3.苏州的英派斯健身俱乐部有限公司；4.宝力豪健身俱乐部；5.马术俱乐部；等。
居家及其他类	1."江苏广场舞"微信小程序平台；2.学习强国App"中医养生与亚健康防治"视频平台；3.苏州运动云医院平台；4.安徽智慧体育公共服务平台等。

二、体医融合实践区域分布与特点

（一）体医融合实践区域分布

虽然体医融合概念提出的时间不长,但由于非医疗健康干预的手段得到了各级政府的高度重视,尤其是在健康中国成为基本国策的背景下,各省市积极探索体医融合非医疗干预路径。对收集到了 289 个实践案例的归属地进行整理,可以反映出目前我国体医融合实践发展的整体面貌。不可否认的是,由于体医融合实践案例收集的手段的局限性,难以反映出我国目前全部的体医融合实践全貌,但是通过收集案例归属地的整理,还是基本能反映出体医融合实践的特征。各省市体医融合的分布见下图:(图 1-3)。

从 289 个体医融合实践案例的省份分布情况来看,体医融合实践主要集中在我国江苏、北京、广西等 18 个省份。从数量上看,江苏、北

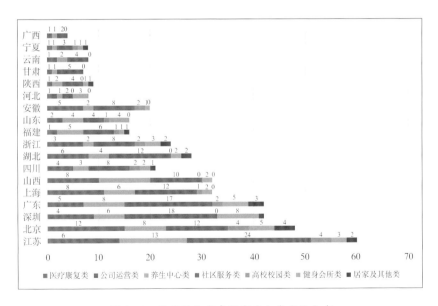

图 1-3 体医融合代表性实践个案省份分布

注:1)公司运营类不包括生产体医融合专门器械的器材设备生产公司。2)居家及其他类主要对在线 APP 程序使用地进行统计,国家相关部分发布的 APP 程序未在各省统计范围内。

京、深圳、广东、上海体医融合实践个案较多,并且实践类型较全。虽然全国各地纷纷进行体医融合实践,但是主要还是集中在沿海和直辖市经济发展水平较高的省市。可见,体医融合实践呈现出明显的经济特征。从各省市体医融合实践类型来看,主要集中在医疗康复和社区服务两大类。说明目前体医融合实践的两大主要阵地分别是医院和社区。

(二)各类体医融合实践特点

1. 医疗康复类:专业性较强,效果明显,可及性不强

医疗康复类是融合现代临床医学和体育康复知识、技术和设备,通过运动处方的形式对患者进行病后的康复干预。此类体医融合个案具有专业性强,效果明显的特点。专业性强表现为:其一,医院拥有健康管理的绝对话语权,医生根据患者的具体病情能够给出足够专业的治疗方案建议,并且这些建议具有较强的可信度;其二,在治疗实施过程中,能较好地结合患者的具体情况及时对运动处方情况进行调整的同时,还可以借助专业技术和康复设施进行针对性强的健康干预。故此,其健康干预的效果较为理想。

从医疗康复类具体案例来看,此类案例数量最多。说明通过医院开展体医融合实践在健康中国建设进程中具有较好的示范效应。如焦作市体育局和市中医院成立的体育医院将"体育+运动医学""体育+治未病",形成了有特色、有亮点、可复制、可推广的经验做法。上海市杨浦区的东医院内分泌科开设了"糖尿病运动干预门诊",应用先进的设备对糖尿病患者进行诊断,然后根据患者情况开具运动处方,以两周为周期对运动处方进行调整。该门诊受到了糖尿病患者的一直好评。

虽然医疗康复类专业性强,治疗效果好,但是还存在着以下问题:第一,医疗康复类的整体数量还不能满足广大民众的实际需要。根据2022年中国卫健委的最新数据,我国共有各级医院约30万家,其中三

级医院 22 万家①,但是并不是所有医院都进行了体医融合的实践尝试。第二,受"新冠"疫情影响,最近几年医院的工作中心倾向于疫情防控与管理中,无暇抽出更多的人力、物力和财力实施医疗康复的实践尝试。第三,鉴于医院对健康话语的权威性,在体医融合实践过程中极易形成"到医院去锻炼"的从众心理,这就给本身有限的医疗资源施加了沉重的负担。医疗康复类的可及性受到了影响。第四,在医院进行体医融合实践由于受到"医保"政策影响,体医融合产生的治疗和用药费用大部分不在医保报销范围内,这在一定程度上影响体医融合实践的深度。

2. 公司运营类:市场性明显,产业生态稳,对象不精准

公司运营类是以健康产业为市场导向,以健康需求为切入点,注册健康促进类公司,通过体医融合市场运营进行的一种实践形式。公司运营类迎合了当前"大健康"的时代需要,将医学、运动和康复融为一体,对某些具体疾病进行管控,形成了较为稳定的产业生态。公司运营以获利为主要任务,受市场机制影响,具有明显的市场性质。表现为:其一,其经营范围主要集中健康管理与服务。其二,其经营内容主要为体医融合健康干预技术、信息和管理等内容。其三,其服务定价受市场机制影响。可见,服务质量是决定该类体医融合实践生产的关键所在。

从公司运营类具体案例来看,此类案例数量正在逐渐增多。经受住市场的锤炼,其生存能力较强。如 2021 年 3 月成立的体医融合(山东)科技有效公司,注册资本 300 万元,其分支机构经营范围包括:体育健康服务、健康咨询服务、技术开发交流与推广、远程健康管理服务、养生保健服务、中医养生保健服务等 10 余个。体医融健(北京)科技有限公司,成立于 2018 年 8 月,注册资金 1000 万元,经营范围包括健康咨询、健康管理等内容。广州体医融合健康管理公司,成立于 2022 年 6

---

① 中华人民共和国卫生健康委员会.健康中国行动推进委员会办公室关于印发健康中国行动 2022 年工作要点的通知[EB/OL]. www. nhc. gov. cn/guihuaxxs/s7788/202204/67cb879e0afd44ba916912367de56170. shtml[2022—04—02](2022—12—12).

月,注册资金 100 万元,经营范围包括体育健康服务、健康咨询服务、远程健康管理服务、护理机构服务等内容①。

吸收社会资本进行体医融合实践是该类个案的特色。该类体医融合实践也存在以下问题:其一,体医融合公司经营范围突破了体医融合的局限,提供健康服务只是公司经营范围的一方面。说明单独以体医融合为主营内容的公司在现在的市场机制下很难立足。其二,由于缺乏有效的市场定价机制,体医融合公司提供的服务完全受市场机制影响,极易形成定价混乱,给该类公司的可持续发展造成影响。其三,体医融合公司提供的健康服务对象不精准,健康管理、咨询和服务内涵本身较模糊,提供服务的专业性打折扣。

3. 养生中心类:定向服务,规模小,抗市场能力弱

养生中心类同样以市场为导向,通过市场化运作对有一定经济基础的人群提供健康促进服务。该类体医融合实践与公司运营类的主要区别在于:其一,养生中心类提供的健康促进服务精准为有经济基础的人群。其二,养生中心类提供的健康促进服务内容更精准,诸如体能管理、营养健康、健康管理等,而健康管理主要针对肥胖、"三高"等慢性疾病。其三,健康服务供给过程中主要采取注册会员的形式。养生中心类与公司运营类的共同之处在于:其一,运营与服务定价受市场机制影响。其二,数量规模普遍较小,有一定的技术基础,但是产业链短。

较之于公司运营类,养生中心类精准的定向服务是其特色。诸如北京迈动健康体医融合服务中心成立于 2017 年,注册资金 50 万元,利用线上和线下相结合的方式对慢性病管理与健康服务提供体医融合、体质检测和科学运动服务,还承担体医融合的咨询培训、合作交流、承办政府对体医融合业务的委托服务等②。武汉康英达养生中心有限公

---

①爱企查.广州体医融合健康管理公司[EB/OL]. https://aiqicha.baidu.com/. (2022—12—12).

②爱企查.北京迈动健康体医融合服务中心[EB/OL]. https://aiqicha.baidu.com/detail/compinfo? pid = xlTM—TogKuTwJYOifgZE—s0Rxb22CGsvwAmd&rq = ef&pd = so&from=ps. [2022—07—25](2022—12—12).

司成立于 2020 年 5 月,注册资金 600 万元,该中心主推中医养生保健服务、营养健康咨询服务、养老服务等。采取注册会员制对普通会员提供康复训练服务,为高级会员提供日常体能测试管理、营养管理、中医养生保健管理等服务[①]。

养生中心类同样可以吸收社会资本参与体医融合实践,有利于形成良性的体医融合实践效应。但是该实践案例也存在以下问题:第一,定位精准导致服务范围小,在体医融合市场还未完全成熟的前提下,导致该类型抵抗市场风险的能力较弱。第二,由于定位于高收入人群,限制了体医融合实践人群的数量,可及性程度不高。第三,对某中慢性病健康管理依赖于疾病管控技术,在技术壁垒保护下,体医融合实践范围受到一定影响。

4. 社区服务类:数量规模大,效果显现低,承载力不够

社区服务类是以基层社区为载体,对社区居民实施体医融合教育宣传、体医融合健康管理服务的一种体医融合实践模式。社区是政府的基层代表,是聚居在一定地域范围内的人们所组成的社会生活共同体[②]。社区具备开展体医融合实践的先天性条件:其一,有不同年龄层次的人群,在健康中国建设背景下,社区人群对健康有强烈的自发追求。其二,有开展体医融合的场地设施和人员,如社区医院、社区广场可以开展社区体医融合实践活动;社区工作人员可以领导、组织社区居民进行体医融合教育活动。其三,有完善的社区管理制度,完善的社区管理制度为社区体医融合实践活动的开展提供了条件。

从体医融合实践的个案类型来看,社区服务类数量较多,说明在健康中国持续推进中体医融合作为一种有效的健康促进方式得到了基层政府的高度重视。在全国范围来看,社区服务类较为典型的有上海、深圳、浙江等省市。如上海嘉定区倡导的"1＋1＋2"社区主动健康工程,

---

①爱企查.武汉康英达养生中心有限公司[EB/OL]. https://aiqicha.baidu.com/company_detail_31480901549681.[2022—07—25](2022—12—12).

②徐永祥.社区发展论[M].上海:华东理工大学出版社,2000(12):24.

为社区居民提供体质检测、健康知识普及、不定期组织医生和运动专家联合为居民开具运动处方[①]。从 2020 年开始,深圳市积极推动体医融合纳入家庭医生签约服务,选取部分社会健康服务中心,配备体质测试设施,对社区居民开展体质测评、运动干预、膳食指导、营养管理、运动风险评估、慢性病运动防治等个性化体医融合实施方案。武汉市洪山区和平街社区卫生服务中心与武汉市中心医院成立紧密型医疗联合体,建立社区居民慢性病全程管理与运动医疗相结合的护理服务新模式,共同建立"筛、防、救、治"一体化网络体系[②]。

社区为体医融合理念的普及提供了有效平台,各省市也充分利用社区开展体医融合的优势进行体医融合实践。利用社区开展体医融合实践还面临着以下问题:一方面,社区体医融合实践的深度和广度受社区工作人员体医融合意识的影响;另一方面,社区体医融合实践活动的开展受上级政府部门上传下达指令的影响。故此,利用社区开展体医融合实践活动多集中于体医融合理念的宣传,由于管理人员数量不足、专业技术人员严重缺乏,其开展体医融合的实践效果不够明显。在科层制管理体制下,社区开展体医融合的承载力还有待加强。

5. 高校校园类:数量规模小,人才培养为重,鲜明的科研属性

高校既是人才培养的圣地也是科学研究的阵地。体医融合概念提出后,利用高校人才资源优势开展体医融合实践也取得了理想的效果。体医融合专业人才缺乏是体医融合实践中存在的典型性问题。而体育院校和医学高校联合培养,在体育院校或医学高校开设运动医学专业便能解决专业人才资源匮乏的问题。如北京体育大学的运动康复专业人才培养目标定位为"能在各级运动、科研机构、医院、社区、学校、健身机构等部分从事运动损伤康复、肌肉骨骼康复、

①高千里,商勇,李承伟,等.供给侧改革视阈下体医融合健康服务供给研究[J].武汉体育学院学报,2021,40(4):1—7.
②人民网精选资讯官方账号.武汉市中心医院"牵手"社区卫生服务中心成立紧密型医联体[EB/OL]. https://baijiahao.baidu.com/s? id=17699406157711125547&wfr=spider&for=pc[2023—06—28](2023—7—01).

心肺及慢性疾病康复、神经病损康复治疗和运动防护等方面工作，具有国际视野、创新精神和实践应用的高水平应用型专业人才"。专业开设的主干课程就包括：临床医学概要、理疗学、人体解剖学、运动康复学等①。此外，北京大学、南京医科大学、上海体育大学、华中科技大学、泰山医学院、四川大学、广州体育学院、成都体育学院、西安体育学院、复旦大学、安徽医科大学等高校开设的运动医学专业为体医融合实践输送了大批专业人才。

高校校园类体医融合实践从高校性质来看，可以分为综合性高校体医融合实践、体育院校体医融合实践和医学院校体医融合实践三大类。从高校体医融合实践目的可以分为以下三种类型：第一种，以人才培养为主要目标，在高校利用体育与医学技术、人力资源和场地设施优势进行体医融合实践案例的推广，如济南大学体医融合研究院与上海体育大学、上海健康医学院联合培养研究生②。第二种，利用高校研发的技术平台推广体医融合实践方案。如北京体育大学利用"发挥体医融合优势，运动健身科学防疫"项目，开设了"运动新知学院""北体教授说""宅家健身"等线上平台开展体医融合知识科普及疫情防控知识③。第三类，针对具体疾病开展的体医融合技术实践。如华南师范大学体育科学学院陆作生教授团队带领博士生和研究生成立的"视力康"儿童青少年体医融合视力干预实践。通过多年的实践探索，已经为 100 多名中小学生视力健康进行了健康干预，取得了理想效果。

高校校园类虽然可以利用人才培养和技术、资源优势开展体医融合实践，但是也存在以下问题：其一，高校体医融合专业人才培养与体

---

①北京体育大学就业创业信息网. 毕业生专业介绍：运动康复专业［EB/OL］. https://jy. bsu. edu. cn/front/showContent. jspa？ channelId＝730&contentId＝103962［2022—10—13］(2022—12—12).

②李彦龙，陈德明，聂应军，等. 场域论视阈下我国体医融合的实然困境与应然进路［J］. 体育学研究，2021,35(1)：36—43.

③段昊，吴香芝，刘耀荣，等. 大数据视角下我国体医融合案例分析与推进方案［J］. 沈阳体育学院学报，2023,42(1)：73—78,122.

医融合实践的相容性不强。表现为:即便是运动医学专业或运动康复专业毕业生就业面向较为狭窄。毕业生在医院的康复科人才需求量少,流向社会的毕业生没有对应的"体医融合专业岗位"。其二,高校体医融合科研周期长,实践效果显现不明显。即便是开发体医融合技术,其开发、试验的周期长和消耗的人力、物力和财力较大。

6. 健身会所类:理念突出,面向大众,质量参差不齐

健身会所类与养生中心类具有很大的相似,即利用社会资本、依据市场运行规律,对会所会员进行体育医疗理论知识和技术指导,通过健身体验实现健康促进的目的。同时,健身会所类和养生中心类还存在区别,表现在:第一,受众人群不同,养生中心类主要面向经济条件较好的人群,而健身会所类则面向普通大众,其收费标准较之养生中心类要低。第二,健身会所类注重日常的健康知识、体医融合理念的引导及健康行为习惯的养成,而养生中心类则更注重健康体验效果。健身会所在市场存在的时间较久,很多体育健身俱乐部在健康中国大环境下,冠以体医融合的名义开展健康促进实践。所以,健身会所类虽然种类较多,但是质量参差不齐。

健身会员类具有明显的体育色彩,如徐州博武堂健身会所便是在体医融合理念的指引下,通过对会员授课的形式,对健身会员进行健康调理、科学塑身等内容的健身康复。苏州英派斯健身俱乐部同样是在体医融合理念引导下,利用社会保险基金账号余额转存至阳光健身卡中,用于俱乐部健身消费结算。这在一定程度上激发了民众健身活动开展的积极性。

与此同时,经受市场考虑的健身会所类体医融合实践同样存在以下问题:其一,体育属性浓厚而医疗属性隐晦,这给民众理解体医融合造成了错觉与混乱。其二,健身会所类缺乏足够的体医融合技术和专业人才支撑,使得健身会所类体医融合实践效果不明显。其三,受成熟的市场机制影响,健身会所类在恶性竞争环境下,个别体医融合实践实质上名存实亡。

7. 居家及其他类:便捷性强,应用广泛,重视不够

居家及其他类是指在家庭环境下进行的体医融合实践,其他类也包括利用线上 APP 小程序进行的以家庭成员为单位的体医融合实践。随着 5G 网络时代的到来,网络已经成为人们生活中必不可少的要素。尤其是智慧型手机的普及,在 APP 应用市场、微信小程序、QQ 小程序及网址中均可见各类体医融合应用程序。人们在网络小程序的指导下居家便可进行体医融合实践。故此,居家及其他类便捷性强,应用广泛。

互联网、智能终端、居家锻炼是此类体医融合实践的显著特点。如苏州市卫健委、体育局和苏州大学体育学院共同开发和运营的"苏州运动云医院平台"由用户、专家和管理三个端口组成,可以向用户提供线上健康信息、体医融合技术指导、运动处方开具等服务。如学习强国 APP 中的"中医养生和亚健康防治"小程序向用户进行体育与中医治病防病方法、中医健康管理等内容。

居家及其他类虽然便捷性强,可以广泛应用于体医融合实践的各个方面,但是也存在以下问题:第一,APP 及小程序的应用依赖于用户使用的积极性、主动性和持久性,如果用户抵抗 APP 或小程序的应用或不能长久坚持,体医融合实践效果会受到影响。第二,需要借助互联网、智能终端,增加了体医融合实践的成本。其三,APP 和小程序开发界面是否美观、科学合理在一定程度上也影响到用户使用的动机与效果。

本章小结

《健康中国 2030 规划纲要》的颁布把人民健康上升到国家战略发展高度引起了社会各界的高度关注和共鸣。尤其是文件中提到的"体医融合"这一术语立即引起了学术界的高度重视。在健康中国建设进

程中,全民健康问题是重点问题也是难点问题。"体医融合"作为一种国家力推的新型健康促进方式,如何在全民健康促进过程中发挥积极效应是一个值得研究问题。虽然国内外对健康促进、体育＋医疗促进健康的关注一直是热点问题,但是体医融合问题的研究在近几年才逐渐增多。并且鲜有从宏观的角度去研究体医融合机制,这就给体医融合机制提供了研究空间。本章利用种差＋属性的方法对体医融合概念进行了界定,这为体医融合机制研究提供了概念起点。体医融合思想渊源为中医理论的"治未病",故此,理论来源以及实践操作均具有悠久的历史。体医融合运行机制解决的核心问题是体医融合如何良性运行的问题,利用成熟的取得广泛共识的社会运行机制理论将体医融合运行机制研究分为动力机制、激励机制、保障机制、整合机制和控制机制。在体医融合发展的不同阶段所呈现出的体医融合运行机制具有不同的特点。具体而言,当前体医融合运行机制具有更强的针对性、极强的耦连性、较强的潜隐性和很强的动态性等特点。

第二章　体医融合动力机制

体医融合动力机制是体医融合机制的重要组成部分。任何机制的形成与运行均离不开动力的推动作用。可见,对于动力机制的分析是解决体医融合机制的前提性问题之一。根据社会运行机制理论,动机机制是整个系统运行的动力源,为整个机制的运行提供适宜的动力是动力机制的目标所在。体医融合机制构建虽然还处于起步阶段,但是动力的大小和方向决定了体医融合机制运行的速度和维度。动力机制是一个内部结构复杂的系统。鉴于此,对体医融合动力机制的分析首要问题便是对动力机制有一个整体性的、清晰的理解;其次,对动力机制中各构成要素以及要素之间的相互关系与作用有全面的认识;最后,对动力机制运行过程、规律等问题有清晰全面的把握,以期能为体医融合动力机制提供理论与实践上的指导。

第一节　体医融合动力机制解读

一、动力与动力机制

(一)动力解读及其分类

动力,在汉语中的含义有两个,其一,指机械做功的各种作用力,多应用于机械领域;其二,泛指事物运动和发展的推动力量,多用于社会学、管理学领域①。在英语中,动力的解释主要有:1. motive power,初始的力,力量;2. power,力量;3. motive force,动机力;4. dynamic,(人或事物)互相作用的方式,解释为动态,力学,动力学,动力。动力机制在英文词汇中一般用 Dynamic mechanism,而不是用 power。由此可见,动力机制中的动力指的是事物运动和发展过程中的力量。并且不仅仅指的是某一种力量,而是多种力量的合力以及动态的相互作用的方式。

在社会学研究中,研究者根据研究需要习惯性地把动力按照不同的标准进行分类。从动力的来源看,动力可以分为内动力(内生动力)和外动力(外生动力)②。所谓内动力是指物体或事物内部产生的力,外动力就是作用于事物上的外部力量。一般来说,内动力对事物发展起决定性作用,外动力对事物发展起辅助性作用。从力的性质来看,动力又分为主动力和逆动力。所谓主动力是指事物发展起主要的、正向的力,逆动力则是对事物发展起反方向作用的力。而主动力又可根据效果分为推力、拉力、引力、辅力、助力等不同性质的力。根据动力作用的领域,可以分为物质动力、精神动力和制度动力③。物质需要是人类生存的第一需要,所以物质动力是第一层次的动力。正如马克思所言"一种精神集中,在任何一个经济社会中都具有归结性的意义"④,所以精神动力是第二层次的动力。制度动力即推动制度变革的动力,是精神动力更高层次的表现,是第三层次的动力。在研究中,还频繁出现"源动力"一词,即动力产生的源泉和起点。

(二)动力机制的多学科解读

动力机制起源于物理学的系统动力原理,后被广泛运用到社会科

---

① 百度百科. 动力 [EB/OL]. https://baike.baidu.com/item/%E5%8A%A8%E5%8A%9B/891484? fr＝aladdin. [2023—09—01](2023—10—20).

② 李景元. 现代企业运行机制与科研开发创新:理论方法与实证分析[M]. 北京:中国经济出版社,2005(10):13.

③ 韩秀兰. 迁村并居动力机制研究[D]. 杨林:西北农林科技大学博士学位论文,2014(5):28.

④ 罗平汉. 革命与利益[J]. 理论视野,2011(6):59—62.

学研究中用以说明事物运行所具备的各种动力以及它们的关系。一般意义上来说,动力机制是指事物各方面存在的条件下,为协同各部分发挥正常作用的各种力的种类、相互关系、作用过程及原理的具体方式。在学术研究中,机制往往作为一种研究的范式,动力机制也是如此。学者们站在不同的角度对动力机制进行了界定。在经济学领域,动力机制又称为激励机制,是指在利益导向驱使下,各个市场主体及主体内部各类人员积极从事生产的促使机制①。从企业管理的角度看,动力机制是使企业和职工都有应获利益和应负责任,激励职工把企业目标的实现为企业主积极性的发挥融合在一起,形成企业发展的巨大推动力②。从农业学的角度看,动机机制亦称为再生产动力系统的"热调节",是指某一子系统与其周围社会环境系统中其他要素相互关系、相互作用而产生的使子系统实施某种行为的内在驱动力的方式、方法的总和③。在生态学领域,动力机制是"某一子系统与其所处的环境系统中的其他要素相互关系、相互作用而产生的使自身发生某种行为的内在驱动力的方式、方法的总和"④。在社会学领域,动力机制理解为"推动社会系统运动、变化、发展的内外部力量的作用方式,使系统诸要素、部分、环节在互动中形成整体良性运行的结构和功能的总和"⑤。

由此可见,动力机制在不同的学科领域,其内涵存在较大的差异。在众多界定中,我们发现关于动力机制可以从以下几个方面进行理解:其一,动力机制是一个合力系统,是内部要素相互联系、互相作用所形成的合力;其二,动力机制与所处环境有密切关系,在不同的环境背景下,所产生的动力具有差异;其三,动力机制常可作为一种方法论来处

①知网空间.动力机制[EB/OL]. http://wiki.cnki.com.cn/HotWord/1333713.htm.
②陈大龙.创造业企业自主创新知识型动力机制研究[D].哈尔滨:哈尔滨工程大学博士学位论文,2011(6):32.
③张淑辉.山西省农业科技创新的动力机制研究[D].北京:北京林业大学博士论文,2014(6):25.
④刘兴鹏.我国地方政府职能转变的动力机制研究[D].武汉:武汉大学博士论文,2014(4):28
⑤郭湛,王洪波.改革、发展、稳定、和谐的动力机制[J].天津社会科学,2008(5):45.

理合力之间的相互关系以及与外部系统之间的关系。

（三）体医融合动力机制释义

各学科对于动力机制的界定为我们认识体医融合动力机制提供了线索和思路。体医融合动力机制受力点是体医融合，人们健康状况的客观现实以及他们对健康的需要是体医融合动力产生的源泉。推动体医融合机制形成的动力是多元的、复杂的，既有主动力也有逆动力。各力之间的相互关系以及合力所形成的状态决定了体医融合机制运行的整体面貌。与此同时，合力系统与外部环境系统之间形成的牵扯力对体医融合机制的运行也起到了关键作用。对整个体医融合机制而言，动力机制中的力是一种无形的力，就像看不见的手一般推动着体医融合机制的良性运行；从动力机制内部来看，除了体现了力的性质外，还体现了具体力的大小以及方向，力与力之间形成的基本层次结构以及它们之间的关系与功能，力与力之间的传播过程及机理。从动力机制的外延来看，体医融合动力机制的外延是体医融合运行机制，与激励机制、保障机制、整合机制以及控制机制属于平行概念。

体医融合机制问题属于社会学研究范畴，毋庸置疑，体医融合动力机制适用于社会学关于动力机制的定义。故此，我们把体医融合动力机制定义为：推动体医融合发展的不同动力系统、不同动力要素之间相互作用、相互耦合的结构、方式以及过程原理的总和。确切地说为体医如何融合及机制运行提供适宜的动力。

二、体医融合动力机制要素分析

从体医融合动力机制的概念不难看出，动力机制是一个复杂的系统。根据系统的观点，动力要素是构成合力系统的最小单元。然而，在这些动力要素中某些要素构成的力是正向的，它们是推动体医积极融合正向的、前行的动力，我们称之为主动力；而有些要素构成的力是反向的，它们是体医正向融合的反作用力，我们称之为逆动力。对主动力和逆动力的分析,对于我们认识体医融合动力机制具有积极的意义。

(一)体医融合机制运行主动力要素

1. 人民健康需要与不平衡、不充分发展之间的矛盾是源动力

根据辩证唯物主义的观点"矛盾是事物发展的源泉和动力"①②,事物发展的根本原因在于事物内部的矛盾性③。事物内部的矛盾性是事物发展的内因,正如毛主席所言"内因是变化的根据,外因通过内因而起作用"④,这就要求我们在分析事物发展变化的过程中要抓住事物的主要矛盾。习近平总书记在十九大报告中提出了新时期我国社会发展的主要矛盾转化为"人民日益增长的美好生活需要和不平衡不充分的发展之间的矛盾"⑤。这是对中国特色社会主义发展在新的历史阶段下对社会发展客观规律高度概括的产物,对我国社会发展的方方面面具有普遍的指导意义。具体到体医融合而言,对美好生活的要求更强烈、更迫切,而对美好生活的需要是建立在健康的基础上。故此,对健康的需要构成了体医融合发展矛盾的一个方面。"不平衡"主要体现在所能提供健康服务的领域不平衡、区域不平衡和群体不平衡三个方面;"不充分"主要体现在所能提供的健康服务整体水平还较低,在发展总量上不充裕,这便构成了体医融合发展矛盾的另外一个方面。

需要是由于机体内缺乏和不平衡所引起的对事物所展现出来的主观心理倾向。缺乏和不平衡是对健康需要的内源动力。从健康需要的内容来看,主要集中于身体健康、心理健康和社会适应健康三个维度。

---

①王孝哲. 所有矛盾都是事物变化发展的动力吗?[J]. 江汉论坛,1998(8):48—50.

②徐丹阳. 正确理解和解释"矛盾是事物发展的源泉和动力"[J]. 中学政治教学参考,2011(13):56—67.

③张云飞. 借助《矛盾论》深入理解新时期社会主要矛盾的变化[J]. 新视野,2018(2):19—23.

④鲁鹏. 对马克思主义哲学一个基本观点的再思考[J]. 山东社会科学,2005(5):5.

⑤赵士发、张昊.《矛盾论》与新时期中国社会主要矛盾问题探析[J]. 湖南社会科学,2018(2):33—37.

就身体健康而言,医疗保健是刚性需要,需要等级最高,具体表现为:其一,对医疗保健的需要逐渐增强;其二,在无病状态下,对健康的需要等级同样较强,在亚健康或处于慢性病状态下,对健康管理的需要等级增加明显;其三,对自我保健的需要较为明显,希望做到早发现、早诊断、早治疗①。同时对健康需要还呈现出年龄、城乡、性别等方面的差异。调查研究表明,80岁以上对于医疗保健的需要更明显,而且对生活自理能力的需要也与年龄呈正相关②。整体而言,在医疗保健方面的需要存在着城乡差异③。就心理健康和社会适应健康而言,我国85%的人群存在着不同程度上的心理问题,诸如焦虑、抑郁、强迫和人际关系淡化④。因此,对归属感和自尊心需要较为强烈⑤。同时对心理健康和社会适应健康呈现年龄差异。低龄的失落感和孤独感较低,心理健康状况整体状况良好;高龄的心理健康自评能力较差,与中低龄相比,高龄在认知、情绪情感和意志方面均存在显著性差异⑥⑦。

对于"不平衡"而言,当前我国的医疗卫生服务机构、各类医院、专业康复机构等机构在数量上不足且呈现地区分布不均⑧。表现出城市优于农村、东部好于西部的居民。对于有特殊健康需要的人群而言,如失自理能力的照护、失智照护、安宁康护等方面的健康服务

①孙欣然,孙金海,陈立富,等.健康需求特点与健康管理对策[J].中国老年学杂志,2018.38(11):5364—5367.

②张广利,瞿泉.城市高龄空巢特殊需要分析[J].华东理工大学学报(社会科学版),2011.26(1):8—17.

③张琳.我国中健康需要实证研究——基于性别和城乡的分析[J].财经问题研究,2012(11):100—105.

④辛红菊,张晓君,卢秋玲,等.合理情绪疗法在心血管疾病心理护理中的作用[J].中国老年学杂志,2008.28(6):604—605.

⑤刘颂.近10年我国老年心理研究综述[J].人口与社会,2014.30(1):44—48.

⑥李可.成寿寺空巢老人的社会支持及心理健康状况的关系[J].中国老年学杂志,2014.34(13):3718—3720.

⑦王粤湘,邓小妮,张秀华.广西511名生活与健康需求的调查研究[J].现代预防医学,2008.35(23):4645—4647.

⑧国家卫健委.关于印发"十三五"健康老龄化规划的通知[EB/OL].www.nhc.gov.cn/lljks/zcwj2/201711/a55586eb579648db88ee935907ab4b7f.shtml.〔2017—11—02〕(2022—10—23).

明显不足。同时,对农村在肩负服务数量和质量方面与城市存在明显的不平衡。

就发展"不充分"而言,主要表现在健康服务的整体水平低,医疗卫生服务机构在数量上没有绝对的优秀。由于我国人口基数大,人均医疗服务量与国外发达国家还存在着较大的差距。根据《2022 年我国卫生健康事业发展统计公报》,2022 年末,全国医疗卫生机构总数达103.3 万个。其中:医院 3.7 万个,基层医疗卫生机构 98.0 万个,专业公共卫生机构 1.3 万个[①]。

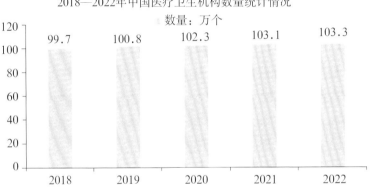

2018—2022年中国医疗卫生机构数量统计情况

图 2-1　截止 2022 年我国医疗卫生机构数量

健康需要的层次性、多样性与医疗服务不平衡、不充分的发展构成了健康促进矛盾的两个方面。他们两个方面彼此独立、而又相互促进,是在健康中国建设背景下体医融合机制运行的源动力。

2. 体育系统和医疗系统改革是体医融合直接动力

"改革是社会发展的直接动力"是邓小平同志关于社会发展"改革动力论"的核心观点。社会矛盾的普遍存在需要改革来缓解、消除矛盾,改革是社会矛盾进展的内在要素[②]。改革是解决社会主义社基本

---

①2022 年我国卫生健康事业发展统计公报[EB/OL]. https://baijiahao. baidu. com/s?id=1769988992213648084&wfr=spider&for=pc [2023—6](2023—6).

②康文斌.社会改革在历史动力系统中的地位、作用和意义[J].晋阳学刊,1993(2):3—9.

矛盾的根本途径和方法①。前述,社会发展客观规律是生产力和生产关系,经济基础和上层建筑发展之间的规律。"改革是解放生产力"②,"生产力是最积极、最活跃的因素"③,生产力的提高必然引起生产关系发生变化,生产力和生产关系的变化必然导致经济基础和上层建筑做出相应的改变以应对这种变化。这一改变的过程便是改革的过程。习近平主席指出"改革进入攻坚区和深水区,需要解决的都是难啃的硬骨头"④。体育系统的改革和医疗系统的改革就是两块难啃的"硬骨头"。

（1）体育系统改革窥视

习近平主席指出,加快建设体育强国,就要把握体育强国梦与中国梦息息相关的定位,把体育事业融入实现"两个一百年"奋斗目标大格局中去谋划,深化体育改革,更新体育理论,推动群众体育、竞技体育、体育产业协同发展⑤。此话道出了当前我国体育系统改革的目标是实现体育强国梦;改革的重点内容是群众体育、竞技体育和体育产业的协同发展。逾越改革困境就是要充分把握"人民日益增长的体育需要与体育发展不平衡、不充分之间的基本矛盾"。随着社会的发展,人民对体育的需要日渐强烈这是客观的事实。而我国体育事业改革发展中还存在着地域间、城乡间、行业间、人群间等方面的体育发展不平衡;还存在着竞技体育、群众体育、学校体育、体育产业发展不平衡;冬季项目和夏季项目发展不平衡、公共体育服务供给不充分、体育促进全民健康的作用发挥不充分、体育社会组织发展不充分等各类不平衡不充分的问题⑥。

具体问题体现于:其一,国家层面的体育社团实体化进行举步维艰,进程缓慢,收效甚微(如足协改革)。其二,制度障碍,缺乏与相关领域的沟通的主动性,导致对体育与社会、经济、文化发展之间的关系缺

①田月秋.改革是社会主义社会发展的直接动力[J].云南社会科学,2000.增刊:31—33.
②陆云彬."改革也是解放生产力"观点述评[J].实事求是,1992(6):62—64.
③赵政.生产力发展是社会进步的决定理论[J].毛泽东思想研究,1998(S1):81—83.
④陈常国.改革要有敢于啃硬骨头的精神[J].前进,2017(8):64.
⑤易剑东.当前中国体育改革的批判性思考[J].体育学研究,2018(4):14—23.
⑥李建明.加强体育理论创新,推动体育事业新发展[J].体育文化导刊,2019(2):1—3.

乏预见性,从而造成体育改革中的被动局面。表现为:一方面,经济的快速增长、城镇化进程的加速,给城市社区体育和农村体育的发展带来机遇。但是,从城市社区体育和农村体育的现状来看,除了物质条件有所改善外,人民体育锻炼意识增长的速度并不与经济发展相匹配;另一方面,在教育领域改革雷电风行之机,体育界保守"三集中"的封闭式教育体制,导致体教分离等问题凸显显著①。第三,由于体育界对群众体育需求缺乏预见性,在健康中国战略下,老龄化问题带动下的健康促进问题已经迫在眉睫,而体育领域处理这些问题缺乏相应的对策。其四,对社会发展基本理念反应迟钝。比如"十三五"期间提出的"创新、协调、绿色、开放、共享"的五大发展理念,而体育界对体育理论的创新力度不够,与其他相关部门协调发展程度不够,体育部门还是坚持用"一条腿"走路,既缺乏对自身发展规律的真实认识也缺乏与其他系统共融发展的勇气。概言之,当前,我国体育改革的突出问题是资源不够、动力不足、机制不活,人才支撑不强、科技驱动缺乏②。

(2)医疗系统改革窥视

按照我国现行的机构设置,医疗系统改革其实质是指医疗卫生系统改革。与体育系统相比,医疗卫生系统的改革直接指向于全民健康。健康需求是刚性需求,更加突出了医疗卫生系统改革的迫切。在健康中国建设背景下,医疗卫生系统的改革同样存在着"人民对医疗卫生系统的需要与供给不平衡、不充分发展之间的矛盾"问题。由于我国人口基数大,尤其是人民对健康需求的总量呈上升趋势。破解供给不平衡、不充分的客观现实是医疗卫生系统改革的难题所在。在农村地区,经济落后地区,在城乡结合部,医疗卫生专业力量不足,设备不足,机构数量不足的客观现实依然存在③;对健康需求服务了解不充分,层级医疗

①王家宏.鲍明晓.谭华.袁威.聚焦改革开放40年:中国体育改革与发展的思考[J].体育学研究.2018(6):64—73.

②鲍明晓.以新时代改革开放,统领体育强国建设[J].体育科学.2019.39(3):13—18.

③顾昕.政府转型与中国医疗服务体系的改革取向[J].学海.2009(2):38—46.

卫生系统发展不充分,整体医疗卫生系统改革不充分(既不公平,又效率低下①)等问题。

针对这些问题,2017 年国务院颁发《关于印发"十三五"深化医药卫生体系改革规划的通知》对医疗卫生改革进行了整体规划。规划通知提出的具体目标是:"到 2020 年,普遍建立比较完善的公共卫生服务体系和医疗服务体系、比较健全的医疗保障体系、比较规范的药品供应保障体系和综合监管体系、比较科学的医疗卫生机构管理体制和运行机制。经过持续努力,基本建立覆盖城乡居民的基本医疗卫生制度,实现人人享有基本医疗卫生服务,基本适应人民群众多层次的医疗卫生需求"②。以人为本,以人民健康为目的是医疗卫生系统改革的根本出发点③。

从医疗卫生系统改革的棘手问题来看,我国医疗卫生系统改革的存在主要以下问题:第一,建立科学合理的分级诊疗难度大。分级诊疗可有效缓解大医院资源紧张的现象,但由于涉及到病源分流带来的利益问题,一方面大医院与基层医院在功能整合、资源共享很难实现;另一方面,人们习惯的诊断思维与意识,对基层医院的诊治能力持怀疑态度。这种"马太效应"是目前缺乏健全完善的医疗卫生服务体系、基层医疗卫生服务能力不足、诊断—康复—护理层级功能认识淡薄的具体表现。第二,科学有效的现代医院管理制度尚未建立。具体表现为:一方面,对医院的管理到底是按垄断整合型、市场主导性、公共合作型还是公私互补性发展定位模糊④;另一方面,医院药品供应与定价、不同级别医疗机构和医疗服务项目的比价关系等问题还存在较大的争议。

①孔德斌.医疗卫生利于的政府职能转型[J].行政论坛,2007.79(1):78—82.
②中华人民共和国中央人民政府.国务院关于印发"十三五"深化医药卫生体制改革规划的通知[EB/OL]. http://www. gov. cn/zhengce/content/2017—01/09/content _ 5158053. htm. [2017—01—09](2022—11—20).
③任苒.医学整合与卫生系统改革[J].医学与哲学(人文社会医学版),2009.30(11):11—13.
④张录法,黄丞.医疗卫生体系改革的四种模式[J].经济社会体制比较,2015(1):75—80.

第三,全民医疗保障制度效率低下。表现为:对基本医保的保障边界模糊,基本医保待遇标准不清,缺乏科学有效的医保基金调剂平衡机制,医院与商业保险机构联动机制不畅等问题。概言之,目前,我国医疗卫生系统改革的主要问题是医疗卫生服务可及性与公平性问题严重、医疗费用急剧上涨,国民总体健康水平改善缓慢、医疗卫生资源短缺与医疗卫生资源浪费现象并存[1]。

习近平总书记指出:"改革开放是中国人民和中华民族发展史上一次伟大革命,正是这个伟大革命推动了中国特色社会主义事业的伟大飞跃"[2]。体育系统和医疗系统的改革是建设中国特色社会主义事业的重要组成部分,体医融合是体育系统和医疗系统改革要求的产物。两系统的改革为体医融合机制的运行提供直接动力。

3. 健康中国持续推进是体医融合的战略助力

2016年《"健康中国2030"规划纲要》通过中共中央政治局审议并通过,健康中国建设成为国家发展的战略部署被正式确定下来。2019年《健康中国行动(2019—2030年)》发布,国务院成立健康中国行动推进委员会,全面统筹实施健康中国工作开展情况。2022年10月,习近平主席在二十大报告第九部分"增进民生福祉,提高人民生活品质"中的第四大内容就是"推进健康中国建设"[3]。可见,健康中国建设作为国家发展战略正在持续推进中。

人民健康是民族昌盛和国家强盛的重要标志。"没有人民的健康,就没有全面小康"[4],坚持中国特色卫生与健康发展道路,实现全民健

---

① 范阳东,王小丽,谢玉红.我国医疗卫生体制改革问题与原因的再思考[J].中国卫生事业管理,2016(5):295—297.
② 王家宏,鲍明晓,谭华,袁威.聚焦改革开放40年:中国体育改革与发展的思考[J].体育学研究,2018(6):64—73.
③ 中华人民共和国中央人民政府.习近平:高举中国特色社会主义伟大旗帜为全面建设社会主义现代化国家而团结奋斗——在中国共产党第二十次全国代表大会上的报告[EB/OL].https://www.gov.cn/xinwen/2022—10/25/content_5721685.htm[2022—10—25](2022—12—13).
④ 李满春.用全民健康标注全面小康[J].共产党员,2020(22):1.

康,全人群、全方位、全周期健康,事关中华人民伟大复兴的历史重任;实现全民健康是国家富强、民族振兴的重要标志;实现全民健康是全国各族人民的共同期望;实现全民健康是国家综合国力可持续发展的重要保障。

体医融合是体育系统和医疗系统以健康为主线的深度交融。从体育系统和医疗卫生系统改革中不难发现,目前两个系统围绕健康为线索正在进行一系列改革。体育作为绿色、健康、可持续的健康促进手段在相当长的一段时间内并没有得到足够的重视。随着人民生活水平的不断提高,疾病谱的不断变化,在医疗卫生系统内,"看病难、看病贵、因病致贫、健康不公"等现象时有出现①,这在一定程度上影响到健康中国建设。在健康中国持续推进中,体医融合是健康中国建设的重要内容与手段。体医融合支撑健康中国建设,健康中国建设保障体医融合的融合深度与广度。可见,体医融合与健康中国建设内容统一,目标一致,健康中国持续推进是体医融合的战略助力。

4. 全面建设中国特色现代化国家是体医融合的目标拉力

党的十八大以来,以习近平为核心的党中央立足中华民族伟大复兴重任和世界百年未有之大变局,高瞻远瞩提出了中国特色社会主义现代化国家的发展新道路。2021年7月,习近平总书记在中国共产党与世界政党领导人峰会上指出:"中国共产党将团结带领中国人民深入推进中国式现代化建设,为人类现代化道路的探索做出新的贡献"②。2021年11月,十九届六中全会通过《中共中央关于党的百年奋斗重大成就和历史经验的决议》,提到"党领导人民成功走出中国式现代化道路,创造人类文明新形态"③。2022年10月,习近平总书记在二十大报告中说到:"从现在起,中国共产党的中心任务就是团结带领全国各族

①华颖. 健康中国建设:战略意义、当前形势与推进关键[J]. 国家行政学院学报,2017(6):105—112.
②刘守英,范欣,刘瑞明. 中国式现代化[M]. 北京:中国人民大学出版社,2022(09):14.
③中华人民共和国中央人民政府. 中共中央关于党的百年奋斗重大成就和历史经验的决议(全文)[EB/OL]. [2021—11—16](2023—11—11).

人民全面建成社会主义现代化强国,实现第二个百年奋斗目标,以中国式现代化全面推进中华民族伟大复兴"①。

中国特色现代化国家是党带领人民在长期艰苦奋斗中坚持马克思主义基本原理,结合中国建设的实际情况同中华民族优秀文化传统相结合而形成的。中国特色现代化国家建设具有鲜明的中国特色,表现在以下方面:其一,中国特色现代化是人口规模巨大的现代化。习近平书记指出:"我国 14 亿人口要整体迈入现代化社会,其规模超过现有发达国家的总和,将彻底改写现代化的世界版图,在人类历史上是一件深渊影响的大事"②。其二,中国特色现代化国家是物质文明和精神文明相协调的现代化。具有中国特色的社会主义即是物质富足的社会主义也是精神富有的社会主义,厚德载物,夯实物质条件,大力发展社会主义先进文化,加强理想信念教育,传承中华文明。其三,中国特色现代化国家是人与自然和谐共存的现代化。生态保护和生态文明建设是现代化建设的根基,在现代化建设进程中,保护自然和生态环境以促进中华民族永续发展。其四,中国特色现代化国家是走和平发展道路的现代化。历史教训已经深刻表明,战争只会给人们带来无尽苦难。中国特色现代化国家发展道路就是要高举和平发展,合作共赢的旗帜,与世界人民团结一致,相知相亲推动构建人类命运共同体。

体医融合是中国特色现代化国家建设进程中,着眼于 14 亿人口健康,实现 14 亿人口物质文明和精神文明的重要举措。体医融合的深刻程度及其实践效果是中国特色现代化国家建设的重要标志。体医融合是人与自然、人与人和谐共处的用心若镜。体医融合理念的提出是坚持走和平发展道路的结果,战事无体即军,战事有医非康即命。可见,中国特色现代化国家建设的远景目标为体医融合的发展提供了强有力的目标拉力。

---

①习近平.高举中国特色社会主义伟大旗帜为全面建设社会主义现代化国家而团结奋斗[N].国务院公报,2022(30):4—27.

②习近平.习近平谈治国理政(第四卷)[M].北京:外文出版社,2022(06):123.

(二) 体医融合机制运行逆动力要素

在学界,逆动力是汽车、机器人制造中的一个专业词汇,指的是施加在机械各杆件上的驱动力①。后被应用到社会学领域,指的是机制运行的抵触力量②。本研究所指的逆动力是相对与主动力而言的,是指对体医融合机制良性运行起抵触、阻碍作用的力,即与主动力作用方向相反力的总和。

1. 体医融合主动力与逆动力的对立统一

前述,矛盾是事物发展的内在动力。体医融合中的主动力与逆动力之间对立统一的运动共同构成了动力机制系统。事物发展的客观规律表明,任何事物的发展均离不开动力的牵拉作用,也离不开逆动力的反牵拉作用,只有动力的正向牵拉而没有逆动力的反向牵拉的事物是不存在的。掌握事物发展的主动力有利于事物的良性运行。同时,认识事物的逆动力更加有利于确保事物运行的正确方向。事物发展的逆动力具有偶然性、不可预知性、复杂性等特点。即逆动力中的某些要素并不随着机制的产生而发展,其动力的强弱会随着机制发展不同阶段和水平产生变化,也就是说逆动力中的某些要素并不是体医融合发展中内在逻辑上的必然规定,只有出现了,才可能成为一种反向阻碍的因素。体医融合机制中的逆动力所具有的偶然性特点也就决定了逆动力因素的不可预知性。这种不可预知性是相对的,有些因素根据事物发展的客观规律可以进行预判,但是会伴随体医融合机制发展的不同阶段而出现新的逆动力因素,这些因素是不可预知的。逆动力的偶然性和不可预知性也决定了体医融合运行机制中逆动力的复杂性。复杂性不仅强调的是逆动力的数量很多,

---

① 尹浩. 汽车操作逆动力学的建构与仿真[D]. 南京:南京航空航天大学博士论文,2007(10):24.

② 刘杰,张建峰,张祺. 政府运行对信息公开的逆动力分析[J]. 公共管理学报,2012.9(4):20—28.

而且还说明产生逆动力的原因和关系的复杂。关系复杂不仅表现在逆动力要素之间的内部关系，还表现于逆动力因素与主动力因素之间的对立统一上。

就源动力而言，人们的健康需要是体医融合的源动力。由于我国口基数大，分布范围广，这就决定了人们健康需要是一个多维的立方体。从医疗卫生系统发展现状来看，目前还达不到满足健康的全部需求，考虑到健康需要的某一方面，必然会对有其他健康需要造成影响。如现阶段重点是对疾病防控下工夫，而心理层面和社会适应层面健康的资源分配相对较少，无法形成"帕累托最优"，进而影响到健康需求的强度。当健康需求强度达不到触发"阈值"时，体医融合机制便无法运行。可见，源动力强是主动力，而源动力弱又是逆动力，它们共同构成了源动力对立统一的两个方面。

就体育系统改革和医疗卫生系统改革而言，改革的过程其实质上就是对发展逆动力进行化解的过程。前述，在体育系统改革中遇到的瓶颈问题，在医疗卫生系统改革中遇到的主要问题均是改革过程中的逆动力。也正需要对逆动力进行化解，而嫁接到体医融合机制上便形成了体医融合的主动力。改革催生了体医融合机制的形成，改革中的问题则变成了体医融合机制的逆动力。它们也共同构成了改革过程中对立统一的两个方面。

就健康中国建设战略和建设中国特色现代化国家而言，虽然两者属于国家发展战略和目标，但是在其发展过程中必然遇到很多的逆动力。如健康中国建设中，我国人口基数大，疾病谱发生变化是影响健康中国建设主要问题；全面小康社会进程中所面临的卫生服务供给不平衡、不充分的问题。这些问题是健康中国建设和现代化国家建设的逆动力，但是也加速了体医融合机制形成的主动力。

以上的分析表明，体医融合主动力和逆动力是对立统一的两个方面，主动力中包含着逆动力的因子，逆动力中又包含了主动力的因素，它们共同存在于体医融合动力机制中。由此可见，主动力和逆动力是相对的,只是在事物发展不同阶段所表现出的不同作用和功能罢了。

2. 体医融合机制运行逆动力要素

（1）体医融合意识、行为障碍

意识是人脑对客观物质世界的反映,是人脑对内外界信息的感知过程,其感觉、思维、感性、意志是意识的具体表现形式[1]。体医融合意识是指人们在健康促进过程中对体医融合目的、意义、价值的认识和理解程度,由体医融合认知、体医融合情感和体医融合意志 3 个维度组成。

行为心理学认为,人的意识与行为是一种前提和结果的关系,人的绝大多数行为是在有意意识的支配下进行的,"意识决定行为"说的是意识和行为之间的关系。体医融合意识与行为对于体医融合机制运行是把"双刃剑"。前述,人们对健康需要是体医融合机制运行的源动力。体医融合意识增强,为体医融合行为积蓄了足够强的行动力,这样对体医融合机制运行具有促进作用,但是体医融合意识淡薄同样会降低行动力的强度,这样会对体医融合机制运行起反向作用。因此,提高体医融合意识,让体医融合行为成为一股看得见的力量,而不是成为体医融合机制运行的逆动力,是应重点考虑的问题。

（2）体医融合科学技术障碍

所谓技术泛指人类活动行为方式,做事或制作的方法,是劳动手段的总和,是自然规律有意识的运用,是科学的物化[2]。马克思在工业革命背景中认识到科学技术是生产力,是"最高意义上的革命力量"[3]。现如今,科学技术正以有形或无形的方式影响着社会生活的各个方面。体医如何融合当然离不开科学技术的支持作用。

所谓体医融合科学技术是指利用体医融合促进健康的过程中的各

①孙梅,常志利,刘桂芳,等.老龄化社会背景下体育意识与行为的研究[C].中国体育科学学会会议论文集,2016(10):296—297.

②郑文范.科学技术本质的演化论解读[J].社会科学辑刊,2007(3):11—15.

③张媛媛,袁飞.马克思关于科学技术本质的认识及其当代价值[J].大连民族大学学报,2016,18(6):596—599.

类方式、方法及原理的总和。彰显的本位价值是体医融合科学技术的本质所在。体医融合科学技术的核心作用是科学、有效地促进健康水平。从分类来看，根据作用效果方式，体医融合科学技术分为直接的科学技术和间接的科学技术。所谓直接的科学技术就是直接作用于体医融合之上对健康促进起直接影响作用的各类方式、方法和原理。由于体医融合间接的科学技术内容丰富、种类繁多，我们仅对直接的科学技术进行探讨。

科学技术运用于体医融合实践中较为常见，如体育锻炼过程中的所带的手环和鞋（可测试心率、血压等指标，还可实现远程监控），在康复过程中使用的多功能设备系统（平衡检测及训练系统、神经康复评定系统、语言/认知康复系统、综合康复训练系统、主被动训练系统等）。虽然规范的体育技术动作和医疗诊断技术本身就是科学技术，但是体医融合科学技术并不是两个技术的简单叠加与结合。还应综合考虑体医融合技术的安全性、有效性和持续性的问题。

体医融合科学技术的安全性（Safety），指运用体医融合科学技术进行健康促进的过程中，自身健康没有受到危险、危害和损失的状态。运用体医融合科学技术进行健康促进的初衷是使自身的健康状况有所改善，但如果所运用的科学技术对自身健康存在潜在的安全隐患，对该科学技术产生抵抗心理。由于体医融合科学技术包含有身体运动的元素，运动与受伤总是不经意间相伴而行。害怕在运动中受伤是从心理层面抵触体医融合的重要原因之一。

体医融合科学技术的有效性（Effectiveness），指运用体医融合科学技术进行健康促进的过程中，对体医融合科学技术对自身健康促进效果及达到了预期目标所做的价值判断。有效性是体医融合科学技术的核心。只有在实践中证明体医融合科学技术对健康水平的提高是有效果的，在心理层面接受这一健康促进方式的可能性就会大大增加。事实证明，医疗卫生技术在促进健康的有效性程度远比体育运动直接，而体育运动促进健康的事实也已经得到了充分的科学证明。但是怎样的运动(运动形式、运动时间、运动强度、运动量、运动频率)才对健康促进真正有效还缺乏充分的证据(尤其是对各种慢性病)。即便是同一运动,可能对某个老年个体有效,也可能对另外的个体效果并不显著。这就显示出体医融合科学技术的有效性集中指向于运动处方效果。

体医融合科学技术的持续性(Sustained)是对科学技术运用时间维度上的要求,是指运用体医融合科学技术进行健康促进的过程中,对体医融合科学技术使用延续时间提出的内在规定。体医融合科学技术的持续性表现为两个方面,其一,科学技术本身使用是否持续;其二,使用科学技术后指向的健康效果是否连续。就体医融合科学技术本身而言理应具有持续性,这是科学技术发展的必然规律,但是从可及范围和程度上来说,体医融合科学技术并不具有持续性。从上述高科技产品开发与应用而言,能够在使用中获益的人数比例还较少,那么对于大部分而言,此类科学技术就不具有持续性。从持续性效果来看,运用体医融合科学技术无法做到“一劳永逸”。虽然运动处方是可续技术效果的集中指向,但是运动处方的开设、执行、评估、调整又是一个漫长的过程,其效果不仅因人而异,而且还存在着“不进反退”的客观规律。

(3) 体医融合资源障碍

体医融合资源是指在利用体医融合促进自身健康的过程中拥有的物力、人力、财力等要素的总和。充足的资源能为体医更好地融合提供动力支撑,资源的缺乏同样会影响体医融合机制运行的速度。由于体医融合资源主要从体育系统和医疗卫生系统共享资源,体育系统与医疗卫生系统独立运行,共享机制不畅导致资源共享难度加大,而体医融合自身资源整合能力上的欠缺,致使体医融合资源出现短缺。

就物力资源而言,主要指向于体医融合的场地、器材、设备上。目前,体医融合实践活动集中在家庭、社区、医院、俱乐部等场域内。这些场域中所能提供的场地器材设备不仅数量少,而且所能提供的功能有限。社区中的全民健身路径以及社区体育活动中心只能满足日常的体育锻炼活动和休闲活动,对于有特殊要求的群体而言,如针对老年人群健康需求所能提供的场地器材资源十分有限。虽然社会体医融合俱乐部已经零星出现,如浙江嘉兴的世合健身中心、北京康漫健身俱乐部等,但是相对于整群数量和可及性而言,还远远不够。

就人力资源而言,缺乏体医融合专业人才是人力资源缺乏的具体表征。从现有的人才培养机制来看,体育院校的人才培养目标集中于体育教师、基层教练员上,他们虽然具有丰富的运动经验,但是医学背景欠缺。而医学院校的人才培养目标集中于各级医院的医生上,他们虽然有医学背景,但缺乏运动经历。在体医融合实践中,恰恰是这两类人充当着体医融合主力军的角色,体医融合专业人才匮乏程度可想而知。

就财力而言,由于缺乏专项经费支撑,在原本经费紧张的体育系统和医疗卫生系统分出"一杯羹"就变得不那么现实。

(4)体医融合制度障碍

制度也属于资源范畴。体医融合的制度是指体医融合主体共同遵守的规章或准则。成熟完善的制度对体医融合机制运行起推动保障的作用,不完善的制度必然也会对体医融合机制运行起反向作用。

"体医融合"首次出现在《健康中国 2030 规划纲要》中,表述为"推动形成体医融合的疾病管理与健康服务模式"。在随后的政府各类文件中零星出现体医融合/体医结合的表述。2017 年《全民健康生活方式行动方案(2017—2025)》中出现 3 次,"促进体医融合······建立体医融合的健康服务模式······鼓励媒体和社会机构宣传体医融合······"。2019 年《健康中国行动(2019—2030 年)》表述为"推动形成'体医结合'的疾病管理与健康服务模式"。可见,专门体医融合规章制度并没建立起来。

没有了目标明确的规章制度及行动规划,体医融合实践仅仅只是依靠社区、医院和社会体医融合俱乐部等实践组织根据自身的需求摸索前行。缺乏统一的行为准则必然对体医如何融合产生反向影响。

（三）体医融合动力机制运行力学分析

从上面的分析中我们发现,体医融合主动力要素包括源动力:健康需要;直接动力:体育系统和医疗卫生系统的改革;战略助力:健康中国建设;目标拉力:建设中国特色现代化国家。逆动力主要包括体医融合意识和行为障碍、技术障碍、资源障碍和制度障碍。马克思主义辩证唯物主义认为:事物发展的总方向是前进的、上升的,但是事物发展的具体道路又是曲折的、迂回的;前进性与曲折性相结合使整个事物发展过程呈现出螺旋式上升或波浪式前行[①]。体医融合机制运行的上升和前进离不开各种力的作用,既有上升与前行的主动力也有下降的与后退的逆动力。同时,体医融合机制运行也是一个不断变化的动态过程,各种力在机制运行的不同状态下扮演着不同的角色,发挥着不同的作用,这是由动力机制的本质所决定的。根据力学定律可知,力是改变物体运动的根本原因,力的大小、力的方向和力的作用点是力的三要素。由于体医融合机制运行和来自各方面的力均为抽象的力,因此在机制运行过程中很难找到各方面力作用点的确切位置。社会运行机制理论认为,适宜充足的动力包含三个维度,即力的向度、力的量度和力的协和度[②]。力的向度指的是力的方向,力的量度指的是力的大小,力的协和度指的是力与力之间的协同作用的程度。(图 2 - 2)

下图中,Fa 代表体医融合机制运行过程中上升和前进的合力,由 f1、f2、f3、f4 之间的合力组成;Fb 代表是与 Fa 反方向的力,即机制运行过程中的逆动力,由 f5、f6、f7、f8 之间的合力组成;Fg 代表的是机制运行本身具有的自重力,它是由体医融合的程度所决定,结合程度越深图中圆圈面积就越大。从上图中就可以看出,体医融合的程度

①陈铁民.前进与后腿的辩证法[J].福建论坛,1983(2):62—66.
②郑伦仁.大学学术权力运行机制研究[D].重庆:西南大学博士论文,2012(4):28.

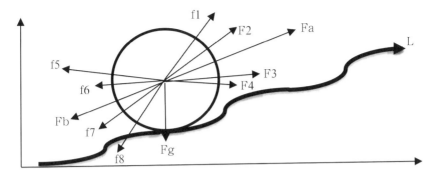

图 2-2　体医融合动力机制力学分析图

本质上是一种逆动力，这种逆动力是体医融合发展过程中本身所具有的客观存在，在不同的发展时期，F_g 的大小也不同。L 代表的是体医融合发展的轨迹与方向。各分力之间与合力夹角的大小，反映出分力与合力的协同度。最后，体医融合上升和前行的前提便是：F_a—$F_b > 0$。当 F_a—$F_b = 0$ 时，也即主动力等于逆动力，体医融合发展停滞不前；当 F_a—$F_b < 0$，即主动力小于逆动力，体医融合发展出现倒退，体医融合作为健康促进的手段，其作用在群体中逐渐淡化，甚至遭到了弃用。

　　由于各方向的力的大小在现实中很难进行测量，因此上图中的箭头的长短仅仅只是对各力大小的简单描述，并不指代某一个具体的力。从动力机制运行的角度看，我们不仅要考虑动力不足（F_a—$F_b < 0$）、动力平衡（F_a—$F_b = 0$），而且更多地要考虑动力过剩的情形出现。动力过剩是 F_a—$F_b > 0$ 的极端体，即动力的提供远远超过了体医融合自身发展的需要，动力出现过渡富足。动力过剩不仅不利于事物的发展，而且还有可能对事物发展起反向作用。如体医融合思想提出来之后得到了社会各界的广泛关注和认同，在相应技术和条件不成熟的情况下，对于体医融合起到损害作用。诸如，在社会中同时出现大量挂着"体医融合"招牌的各种名目的健身俱乐部、康复中心，貌似动力供给主体增多了，但由于其效果不佳，对体医融合机制的整体运行也会起到损害作用。

第二节　体医融合动力机制运行理论分析

体医融合动力机制是一个多要素相互交叉、相互影响的系统，虽然我们对体医融合动力机制的构成要素有了清晰的认识，但是动力机制的具体结构及相互关系并不清楚。了解体医融合动力机制内部结构要素及其相互关系为进一步探讨体医融合动力机制运行打下理论基础。

一、体医融合动力机制分析框架的构建

纵观现有动力机制的研究，学者们站在不同的标准上对动力机制进行了剖析。戴志鹏在居家养老服务视角下对体育运行动力机制划分为第一层动力、第二层动力和第三层动力[1]；高泳在研究我国青少年体育参与动力机制中认为动力机制结构包括动力主体和动力传导媒介两个方面[2]；高治在研究我国青少年校园篮球运动发展的动力机制中认为包括主体和动力传导媒介两个部分[3]；曹万林利用结构方程构建出内生变量和外生变量的动力机制结构[4]。

由此可见，动力机制分析框架的构建的前提问题是对动力进行合理分类并划分出逻辑鲜明的层级结构。学者们站在不同的角度采取不同的研究方法对动力机制的内部结构进行了划分，为我们对体医融合

①戴志鹏.居家养老服务视角下的体育运行机制研究[D].苏州：苏州大学博士学位论文,2015(3)：89.

②高泳.我国青少年体育参与动力机制研究——以河南省为例[D].北京：北京体育大学博士学位论文,2013(6)：117—118.

③高治.我国青少年校园篮球运动发展的动力机制研究[D].武汉：武汉体育学院博士学位论文,2016(6)：77.

④曹万林.生态现代化动力机制研究—基于区域视角[D].吉林：东北财经大学博士学位论文,2015(6)：130.

动力机制分析提供了参考。任何事物的结构都是具体的,而任何一个具体的结构又是个别与一般的统一①,也就是说对事物结构的认识也会根据认识主体不同存在着差异。从古代朴素唯物主义对事物结构的"二分法"认识到黑格尔哲学关于事物结构的"三分法"和"多分法"无不说明事物层级结构认识的深入。对事物层级结构的不同分法之间并不存在绝对的排斥性,不同的分法只是针对不同复杂程度、不同水平层次的事物以及事物的不同程度和阶段的运动发展过程②。上述学者对动力机制的"二分法""三分法"就说明了这一规律。

虽然采取不同的方法对事物结构进行分析跟事物本身状态有关,但是还跟研究者所需达到的研究目标有一定的联系。我们对体医融合动力机制结构进行分析期望达到的研究目标是:了解动力机制结构要素之间的组合关系,以能为进一步静态认识体医融合动力机制打下基础,也为动态发挥动力机制在促进体医融合中应有功效打下基础。故此,我们采用"三分法"把体医融合动力机制分为三个有机组成部分:内生动力系统、外生动力系统和动力传导系统。(图 2-3)

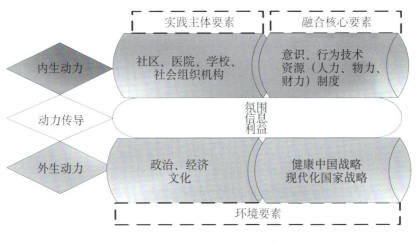

图 2-3 体医融合动力机制结构要素及其关系

①欧阳天然. 事物内部结构初探[J]. 求索,1982(3):67—73.
②邬焜. 事物结构的系统分析[J]. 系统辩证学学报[J]. 1995.3(1):32—41.

从图2-3中不难发现,体医融合动力机制是一个极其复杂的系统,各动力要素之间彼此相互关联、彼此联系构成了动力机制的完整结构。内生动力揭示的是体医融合过程中,由体医融合内部产生的能够推动其运动、发展状态变化的力量,它由主体要素和核心要素组成。核心要素蕴含在主体要素之中,也就是说核心要素所产生的力最终要通过主体要素这一载体得以表现。之所以成为核心要素,是因为在体医融合机制运行的初级阶段,核心要素起到了关键的作用。外生动力是置身于体医融合外部,但是它同样能够引起体医融合机制运行产生变化。一般意义上而言,对事物外围产生影响的是事物所处的外部环境,更确切的是指事物所处的政治、经济、文化背景,它们将对事物的产生与发展起到助力或推力的作用。而助力或推力的发挥还需要力的传导机制,也就是动力的传导。动力的传导不仅体现在内生动力系统与外生动力系统之间,还体现在各个结构系统的内部各要素之间。内生动力和外生动力最终能形成体医融合动力机制的合力离不开动力传导的媒介作用。最终,体医融合动力机制各要素彼此联系相互影响,构成了动力机制的完整结构。

二、体医融合内生动力分析

体医融合内生动力系统是蕴含在体医融合实践主体内部并驱动体医融合程度的各种动力要素之间相互联系、作用的机理与方式。它由实践主体要素和核心要素构成。内生动力系统是体医融合行为产生的内在动力,是决定体医融合紧密程度关键因素,也是推动体医融合机制运行的关键所在。

(一) 体医融合实践主体是动力产生的动力源

这里有两个概念需要进一步明确,其一,动力源和源动力;其二,实践主体和动力主体。动力源本是机械制造中的一个专业名词,指的是"由液力变矩器泵轮驱动的液压泵"①,如汽车的动力源是发动机,后被

---

① 百度百科. 动力源[EB/OL]. https://baike. baidu. com/item/%E5%8A%A8%E5%8A%9B%E6%BA%90/5571592? fr=aladdin. [2021—11—15](2022—10—22).

引申为动力产生的源泉。前述,源动力是一种动力,而动力源则是动力产生的装置,两者是完全不同的概念。动力主体实质上是指动力产生的对象,有学者把动力主体分为微观(个人)、中观(组织或集体)和宏观(国家或社会)三个层面[1][2],但是在这些动力主体中某些主体因素并没有直接参与到体医融合实践操作中去,比如说宏观层面的主体,它是为事物发展提供普遍意义上的存在条件,这也是其作为环境要素的根本原因。内生动力系统中的主体要素指的是真正参与到体医融合实践过程中的个人或组织,也就是我们探讨的实践主体的问题。

体医融合动力机制结构中的实践主体要素包括了个体、家庭、社区、医院、学校和社会体医融合组织等。处于主体要素的中心位置,是整个主体要素中最活跃的要素。在前面的分析中,我们发现在主体要素发挥作用的过程中,不仅要考虑到体医融合意识和行为还要综合考察性别、年龄、居住地域、教育程度、患病情况、自理能力等因子对体医融合动力机制产生的影响。在家庭要素中要综合考虑家庭类型、家庭经济条件、家庭体医融合氛围等因子对体医融合动力机制产生的影响。社区是相互关联的生活共同体,在社区中不仅包括了体医融合实践可资利用的全民健身路径,还包括了社区医院、社区活动中心等机构,这些都是体医融合实践的主体。例如,上海杨浦区四平社区开展体医融合试点工作,为社区上万名慢性病患者开具"健康处方"。由于医院对健康具有绝对的话语权,因此各级医院在体医融合实践中起到了关键作用。通过调查发现,目前在住院治疗以及医生医嘱中均强调运动对于健康促进的重要性。在体医融合动力机制运行中要格外重视各级医院尤其是体育医院、运动医院在体医融合实践中的中坚力量。受医养结合、健康老龄化的影响,社会中出现了大量的敬老院、福利院、养老

①高泳.我国青少年体育参与动力机制研究——以河南省为例[D].北京:北京体育大学博士学位论文,2013(6):117—118.
②周英.中国西部乡村—城镇转型的动力机制/模式及测度研究[D].西安:西北大学,2014(6):33.

院、老年公寓、护老院、护养院以及护理院等,这些社会机构是老年群体的聚集区,也是体医融合的实践基地。对于健康需求的增大,在市场机制的影响下,社会中体医融合俱乐部组织如雨后春笋般涌现了出来,如前面提到的浙江嘉兴的世合健身中心提供体医融合服务就是该中心的亮点和招牌。可见,体医融合产业链正在逐渐形成,并且潜力巨大。随着体医融合产业的不断成熟,体医融合俱乐部组织对于体医融合机制运行将产生巨大的推动力。

"实践是检验真理的唯一标准"。体医融合实践主体的多元性为检验体医融合的范围和程度提供了平台。实践主体的多样性在动机机制结构中犹如骨骼一般,给予了体医融合机制运行起来的勇气和动力。要想骨骼强壮,实践主体除保持自身营养之外,还得开发出更多体医融合实践动力源。

(二) 内生动力系统源自于主体实践要素对健康的需要

健康是体医融合的逻辑起点。在体医融合动力机制结构中主体要素不仅包括个体还包括了家庭、社区、医院、学校和体医融合组织等实践主体。根据马斯洛需要层次理论,健康的需要是人追求需要等级的高级形式,需要的主体是人,是人的本性体现。对家庭而言,在中国传统孝道价值观念的指引下,长辈对晚辈的心愿祝福是健康成长,而晚辈对长辈的最大心愿便是健康长寿,这时候的健康需要主体主要指向于家庭成员,即晚辈家庭成员基于慈爱、孝道价值引导下对家庭成员的健康需要。对于社区、医院、学校等体医融合实施组织而言,它们同样有对于健康的需要。他们对健康的需要不仅仅是组织本身所具有的健康公共服务的属性及体医融合人才培养的社会责任,而且这些机构对健康的需要主要通过机构中的不同身份和职务的工作人员表现出来,健康的需要嫁接在机构工作人员身上要求他们提供优质的健康服务,以实现健康促进的目标。因此,对于这些体医融合实践组织而言,健康即生命线,没有了对健康的需要其健康话语权也就失去了生存的空间。

由此可见,内生系统中主体要素对健康的需要是内生动力产生的直接原因,只是各主体要素对于健康的表达方式存在着差异而已。

(三) 核心要素是内生动力系统产生动力大小的关键

内生动力系统中的核心要素由体医融合意识和行为、技术、资源、制度等要素组成。从主体因素分析得知,健康需要是体医融合实践主体的共同追求。因为体医融合作为一种手段,群体在健康促进的过程中最终能否在心理层面接受这一手段,并在健康维护过程中应用这一手段,这是体医融合机制运行的前提。所以体医融合意识和行为是内生动力系统中关键因素之一。

健康促进离不开体医融合技术的支持,从现阶段体医融合技术开发与利用的角度看,主要集中在医疗卫生技术的开发与利用,而对于含有体育因子和医疗卫生因子的相关技术的开发和利用不仅数量少而且价格昂贵,从而限制了群体对于体医融合技术的可及性程度。冲破技术瓶颈,开发出可及度高的技术也是内生动力系统的关键因素之一。

事物的发展离不开资源的支持作用。资源主要包括体医融合的物力资源、人力资源和财力资源、制度资源。资源的厚度决定了体医融合的广度与深度。因此,体医融合资源也是内生动力系统的关键因素之一。体医融合表现为体育系统和医疗卫生系统的结合,在现行的制度下,体育系统和医疗卫生系统是两套独立运行的机制,并形成了坚固的制度壁垒,打破制度壁垒形成良性的沟通与交流机制有利于体医融合制度体系的形成。所以,制度要素也是内生动力系统的关键因素之一。

由此可见,核心要素的完备程度决定了内生动力在推动体医融合机制运行过程中动力的大小。

三、体医融合外生动力分析

体医融合外生动力系统是指驱动体医融合存在和发展的外在动力要素之间相互联系、作用的机理与方式。外生动力系统主要是指体医融合在不同状态下所处的政治、经济、文化背景。在现阶段具体指向于健康中国建设和现实化国家建设的战略目标。

（一）内生动力系统与外生动力系统的关系

体医融合的外生动力是相对于内生动力而言的，如果说内生动力是促使各主体要素产生体医融合行为强弱的要素集合的话，那么外生动力就是确保体医融合行为产生的外部条件。这里的外部条件是指体医融合行为产生的政治、经济、文化背景。并具有以下特点：其一，具有普遍性。不仅是体医融合离不开特定历史时期的政治、经济、文化背景，而且社会中的任何事物均不能脱离它们而单独存在，也就是说外生动力系统是内生动力系统存在的前提和实践的基础。其二，具有相对稳定性。体医融合实践的整个历史演变过程是伴随着社会历史的发展而不断变化，虽然体医融合实践行为在特定的社会历史条件下存在着差异，但是在某一特定的社会发展阶段，外生动力系统中的诸要素（政治、经济、文化）具有较强的稳定性，也正是因为有这种稳定性的存在才能确保内生动力系统正常作用和功能的发挥。

（二）外生动力源自于政府部门对健康的需要

体医融合以健康为主线。从主体的角度看，外生动力系统是指由中国共产党领导下的中央人民政府及下属的各级政府部门。政府部门存在着对健康的需要，这与政府部门的职能相关。中华人民共和国各级政府不仅有"保障人民民主和维护国家长治久安"的政治职能，还有加强社会建设，提供社会公共服务等一系列职能。这些职能的实现主要依靠各个政府部门来实现。就体医融合而言，涉及的主要直接相关政府部门有：中华人民共和国国家卫生健康委员会、中华人民共和国民政部、国家体育总局、国家医疗保障局、发改委、文化与旅游部、人社部、财政部等诸多部门。如2019年国务院印发的《健康中国行动的意见》就涉及到国务院下属的11个政府部门。在各个部门职能目标的指引下，为实现"健康中国""全民健康"事业发展目标，要求各个职能部门不得不认真考虑的健康现状，并制定出相应的对应政策、措施来促进健康。体医融合理念正是在这样的条件下产生的。政府职能部门对于健康需要的强弱程度也决定了体医融合的程度和机制运行的顺畅度。由此可见，政府职能部门对体医融合机制形成及其运行提供外部动力。

（三）外生动力具体指向于健康中国建设

健康中国建设是现代化国家建设的重要内容之一。党的十九大明确提出了健康中国建设的战略目标，健康中国建设是中国共产党领导下的中央人民政府基于对健康需要迫切性的具体表现，是中国共产党审时度势地根据目前国家发展过程中所面临的重要问题所进行的历史判断。健康中国建设是建成全面小康社会的重要内容之一。正如习近平总书记所言"没有全民的健康就没有全面小康，要把人民健康放在优先发展的战略地位上"。健康是全民健康的重要组成部分，体医融合是促进健康的有效手段。由此可见，良性的体医融合机制也是健康中国建设的重要内容之一，健康中国建设也为体医融合机制运行提供了良性的外部环境。

四、体医融合动力传导分析

体医融合动力结构中包含有若干的动力要素，各动力要素之间相互联系构成了整个体医融合动力系统。在各要素所产生的动力是怎样建立联系以及动力之间是怎样进行能力交换的呢？这就需要一个相对有效的中介来进行动力的传输和转换，这一中介便是动力传导系统。所谓动力传导系统是动力机制结构中的重要组成部分，是内生、外生动力系统内部各要素以及内、外生系统之间进行动力传导和转换的各种因素的总和。可见，体医融合动力传导系统就是把内生系统和外生系统连接成一个有机整体的中介。使两种力量相互作用最终形成合力，共同推进体医融合机制的运行。这体现出动力传导系统的本质作用。

体医融合动力传导系统主要包括氛围、信息和利益三个内在要素。动力传导系统通过这三个要素的调节,可实现动力的加速、动力的缓冲等功能,最终实现动力机制为体医融合以及机制运行提供适宜动力的目标。

(一)体医融合氛围

氛围是围绕或归属于特定根源的有特色的高度个性化的气氛,周围的气氛和情调,是一定环境中多人共同参与的结果①。体医融合氛围就是人们在特定时空内体医融合实践过程中形成的关于体医融合的情调色彩,它是关于体医融合的一切物质、精神在人脑中的主观反映。

体医融合氛围对实践主体有熏陶作用。体医融合氛围本事既是具体的又是模糊的;既缺乏形式感,却又能被主体把握,主体把握的过程也是体医融合氛围形成的过程。主体在体医融合氛围之中受体医融合氛围的影响,同时体医融合氛围也受主体的影响。这种相互影响的过程便是体医融合氛围的产生机理。当体医融合氛围对主体的熏陶作用较强时,人们就具备了较强体医融合动机,所产生体医融合行为也具有较强的辨识度。

体医融合氛围是人为构建的,具有强弱之分。当主体需要较强体医融合氛围时必然要采取相应的加强措施,这时体医融合氛围能够强化对动力要素之间的有机联系进而产生较大的动力;当体医融合氛围减弱时,动力要素之间联系的紧密程度随之降低,产生较小的动力。这就是体医融合氛围在各动力要素之间进行动力调节的实现机理。

(二)体医融合信息

信息是一个很宽泛的词汇,站在不同的学科角度对信息定义的理解存在着差异②,信息泛指人类社会传播的一切内容。体医融合信息就是

健康中国持续推进中体医融合运行机制的理论与实践研究

---

① 谢存华.浅谈写作氛围的创设[J].新课程学习,2014(5):73.
② 穆向阳.信息的演化[M].南京:东南大学出版社,2016(5):3.

健康促进过程中用于传播的一切内容。体医融合信息作为信息的具体表现形态，对其进行清晰的分类显然是困难的。但是从体医融合信息的概念中我们还是能找到其特点：其一，体医融合信息是全面的。"一切内容"决定了体医融合信息是关于体医融合的一切物质的、精神的相关要素的总和。其二，体医融合信息是浓缩的。确切地说是对体医融合客观存在于人脑中的原型浓缩。其三，体医融合信息有显性和隐形之分。体医融合信息发展过程表现为显性与隐形信息的无限转换。其四，体医融合信息有层次之分。具体来说体医融合信息是实体态信息（如实体的物理状态）、运动态信息（如实体的动态信息）、基因态信息（如体医融合组织、结构）、反应态信息（接受信息后表达出来的神经反应）和意识态信息（接受信息后反映出的心理、思维信息）的统一①。

　　由于体医融合信息是客观存在的，那么如何实现在动力要素之间进行动力的传输和转换呢？这与体医融合信息的传导原理有一定关系：信息源→载体→信宿。信息源即"发源地"，也即体医融合相关实践主体，信源通过载体传送作用，最终把信息传送给信宿。在这个传达过程中，信源所要传达的信息量是通过信源的状态映射给载体（载体主要包括关于体医融合的简策、图书、期刊、报纸等印刷物；胶片、磁带、影像资料、计算机存储、网络信息等非出版物等），载体的推动同样需要能量，这个动力一般是有信源的内能和所处环境的外能所决定的。载体所具有的动能是信息量传送多少与传输速度的保障。也就是说就单个信息的传送过程而言，这个传送过程是一个不可逆的过程，并不遵循能量守恒定律。这也就是信息作为传输和转换的中介能实现动力的加速和缓冲的根本原因。

（三）体医融合利益

　　利益是一个社会学名词，是指人类用来满足自身欲望的一系列

---

① 严彬.信息动力学导论［M］.北京：北京邮电大学出版社，2014（5）：8—9.

物质、精神的产品的总和①。"天下熙熙，皆为利来；天下攘攘，皆为利往"说的就是利益追求的普遍性。德国哲学家马克斯·韦伯也认同利益追求普遍性的观点"获利的欲望、对营利、金钱（并且是最大可能数额的金钱）的追求，这本身与资本主义并不相干。这样的欲望存在于并且一直存在于所有的人身上，侍者、车夫、艺术家、妓女、贪官、士兵、贵族、十字军战士、赌徒、乞丐均不例外"②。马克思认为"利益不仅是推动人从事生产的因素，也是人民相互结合形成生产关系的纽带"，进而提出了利益是社会历史前进的动力③。体医融合利益是主体在进行体医融合实践过程中能够满足自身需要的物质、精神产品的总和。

从利益的主体维度来看，体医融合利益的传动作为表现于对主体体医融合思想和行为的影响。由于体医融合主体的多元性，因此主体对体医融合的利益需要也存在着差异。从个体而言，在体医融合利益追求过程中具有典型的"经济人"特点。他们总是经过理性分析之后希望通过体医融合能获得利益的最大化。即便是利益的需求具有多元化，但总是围绕"健康"这一原始利益而展开。而"健康"的原始利益则是通过有效、无效两个衡量标准对利益最大化进行权衡。从家庭主体因素来看，其利益追求是多元的，既有健康利益的追求，也有经济、时间成本上的利益诉求。社区组织、各级医院以及各政府职能部门在体医融合利益上扮演着"行政人"④的角色。对于社区医院而言，它们既有健康的价值追求，也有机构自身发展的利益诉求，还有机构内部工作人员对于物质、精神的利益需求。对于社会体医融合组织而言，除了健康的价值追求外，经济效益的追求是他们的最大目标。对于部分体育医

①百度百科. 利益[EB/OL]. https://baike.baidu.com/item/％E5％88％A9％E7％9B％8A/5733966.［2018—4—20］(2021—12—04).
②姜治莹.论技术的社会氛围与效应[J].松辽学刊(哲学社会科学版),2000(5):49—52.
③陈跃峰.利益动力论[D].北京:中共中央党校博士学位论文;2015(5):35.
④刘兴鹏.我国地方政府职能转变的动力机制研究[D].武汉:武汉大学博士论文,2014(4):35.

院和运动医院而已,除具有上述利益追求外,可能还有人才培养的利益追求。从以上分析中不难发现,不管是哪个利益主体,体医融合对健康有效性的价值追求始终贯穿其中,这也是体医融合动力机制结构中"核心要素"存在的价值和意义。

由于体医融合利益主体多元存在,利益所具有的客观性、普遍性和条件性决定了在利益追求的过程中利益冲突的出现。当利益冲突加剧,各主体要素之间促进体医融合动力不足,就需要采取措施调节各方利益以实现动力加速;当利益分配不平衡,过分强调某一主体的利益,就会产生某一主体产生的动力过强,就需要采取相应措施平衡各方利益以实现动力缓冲。利益就像一只看不见的手,控制、调节、传导着各要素间的关系,这就是体医融合利益在动力机制结构中功能的具体体现。

第三节 体医融合动力机制运行实践分析

前面对体医融合动力机制进行了理论上的静态分析。但是这只是一种静态的剖析,而动力机制内部各动力要素是如何动态、宏观地推动体医融合机制的运行并没有涉及。这就显示出对体医融合动力机制运行实践分析的必要性。体医融合动力机制运行是优化动力机制的内部结构要素及其关系,处理好动力机制与运行环境之间的关系,以保障动力机制能为体医融合机制运行提供持续的适宜动力。

一、体医融合动力机制运行的过程及规律

体医融合动力机制是整个体医融合机制的重要组成部分,是一个具有独立运行过程和规律的机制。体医融合动力机制运行过程本质上是体医融合动力机制内部要素相互作用促进体医进行融合的过程,把

握这一过程中的规律对于体医融合结合具有积极意义。

（一）体医融合动力机制运行过程

体医融合动力机制运行过程是指动力机制产生、发展所经过的程序或阶段。程序或阶段其实质上是集中探讨体医融合动力机制在运行过程中所具备的时空特征，正如恩格斯所言"运动是物质的存在形式，时空也是物质的存在形式"①。体医融合动力机制运行过程是把体医融合动力机制所具有的功能集中表现出来的过程。因此，体医融合动力机制运行过程也是动力要素作用机理外显的过程，也就是说体医融合动力机制运行的实质内容是若干基本功能的组合、联动和循环②。这说明了运行过程与功能、作用机理之间的关系。

体医融合动力机制运行的目标是为体医融合以及机制运行提供适宜的动力。前述，适宜动力包括向度、量度和协和度三个指标，正向动力、动力大小适合、形成较高的正向合力协和度是适宜动力的具体表现。提供适宜动力是动力机制运行的理想状态，也是一种相对稳定的状态。这时候体医融合动力机制的运行机理也遵循着动力机制的稳定机理，即"目标——评估——结果——反馈"的机理模式。借助评估（监控）的手段来实现目标的过程便是体医融合动力机制的运行过程。由此可见，体医融合动力机制的运行过程可以概况为：在适宜动力目标的指引下，借助动力开发、动力转化、动力培育、动力分配、动力整合等流程形成与目标动力相一致的动力运行结果，利用监控和反馈手段对运行流程以及动力运行结果进行监控，利用信息传递的闭路原理，把监控结果以信息的形式回传给运行流程、运行结果和运行目标，最后检验运行结果和动力目标的匹配程度。（图 2-4）

---

①刘春仁.试论结构与物质、运动、时空的关系[J].江汉论坛,1981(4):62—67.
②关西普,杜铠汉.体制、机制及其相互关系问题[J].科学学与科学技术管理,1992(1):5—9.

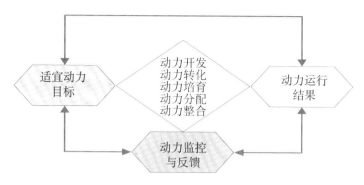

图 2-4　体医融合动力机制运行过程

1. 动力开发

动力开发是指动力源的开发。体医融合动力开发就是为实现适宜动力目标而采取一定的方式和手段，以激发动力要素或潜在动力要素积极主动地产生动力的过程。从体医融合动力开发的模式看，主要可采取外部动力嵌入模式、内部动力扩张模式和推拉力组合模式。在外部动力嵌入模式中，国家是开发的主体，利用国家发布体医融合相关政策、提供专项资金、建立科学有效的管理制度等手段嵌入到体医融合内部，激发出更多动力要素产生动力。内部动力扩张模式是以体医融合实践主体为开发主体，通过自身的不断成长以形成体医融合整体效应进而激发更多的实践主体参与到动力发生机制中来。推拉力组合模式是以外部嵌入和内部扩张的结合，对体医融合核心动力要素的开发就属于此种，如对体医融合技术的开发、场地器材的开发等。

体医融合动力开发的关键在于激发体医融合实践主体的动机，核心在于满足各实践主体的各种利益需要。借助激励、引导、压力、氛围熏陶等手段科学合理地开发动力。

2. 动力转化

体医融合动力机制的动力转化包括两个方面，其一，是将潜在的动力向现实的动力进行转化。如体医融合产业正在逐渐兴起并引起了人们的高度重视，体医融合产业具有巨大的市场潜力，但由于受到技术、政策、制度等因素的制约,体医融合产业并没有形成推动体医融合机制运行的主动力,这就需要将潜在的市场力转化成真正意义上的驱动力。其二,是对体医融合动力要素系统之间借助于动力传导系统(氛围、信息、利益)进行力的传导与转化。如在环境要素系统(政治、经济、文化)向主体要素转化过程中,如何把政策力、经济力、文化力向主体要素系统中的行为力、效果力转化,向核心要素系统中(意识行为、技术、资源、制度)的创新力、保障力和行为力转化。其三,是对体医融合动力结构中动力要素之间借助动力传导系统进行力的传导与转化。在核心要素系统中,体医融合技术力向意识力、行为力转化;技术力向人才力转化,技术力向场地器材开发力和使用力转化均体现了动力转化的功能与作用。由此可见,在三个维度的动力机制中的动力转化也是一个复杂的整体,转化成效直接决定了体医融合动力机制目标的实现程度。

3.动力培育

动力培育就是对动力要素进行栽培和养护,以免受外界环境和其他动力要素影响产生动力变形的情况出现。从体医融合动力结构要素构成来看,体医融合动力机制中的动力培养包括环境动力要素培育、主体动力要素培育、核心动力要素的培育和动力传导要素的培育四个层面。就环境动力要素的培育而言,加快政治、经济、文化的生态发展以保障体医融合动力机制能提供持续、稳定的动力输出是关键;就主体动力要素而言,破解机制保护壁垒,以保持体医融合实践主体之间的良性互动关系;紧密贴合体医融合需要,完善供给与需求之间的平衡机制是主体动力要素动力培育的关键;就核心动力要素而言,采取有效措施加强体医融合意识培育,行动力的巩固与强化;加强体医融合技术的开发与利用,扩大体医融合效果的实践推广;加大体医融合专业人员的培育;加大以体育系统、医疗卫生系统、民政系统之间的改革力度,为体医融合动力机制运行提供制度保障是核心要素动力培育的关键。就动力传导要素而已,采用科学有效的信息传递形式,构建全方位、立体体医融合信息传导路径；了解各方利益，并满足之，是传导要素培育的关键。

4. 动力分配

由于动力机制运行是一个复杂的系统，动力要素产生的动力总是与其他动力要素产生了联系，这就涉及到动力分配的问题。体医融合动力分配问题本质上是利益分配的问题。从体医融合动力机制结构来看，动力分配主要包括两个层面的分配。第一个层面，环境要素层如何把动力分配给主体要素层。诸如国家的政治、经济、文化建设的成果如何分配给体医融合实践主体。第二个层面，体医融合主体要素之间的动力分配。由于现阶段体育系统和医疗卫生系统是两个独立的系统，它们的动力指向相对集中于本系统的本质功能，如何把动力分配到体医融合机制运行中来就涉及到两系统的动力分配问题。即便是社会中出现了专门体医融合机构(体医融合俱乐部)，它们与主体之间也存在着动力分配，集中表现于经济利益的分配和健康疗效利益之间的分配问题。

5. 动力整合

由于体医融合动力机制结构要素是彼此独立而又相互联系的整体，虽然各动力要素之间表现出了耦合关系，为预防各动力要素之间产生的动力分散和流失，这就需要进行动力整合。动力整合的目的是为保障体医融合各动力要素所形成的合力能为体医融合机制运行提供适宜的动力。所以动力整合是动力机制运行的关键环节。

6. 动力监控与反馈

动力监控与反馈是对体医融合动力机制运行整个过程进行监控和反馈。在动力机制运行过程中借助监控与反馈的手段对动力开发、动力转化、动力培育、动力分配和动力整合进行监控，把监控信息又反馈给它们，以修正其运行过程。同时，动力监控与反馈还有一个重要的作用，即对运行结果和动力目标进行监控和反馈，用以判断动力目标的实现度。

（二）体医融合动力机制运行规律

规律是事物内部或事物之间的内在的、稳定的、本质的联系①,所谓体医融合动力机制运行规律就是揭示各动力要素之间客观存在的,不以人意志转移的本质联系。对体医融合动力机制运行规律的揭示既可以更加深入地认识动力机制及动力要素关系,也可以良性推动动力机制的运行。从体医融合动力机制运行过程来看,体医融合动力机制的各个环节本身就带有一定的规律性,是体医融合动力机制运行的普遍性规律,但是这种规律就是揭示体医融合动力机制中各动力要素之间的本质联系。体医融合动力机制运行的目标是为体医融合机制运行提供适宜动力,适宜动力是一种理想状态,在动力机制运行过程中可能会出现较大的偏差,比如动力亏损、动力盈余、动力变异、正向动力和负向动力之间的矛盾运动等情况的出现均可能对动力结果产生影响。在体医融合动力机制运行中这些现象背后本质联系的揭示便是动力机制的运行规律。具体来说主要有体医融合动力机制运行的动力盈亏规律和动力正负规律。

1. 体医融合动力机制运行的动力盈亏规律

所谓体医融合动力机制运行的动力盈亏规律主要是指在动力机制运行过程中产生动力过剩或动力不足的现象及规律。体医融合动力运行的动力盈余和亏损是相对于体医融合机制运行的状态而言的一种人为判断(整合、结合、融合)。它们都对体医融合运行起到一定的程度的限制作用,但是两者并不是同时出现的,在动力机制运行的不同时期动力盈余和动力亏损有着不同的表现。

就体医融合动力机制运行的动力盈余表现来说,动力机制运行过程中的动力开发环节就是积极寻求并充分利用一切有效的能驱动体医融合机制运行的动力结构要素。然而,在体医融合机制运行的不同时

①张延生.把握领导规律,密切党群、干群关系,构建和谐社会[C].中国领导科学研究会学术研讨会论文集,2006(11):57—62.

期,并不是出现动力不足而是出现动力盈余的情况。在体医融合机制运行的初始阶段,采取有效措施充分挖掘过多的实践主体,缺乏对实践主体现实条件和能力的全面考量,盲目开发,强行介入这就是动力盈余的表现之一。如前面提到了社会中大量出现"体医融合俱乐部"便是如此。此外,2016年体医融合理念提出来之后,在国家社会科学基金项目、教育部人文社会科学研究项目、体育总局国情咨询项目以及各省立项的省哲学社会科学研究项目等纵向课题研究中出现了大量的"体医融合"为研究主题的研究也是动力盈余的具体表现之一。从体医融合机制运行的客观需要来看,在机制运行的初级阶段,出现动力盈余是很有必要的,能积蓄较大的初始动力迅速推动体医融合机制的形成并促进运行。

就体医融合动力机制运行中的动力亏损表现而言,其造成动力亏损的原因是多方面的,既有体医融合机制自身的原因也有机制之外的原因,既有现实原因也有历史原因。具体来说动力亏损主要体现在以下几个方面:其一,体医融合的历史积淀不够深厚。从体医融合发展历程来看,以导引术为主要形式的医疗体育虽然产生了较大的影响,但是针对性较强的医疗体育还较少见。其二,体医融合实践厚度不够。表现为:实践过程中体医融合既要体现医疗元素又要体现运动元素,在实践过程中很难完全界定清楚;运动元素的体现对身体要求提出了要求,限制了部分人群的参与深度与广度;技术、资源、制度的缺陷也在很大程度上限制了体医融合的实践;体医融合效果本身具有的缓慢性、长期性以及消退性也会对体医融合实践产生影响。

从体医融合动力机制运行的动力盈亏表现中我们发现,动力盈亏规律可以概况为以下几点:其一,体医融合动力机制运行的动力盈亏是伴随着体医融合实践而出现的,它本身是一种客观存在。其二,盈余和亏损在动力机制运行中是一种辩证关系,动力盈余往往也蕴含着动力不足,在动力不足的阶段动力盈余也在积极做着准备。因此,动力盈余和动力亏损并不是一种纯粹的正负相关,而是一种非线性关系①。其三,体医融合动力机制运行出现的动力盈亏往往预示着体医融合机制运行遇到了新的机遇和挑战,需采取积极措施来平衡这种关系。当动力盈余时,动力机制运行要进行延缓;当动力不足时,动力机制运行过程中要及时补充动力。

2. 体医融合动力机制运行的动力正负规律

在体医融合机制动力要素分析中我们发现,推动体医融合机制运行的动力既有正向的主动力也有反向的逆动力。正向动力对体医融合机制运行起到积极的正向推动作用,而逆动力则相反。通过前面的分析我们得知,体医融合动力机制中正向动力表现为:对健康的需要和健康供给不平衡、不充分之间的矛盾是动力源,体育系统和医疗系统改革提供直接动力,健康中国建设的国家战略目标提供战略助力、建设中国特色现代化国家是体医融合机制运行的国家发展目标拉力。逆动力主要表现为:体医融合意识淡薄、行动力差,技术障碍、资源障碍和制度障碍等。

体医融合动力机制运行的正负动力规律揭示的是机制运行的动力方向和大小问题。正负动力伴随机制运行而客观存在,并呈现出特定的变化规律。主要表现为:其一,正负动力的辩证统一关系。说明的是正向动力和负向动力相互依存,共同存在于体医融合动力机制运行当中,并能根据机制运行的不同阶段进行相互转化。其二,正负动力还存在着抵消规律。通过前面的分析得知,推动体医融合机制前行的是正负动力抵消后的合力。当抵消后合力为负时,体医融合机制运行呈现倒退现象;抵消后为正时,体医融合机制前行发展。其三,正向动力与负向动力的博弈关系。正负动力始终存在于体医融合机制运行中,当正向动力较大时,负向动力处于从属地位;随着负向动力不断壮大,正向动力也有可能处于从属地位。这种动态的博弈过程伴随着体医融合机制运行的始终。

二、体医融合动力机制运行方式与实践

虽然体医融合动力机制运行呈现出特有的规律,但是动力的突显和表现是通过一种怎样的方式表现出来的呢? 这就涉及到动力机制运行方式的问题。体医融合动力机制运行方式是指动力流动过程中所展现出来的具体方式。根据主导源动力流动的过程,将体医融合动力机制运行方式分为自上而下、自下而上以及混合型三种不同形态的运行方式。

(一) 政府主导下的体医融合动力机制运行方式与实践

1. 政府主导下体医融合动力机制运行逻辑

政府主导下的运行方式表现为外生动力系统起到主导作用的一种运行方式,确切地说以政府为动力源的运行方式。政府主导的运行方式是政府在公共事业管理职能的体现。这是因为,不论是体育事业还是医疗卫生事业均具有公共事业的性质。各级政府基于自身政治利益的诉求将体医融合事业的发展纳入到国家发展事业的整体规划当中,通过党的决议、法律法规以及行政等强制性手段发起体医融合事业的发展。其具体运训方式是:中央政府根据指令性政策将体医融合事业发展下达给地方政府部门,地方政府根据自身的发展实情制定具体的实施方案,整合实施要素,以便形成"政府主导、社会广泛参与"体医融合动力系统。

政府主导运行方式强调两个关键点:其一,中央政府法规政策的制定。法规政策的制定过程也是权力下放的过程;其二,地方政府根据指令性文件对体医融合实施过程和目标的细化。实施过程和目标的细化一般通过地方性法规政策来实现。地方性法规政治作用于体医融合实践主体,从而实现政府主导下的动力机制运行逻辑。在这样一种逻辑指导下,政府法规政策是国家政治、经济、文化发展的客观反映,体现的

是外生动力系统向内生动力系统转化的过程,在这个过程中外生动力系统起着决定性作用。

从政府主导下的运行表现来看,2014 年颁发《国务院关于加快发展体育产业促进体育消费的若干意见》、2016 年国家颁布《健康中国 2030 规划纲要》、2019 年国务院颁布的《健康中国行动计划(2019—2030 年)》均明确提出加快发展体医融合事业。正因如此,体医融合不论是理论发展还是实践探索均蓬勃开展了起来。但是,地方政府对体医融合工作目标的细化和地方性政策的制定还处于相对缺位状况,这在一定程度上影响了体医融合动力的流动。

政府主导下的运行方式通过政府权威的发动,能够在短时间内提供机制运行的充足动力。但是,也有可能政府权威实现机制的不通畅,如地方政府和实施机构执行不到位,出现动力流失的情况出现。

2. 政府主导下体医融合动力机制运行实践

政府主导下的体医融合动力机制运行实践以社区服务类为代表。当然,其他类型的体医融合实践均在政府指导下进行,诸如医院康复类必然也会受到政府发布的相关政策的影响。但是,社区作为政府的基层"代言人",代表中央政府和地方政府行使对社区的治理职责。通过前期的案例整理,对 24 个社区体医融合动力机制运行进行概括分析。

(1) 社区体医融合动力开发。社区即是政府的代表也是体医融合实践的主体之一。其在动力开发的过程中有着天然的优势。表现为既可以外部动力嵌入式也可以是内部动力扩张式。外部动力嵌入式是社区在执行中央政府和地方政府体医融合相关政策表现出来的政策表现力和政策执行力。从 2014 年开始,我国中央政府和地方政府陆续出台了体医融合相关政策,其中 2017 年—2019 年颁布的各类政策最多(表 2‐1)。可见,社区体医融合实践是在健康中国建设背景下,相关政策催生的产物。在动力类型分析中,社区在履行政府职能的过程中同样有着对社区居民健康的需求。健康需求越强烈,内部动力扩张便越显著,体医融合实践活动内容也越丰富。

表 2－2　体医融合政策类型与数量①

	法律法规	条例规定	纲要规划	方案办法	通知意见	合　计
2014 年				1	5	6
2015 年				2	6	8
2016 年			2	4	8	14
2017 年			1	7	24	32
2018 年		1		12	55	66
2019 年			2	5	26	33
2020 年	1			4	20	25
2021 年			2	5	24	31
2022 年	1		1	2	18	21
合　计	2	1	8	42	186	243

　　(2) 社区体医融合动力转化。在社区体医融合实践中,政策力是社区体医融合的主动力。但是纵观体医融合各类政策,关于体医融合具体操作的政策条款并没有涉及,这就需要社区工作人员将潜在的政策力转化为现实的动力,以推动体医融合实践的不断深入。与此同时,社区借助动力传导系统(体医融合氛围、信息、利益)可将潜在的政策力转化为现实的动力。在转化过程中,社区工作人员的体医融合意识的强弱直接决定了社区体医融合实践范围。此时的体医融合意识在主动力和逆动力之间转换。从社区体医融合实践案例来看,社区体医融合实践大都集中在经济发展较好的地区,诸如上海徐汇区康健街道社区、吴淞街道社区;深圳观澜街道库坑社区、罗湖区桂园街道等。

　　(3) 社区体医融合动力培养。社区体医融合动力培育主要通过动力要素培育和动力传动要素培育两条途径进行。就动力要素培育而言,主要通过激发辖区内各体医融合实践主体(社区医院、学校、体医融

---

　　①王丽丽.健康中国视阈下体医融合发展的法治保障研究[D].西安:西安体育学院硕士论文,2023(3):16.

合社会组织等)的积极性,诸如通过相关的法规政策,给予辖区内的体医融合实践主体优惠条件刺激各实践主体的积极性。就动力培育要素而言,一方面协同各实践主体之间的利益,当各实践主体间出现利益冲突时,能作为利益调解代表对各方利益进行调解;另一方面利用社区网站、宣传栏等途径传导体医融合信息,为营造浓郁的体医融合氛围创造有利条件。

(4) 社区体医融合动力分配。前述,动力分配本质上是利益分配,而利益又是体医融合动力传导中的重要要素之一。社区作为政府代表,在体医融合实践中能根据体医融合实践的深度与广度对各实践主体进行调解分配。既能实现体医融合实践效应也能满足和谐社区建设的新时代要求。

(5) 社区体医融合动力整合。表现在以下几个方面:其一,整合各实践主体之间的利益(动力培育和动力分配);其一,以社区为整合主体,梳理社区体医融合动力要素之间的耦合关系。首先,根据社区类型,明晰居民体医融合的需求程度;其次,与上级政府部门沟通合作,制定社区体医融合相关规章制度,让社区体医融合在制度的框架内运行;其三,探寻社区居民体医融合的种类并进行可行性分析。

(二) 主体自发性的体医融合动力机制运行方式与实践

1. 主体自发性的体医融合动力机制运行逻辑

主体自发性的运行方式是以内生动力系统为动力源,通过体医融合实践主体的需要借助有效的需要反馈渠道,将需求信息反馈给政府部门,当需求信息总量足以引起政府部门的重视,政府便会对体医融合发展给予关注和支持。这样便形成了以基层体医融合实践主体为动力源的动力流动过程。

由于体医融合实践主体的多元化,既有个体又有家庭、社区、医院、社会体医融合俱乐部等组织,多元化实践组织不仅对体医融合需求的强度存在着差异,而且需求反馈的渠道也存在着差异,这就给自下而上的动力运行机制带来了一定的难度。可见,实践主体体医融合需求信息反馈渠道是否通畅是自下而上动力机制运行的关键。

主体自发性的体医融合动力机制运行实践具有以下特征:其一,自身的需要是体医融合实践的动力源。但由于缺乏动力流动的有效机制,对体医融合的需要可能会被淹没。体医融合需要很难通过自下而上地传达给政府部门。内在逻辑在于动力由于缺乏有效的传导机制,使得动机机制运行不畅。其二,体医融合实践受到多种因素的影响与制约。诸如在前面分析中的主动力和逆动力之间的相互转换在一定程度上影响着动力机制的运行。其三,自发性的体医融合实践指向于体医融合效果。体医融合效果是体医融合实践的生命线。但是,体医融合效果仅仅依靠自身的摸索其实现难度较大,还受到诸多因素的影响,诸如体医融合专业人员、场地设施配备、利益分配等。

相比较与政府主导下的体医融合动力机制运行而言,自发性的体医融合动力机制运行更有可能产生强大的主动力从而产生良性的体医融合氛围。这是政府主导类采取行政措施所难以达到的。

2. 自发性的体医融合动力机制运行实践

在体医融合实践类型中,自发性的体医融合实践以公立医院为代表[①]。本质上而言,公立医院也是代表政府行使公民健康管控的职能,具有公益性质。但是公立医院在健康管控过程中,健康管控范围公立医院具有一定的自主权。毋庸置疑的是,医院的主要职能是对人民"病理状态"的健康管控,但是在治未病理念的影响下,其健康管控的范围拓展到了防病、康复,这也是我们将"医院康复类"作为单独类型的主要原因。通过前期的实践案例收集,集中对 24 所公立医院的体医融合动力机制运行过程实践进行概括分析。

(1)公立医院体医融合动力开发。动力开发类型属于内部动力扩张和推拉力组合相结合的一种开发方式。内部动力扩张的动力源是医

---

①注:高校校园类也属于自发性的体医融合实践,但是高校校园类虽然也有对健康管控的体医融合实践,但是高校校园类更多注重于体医融合人才培养。

院对患者健康的需求,而健康的需求又表现在三个维度,即体医融合之于患者健康的有效性、可信度、安全性和持续性四个方面。鉴于医院在健康管控方面具有的绝对话语,健康需求三个维度的开发也是医院体医融合动力开发的三个维度。推拉力组合的方式即其他自发性实践主体对医院体医融合的诉求。在健康观念持续深入的新时代背景下,人们对医院健康管控的诉求不再局限于"已病",而是定位予"大健康"理念之下。随着体医融合观念不断深入,人们对医院利用体医融合进行健康管控的诉求愈来愈强烈,使得医院利用有效资源进行体医融合实践。

(2)公立医院体医融合动力转化。医院在进行动力转化的过程中存在两种方式。其一,利用体医融合之于健康促进的效果进行内部转化。这样就要求医院在体医融合实践过程中既要大胆利用体医融合干预患者健康还要让患者真切感受到体医融合是一种绿色、健康、经济、有效的健康促进手段。其二,利用体医融合之于健康促进的效果进行外扩转化。利用体医融合之于健康促进的效果进行信息传递和氛围营造,以扩大体医融合之于健康促进的社会效应。

(3)公立医院体医融合动力培育。包括主体动力培育、核心动力培育和传导要素培育三个方面。主体动力培育就是以公立医院为主体,在医院内部要打通传统的病理科室设计,使医院资源融为一体,为体医融合在医院的良性运行提供动力。与此同时,公立医院还需与体育系统密切合作,打破体育与医疗系统的保护壁垒,在共同目标的指引下,两大主体形成良性互动。核心动力培育就是公立医院既要利用现有技术设备还需不断研发体医融合核心技术,进一步扩大体医融合效果。传导要素培育就是公立医院要充分利用健康话语的优势,在信息、资源共享与交流,利益合理分配,以确保动力培育的成功。

(4)公立医院体医融合动力分配。涉及两种方式,其一,公立医院内部各科室之间在信息、人员、技术等方面的分配;其二,公立医院与体育系统之间在信息、人员、技术等方面的合理流动。

（5）公立医院体医融合动力整合。同样涉及两种方式，即公立医院内部各科室之间，公立医院与体育系统之间在健康话语、信息、人员、技术等方面的整合。

（三）市场调控下的体医融合动力机制运动方式与实践

1. 市场调控下的体医融合动力机制运行逻辑

市场调控是利用市场竞争的方式实现资源配置，利用"优胜劣汰"的天然法则实现资源和利益的相对集中，从而为体医融合机制运行提供适宜的动力。市场就像一只"无形的手"影响着市场中体医融合资源和利益的优化整合。调查发现，社会中出现了大量的受市场机制影响体医融合俱乐部。相比较于家庭、社区、医院，受利益驱动的影响，社会体医融合俱乐部更能体现出体医融合实践的主动性和积极性。社会体医融合俱乐部能够充分利用现有的资源围绕体医融合效果而展开实践活动。这样体医融合实践活动可以很好地弥补家庭体医融合行为的自发状态，社区、医院体医融合行为的被动状态。

健康产业是一种具有巨大潜力的新兴产业，具有辐射面广、从业人员多、拉动消费效果大的特点，具有拉动内需增长和保障改善民生的重要功能[①]。诸如受超级老龄化社会的影响，养老产业被称为是"下一个十万亿级的朝阳产业"，与养老产业相伴而行的体医融合由于其绿色、环保、有效、经济等特点迅速成为了养老产业新的经济增长点。受市场机制控制的社会体医融合俱乐部在推动体医融合机制运行中开始发挥作用。

市场调控下的体医融合动力机制运行逻辑表现在：其一，市场调控下的实践主体对健康的需要是动力源，同时外生动力在体医融合的初级阶段也是重要的主动力；其二，体医融合巨大产业潜力为体医融合俱乐部的产生提供了外部环境动力；其三，内生动力中的核心要素（意识、

---

①百度百科. 健康产业［EB/OL］. https://baike. baidu. com/item/%E5%81%A5%E5%BA%B7%E4%BA%A7%E4%B8%9A/8761549? fr=aladdin.［2015—3—20］（2021—6—12）.

技术、资源、制度等)决定了动力的强弱。诸如在体医融合俱乐部中掌握了体医融合技术决定了其在市场中的地位。

2. 市场调控下的体医融合动力机制运行实践

在市场调控下的体医融合实践以公司运营类和健身会所类为代表。这时的体医融合实践定位于服务"产品"。根据迈克尔·所罗门的观点,个人与产品之间存在着两种关系:消费者利用产品、产品利用消费者[①]。消费者利用体医融合满足自身健康的需要,以解决自身的健康问题。产品利用消费者即体医融合利用消费者体验从而产生社会效应与影响。两者关系的清晰度主要依赖于体医融合作为产品之于健康促进的有效性、持续性、可信度等问题。为更能凸显出市场"无形之手"的调控作用,我们选取 14 家公司运营类为代表,对其体医融合动力机制运行实践进行概括分析。

(1)公司运营类体医融合动力开发。动力开发包括三种方式:其一,外部动力嵌入模式。即国家颁发相关政策刺激实践主体从事体医融合经营实践活动。如 2019 年 9 月国务院办公厅发布《关于促进全民健身和体育消费推动体育产业高质量发展的意见》着力于做好基本体育公共服务、提升竞技体育综合能力和加快体育健身服务也发展三大方向,突破设施、赛事、主体和投资四大关键,抓好规划与项目、政策与环境、科技与产业、网络与融合、机制与改革五项工作[②]。三大方向、四大关键和五项工作为公司运营体医融合保驾护航。其二,内部动力扩张模式。公司经营者作为理性人,利用体医融合获得利益是动力扩张的源动力。其三,推拉力组合模式。生活水平的提升,健康意识的增强,使得人们愿意花钱消费体医融合产品,这便是最为重要推拉力。

(2)公司运营类体医融合动力转化。动力转化同样包括三种形

①迈克尔·R·所罗门. 消费消费者行为学[M]. 北京:中国人民大学出版社,2009(7):44.
②中华人民共和国中央人民政府. 国家发展改革委:落实《关于促进全民健身和体育消费推动体育产业高质量发展的意见》[EB/OL]. https://www.gov.cn/xinwen/2019—11/30/content_5457220.htm(2019—11—30)[2022—12—22].

式,第一种,将潜在的动力向现实的动力进行转化,诸如将潜在的健康市场力转化为体医融合实践的执行力。第二种,借助氛围、信息等动力传导力转化为市场调控下的体医融合经济利益,最后突显出经济利益的宏观调控作用。第三种,借助核心动力要素中的技术力向效应力转化。在公司运营类中,体医融合技术是公司运营的生命线,掌握了体医融合技术可有效解决体医融合在健康促进过程中的有效性、持续性和可信度的问题,使公司处于一种良性运营的局面。

（3）公司运营类体医融合动力培育。包括环境动力要素培育、主体动力要素培育、核心动力要素培育和动力传导要素培育四个方面。就环境动力要素培育而言,利用市场"优胜劣汰"的天然法则,集中体医融合资源,形成广泛的体医融合实践效应。就主动力要素培育而言,在经济利益的驱动下,激发更多的主体从事体医融合公司运营,通过扩大经营范围种类形成良性的社会影响力。在核心动力要素培育而言,通过开发体医融合技术,培养体医融合从业人员的综合素质,从而提高人们参与体医融合实践的意识和行为。

（4）公司运营类体医融合动力分配。在市场调控下,公司运营类动力分配主要是利益的分配。相比较于政府主导类,公司运营类利益分配不完全依靠政策的行政指令,而是依靠市场法则调整实践主体间的利益份额。当"马太效应"出现时,又得依靠政府的行政法律对利益进行调整。

（5）公司运营类体医融合动力整合。在市场调控下,公司运营类动力整合也是对利益的整合。相比较与政府主导类,公司运营类利益整合也是依靠政策法令的强制手段和市场调控的"无形之手"。

三、体医融合动力机制运行实践存在的问题

（一）动力目标不明,外生动力作用显著

适宜的动力目标是体医融合动力机制良性运行的根本保障。鉴于体医融合实践类型多样,每种类型所涉及的动力种类存在着差异。即便

同一种动力作用于不同实践类型中产生的动力也存在着差异。诸如,健康中国持续推进中的政策力在社区服务类中产生的主动力就比公司运营类体现得更明显;健康需求的内生力在医院康复类中就比公司运营类和健身会所类体现得明显。然而,在各实践类型主体间到底什么样的动力是适宜的动力却很难衡量,这就导致了动力目标很难清晰化。

目前,我国的体医融合实践尚处于初级阶段,在健康中国持续推进过程中所发挥的应然效果十分有限。虽然各实践主体在进行大量的体医融合探索,但是取得的实践效应却有限。伴随健康中国建设而行的体医融合,现阶段需要外生动力的催化,从2014年开始国家政府和地方政府密集出台了体医融合的相关政策条款,均对体医融合实践具有很好的促进作用。毋庸置疑的是,在体医融合初级阶段,急需发挥政治、经济、文化为内核的外生动力系统。尤其是发挥政策的行政调控力,以便在短时间内形成良性的体医融合实践氛围。

(二) 动力监控缺位,动力机制运行不畅

动力监控的主体一为政府,二为市场。不论是政府还是市场均对动力盈亏、动力过剩、动力不足缺乏评定的标准。就政府监控而言,政府是政策法令颁布的主体,政府监控主要通过政策法令的落实力来衡量。然而,体医融合政策法令融合在其他相关政策条款中,体医融合专项政策的缺失使得对政策法令的落实力很难监控。动力监控缺位,使得动力机制运行完全处于一种自发状态,从而出现体医融合动力机制运行不畅。具体表现如下:

在动力开发方面,目前主要采取的是外部动力嵌入模式,主要依靠的是国家政策的号召力来推行体医融合实践。缺乏积极的政策引导、专项资金的支持和科学有效的管理制度,所形成的动力嵌入力度将大打折扣。

在动力转化方面,虽然体医融合具有巨大的市场潜力,但是在这种潜在的市场潜力转为为体医融合动力时,会遇到各种各样的制度障碍。通过调查发现,社会中出现的各类体医融合俱乐部由于工商管理局无

法根据体医融合查询到相应的产业分类而影响到正常的运作。此外，由于场地器材资源、技术资源的相对匮乏，即便某些人群(如老年人)对体医融合需求较高，体医融合行为力仍然无法正常实现。

就动力培育来说，由于缺乏良好的培育外部环境，致使主体动力要素培育、核心动力要素的培育和动力传导要素的培育还处于一种自发的培育状态。

就动力分配来说，由于利益分配机制尚未建立，政府部门的纵向利益分配和实践主体间的横向利益分配在制度壁垒的保护下很难被打破。

就动力整合来说，实践主体间既缺乏整合的意识，也缺乏指令性整合政策的引导，动力涣散程度较为明显。由此可见，运行过程不畅是体医融合动力机制运行中较为尖锐的问题之一。

(三) 动力结果不明，内生动力体现不足

2019年6月颁布的《健康中国行动(2019—2030年)》对健康中国行动的具体内容，主要指标以及发展目标均做了明确的规定与说明。这为健康中国建设指明了方向。作为健康中国建设重要抓手的体医融合如何发挥其价值和效用并不明朗。以社区服务类为例，社区在开展体医融合实践过程中，服务的范围和内容社区间存在着差异。在体医融合实践类型统计中，虽然社区服务类数量较多，但是相较于全国62.8万个社区而言[①]，体医融合社区服务类占比可以忽略不计。这是动力结果不明的具体表现。

不可置否的是，体医融合动力机制运行需要内生动力系统和外生动力系统形成适宜合力。从现阶段体医融合动力机制运行方式来看，政府主导下的运行方式是当今推动体医融合机制运行的主要方式。虽然，受市场机制影响的体医融合公司运营显示出了强大的生命力，在资

---

①注：来源于中华人民共和国民政部2022年4季度民政统计数据。

第二章 体医融合动力机制

97

源匮乏、技术相对淡薄的市场机制作用下,展现出的强大生命力可能会被"无形之手"所扼杀。

"打铁还需自身硬",体医融合动力机制的运行还需充分发挥内生动力系统的主动力作用。从动力机制运行现状来看,体医融合外生动力展现出强势的一面,而内生动力系统受到体医融合意识行为、技术、人力、物力、财力以及制度因素的制约,体医融合核心动力在机制运行中还处于弱势地位。同时,由于社区、医院以及养老机构存在着体医融合实践惰性,其所形成的阻力进一步削弱了内生动力系统在动力机制中作用的体现。不可否认的是,在体医融合机制运行的起始阶段,利用政府的权威推行体医融合符合动力机制运行的客观规律,但是动力机制的良性运行离不开内生动力系统和外生动力系统所形成和合力。因此,应高度重视内生动力在动力机制运行中的核心作用。

四、体医融合动力机制运行实践策略

体医融合动力机制运行的目标是为体医融合机制运行提供适宜的动力。适宜动力是内生动力系统和外生动力系统所形成的综合驱动力。故此,在体医融合动力机制运行过程中要充分发挥内驱力和外驱力作用的发挥。

(一)内驱力激活机制

内驱力是体医融合内生系统产生的综合力。内生动力系统动力的激活又可从实践主体动力和核心动力两个方面着手。就激发实践主体动力而言,又可从激发个人行为力和组织行动力两个方面进行思考。人是体医融合的实践主体,也是体医融合的受益对象,激发他们体医融合意识和行为是关键。对于各组织机构中的工作人员而言,激发他们体医融合意识和行为的关键在于满足其利益需求。对于激发组织行为力而言,可从以下几个方面进行考虑:其一,发挥政府激发的权威效应。利用政府行政手段对组织机构间进行利益调整和资源整合。其二,利用各种手段,加强对体医融合文化氛围的营造,使其成为组织间无形的内在行为力。其三,破解组织间制度壁垒,实现各实践组织资源的良性流动。尤其是组织间人力资源、物力资源、技术资源的良性流动,以更好地发挥核心动力打下基础。

(二) 外驱力强化机制

外驱力是由外生动力系统产生的综合力。外生动力系统的激活可以从以下几个方面进行考虑:第一,保持国家经济总量的持续增长,为激发体医融合服务购买力提供经济保障;积极引导体医融合产业的发展,为体医融合产业的发展提供宽松的市场环境。第二,细化健康中国建设的战略目标,制定体医融合发展的具体发展方案和实施步骤;将体医融合融入到相关政策法规体系的具体条文当中。第三,加大对体医融合文化氛围的营造,充分利用各种途径进行体医融合舆论造势,为体医融合机制创造良性的社会氛围。

(三) 国家政策融入机制

2016 年《健康中国"2030"规划纲要》中提出"体医融合"概念后,得到了社会各界的强烈关注。这为体医融合实践提供了直接动力,而这正是国家政策融合对体医融合实践促进产生的影响。随后在《中国预防慢性病中长期规划(2017—2025 年)》《健康中国行动(2019—2030年)》《体育强国建设纲要》《国家积极应对人口老龄化中长期规划》等文件中均提到了体医融合。体医融合国家政策融入正在进行。那国家层面是否尽快出台体医融合专项政策呢?根据对专家的访谈,专家们对国家短时间内出台体医融合专项政策持否定态度。这是因为,体医融合作为一种非医疗干预健康的健康促进手段,在实践中还有很多问题未解决,诸如体医融合开展的安全性、有效性及可持续等核心问题没有得到很好解决;体医融合针对不同病情干预的具体手段还不明朗;体医融合实践活动开展所需要具备的条件还不清晰。在这种情况下,国家层面的体医融合政策融入不失为一种合适的动力供给策略。国家层面的政策融合主要从以下方面政策进行融合：其一，发布群众体育政策时融入体医融合相关内容；其二，在医疗卫生政策中融入体医融合相关条款内容；其三，在健康中国建设政策文件中融入体医融合相关内容；其四，在不同人群（儿童青少年、职业健康、妇幼健康、老年人健康）健康促进政策中融入体医融合相关内容。正如习主席所言"将健康融入所有政策"[①]。

（四）地方专项政策制定机制

相比较于国家，地方政府是体医融合政策执行者与实施者。为了更好地履行公共服务供给的职能，实现公共服务管理者的角色，地方政府更有主观能动性为更好地实现体医融合非医疗干预健康的实践效应而制定适合本地实际需要的体医融合专项政策。一方面让体医融合实践受益于地区百姓健康，一方面可以将专项政策执行的直接经验反馈给中央政府，从而为中央政府制定国家层面的体医融合专项政策提供参考。故此，现阶段地方体医融合专项政策制定较符合体医融合实践的实情。它能为地方开展体医融合实践提供直接动力。虽然有些地方政府已经出台了体医融合专项政策，但是数量较少。从体医融合专项政策的内容来看，政策力体现还不够突出。地方体医融合专项政策制定应思考以下问题：其一，地方体医融合实践氛围和效果如何？如果氛围较差或实践效果不好，即便颁发了专项政策，政策力也会大打折扣。第二，地方是否具备了大范围开展体医融合实践的条件，这些条件包括硬件设施、专业人才资源、技术条件等要素。第三，寻找体医融合实践的突破口。所谓体医融合实践突破口就是选定人群、具体疾病。体医融合是一种健康促进的方式，但是针对不同人群和不同疾病体医融合实践存在较大的差异。如果以特定人群和某些疾病为突破口可能将体

---

①唐超.将健康融入所有政策[J].中国医院院长,2023,19(09):90.

医融合有效性的实践效应扩散到其他人群和其他疾病领域中去。最终形成以点带面循序渐进的实践策略。

（五）体医融合效果实现机制

体医融合实践效果差强人意是体医融合动力机制中的逆动力。体医融合实践效果不佳的根本性原因在于体医融合实践自身的安全性、有效性、持续性问题没有得到根本性解决。然后，长期以来对体育运动误解使得即便有健康刚需的人群也不主动借助体医融合用于自身的健康促进。再者，人们的健康管控行为惯性使得他们对体医融合实践表现出天然的抵触。体医融合之于健康促进效果的实现不像西医那样立马见效，体医融合效果的实现是一个需要长期坚持的过程。现阶段，体医融合效果实践需借助权威的三甲医院这一实践平台。正如体医融合创新中心主任郭建军教授所言"体医融合从三甲医院开始"。在三甲医院内，可以实现体医融合安全性、有效性和持续性的问题。这就要求：其一，医院医生应树立牢固的体医融合健康促进理念，在具体疾病的诊断治疗中学会、习惯应用体医融合手段对健康的干预。其二，通过进修与招聘等途径，让各科医生具备开具运动处方的能力。解决"懂医学的人不懂体育，懂体育的人不懂医学"的人才需求问题。

（六）实践主体利益保障机制

这里的实践主体主要是指受市场机制影响的公司类体医融合实践组织。此类实践组织完全受市场机制的影响与控制。它们是体医融合实践中最活跃的一股力量，是体医融合动力机制中的内生动力。此类实践组织内有先进的体医融合专项设施设备，还有先进的体医融合专项技术，具备了体医融合实践开展的优越条件，也能保障体医融合实践效果的实现。但是此类实践组织投资大、收益周期长、生存时间普遍较短。诸如 2016 年开始雨后春笋般出现的各类社会体育融合俱乐部在短短几年时间内就销声匿迹了。通过对公司类实践组织负责人的访谈发现,普遍认为体医融合发展前景好,但是生存环境不理想。故此,保障实践主体的正当利益,利用他们的优势,发挥其在体医融合动力机制中的动力效应可以从以下方面方面进行思考:其一,通过补贴机制,减轻公司类实践主体的生存压力。诸如租金补贴、水电补贴等。其二,银行降息或免息机制。该类组织通过银行贷款实行降息或免息,以减轻当前公司类实践主体的经济压力。其三,技术/技术人员救济机制。该类组织与高校专业人才合作,通过与高校建立合作,利用高校培养的专业人才到该组织进行职前实习,以解决人员和技术问题。

(七)氛围营造与信息传递机制

氛围和信息是动力机制的传导介质。营造良好的体医融合社会氛围为体医融合动力传导创造了外部环境,而氛围营造又与信息传递密切相关。随着5G时代的到来,信息传递的便捷也为体医融合信息传递创造了条件,诸如智能5G手机的使用。信息的传递还是要采取传统与现代相结合的方式进行。智能化是现时代的代表,但是对用年龄偏大的老年人而言,由于自身的原因,对5G通讯终端使用不习惯。这就需要借助传统的信息传递媒介参与进来。诸如报纸、书刊、电视、收音机等。

(八)适宜的激励机制

激励机制是激活主体的活力。体医融合所有动力均离不开主体的活力,尤其是实践主体所产生的强大内驱力。适宜的激励机制将在下一章(第三章)进行系统论述。

本章小结

动力机制是体医融合机制的重要组成部分,是推动体医融合发展的不同动力系统、不同动力要素之间相互作用、相互耦合的结构、方式及过程原理的总和。动力机制为体医融合及机制运行提供适宜的动力。动力要素是主动力和逆动力之间的辩证统一。体医融合的动力机制包括了内生动力系统、外生动力系统和动力传动系统。三个系统内部构成要素之间的相互作用和功能实现的过程便是运动机制运行过程。在动力机制运行过程中遵循着动力盈亏和动力正负的客观规律。动力机制运行实践存在着政府主导、自发性组织和市场调控三种形式。目前,体医融合的动力机制存在着动力目标不明、运行过程不畅、内动力结果不明等问题。内驱力激活机制、外驱力强化机制、政策融入机制、专项政策制定机制、效果实现机制、利益保障机制、氛围营造与信息传递机制、适宜的激励机制等是解决动力机制运行问题的主要策略。

第三章　体医融合激励机制

　　激励机制是体医融合机制的重要组成部分,它在整个机制中解决的核心问题是如何在体医融合目标的导向作用下激活体医融合主体的活力以确保体医更好地融合。从前面的分析中,我们发现体医融合主体呈现多元化特点,这就增加了体医融合激励机制分析的难度。体医融合激励机制分析集中回答四个问题:第一,激励谁和谁来激励,回答的是激励的主客体问题;第二,用什么来激励,回答的是激励因素(内容)问题;第三,怎样进行激励,回答的是激励方法问题;第四,激励如何实现,回答的是激励机制运行问题。

第一节　体医融合激励机制解读

一、激励与激励机制

(一) 激励释义

　　"激励"在汉语中的词义为"激发、鼓励、鼓动"[①],古文"贼众精悍,操兵寡弱,操抚循激励,明设赏罚,承间设奇,昼夜会战,战辄禽获,贼遂退走"(《资治通鉴·唐记三十五》)[②],"吾受国恩,所守,正死耳。但念

---

①百度百科.激励[EB/OL]. https://hanyu.baidu.com/zici/s? wd=％E6％BF％80％
E5％8A％B1&query=％E6％BF％80％E5％8A％B1&srcid=28232&from=kg0&from=
kg0.[2018—10—20](2021—06—20).
②段锦云.管理心理学[M].杭州:浙江大学出版社,2010(2):120.

诸君捐躯命,膏草野,而赏不酬勋,以此痛心耳! 将士皆激励请奋"(《资治通鉴·汉纪五十二》)[①]中的"激励"就是此意。

"激励"对应的英文单词有学者认为是 motivation[②③],来源于拉丁文 movere 意为"动",motivation 本意为"动机、动力、诱因",虽然动机也需激发,但该词强调的是"动力"本身,作名词时与"激发、鼓励、鼓动"词义相差较大。在英文中,含义"激励"的单词有多个,诸如 inspire(激励、鼓舞)、stimulation(促进、激发、激励、刺激)、incentive(激励、刺激、鼓励),等。此外,在翻译过程中,encourage、impel、urge、excite、rousing 等词也可翻译成"激励"。由此可见,在英文表达中,与"刺激、鼓舞、动机、激起、唤醒"等意义相近的词均可表达为激励。这极大丰富了"激励"一词的内涵。

除词义上的区别外,研究者站在不同的学科角度对"激励"一词进行解读。"激励"是管理学、经济学研究中常见的词汇,甚至有学者提出了"激励是现代管理的核心"的观点[④⑤]。美国管理学家 Harold Koontzh 和 Heinz Weihrich 认为"激励就是一系列的连锁反应—从感觉的需要出发,由此引起要求或要追求的目标,这便出现一种紧张感,从而引起一种实现目标的行为,最后目标实现,需要得到满足"[⑥]。美国经济学家 Edward Lazear 认为,"激励就是使用物质或精神上的报酬来促使雇员采取与组织目标一致的行为"[⑦]。组织行为学家罗宾斯认为"激励就是通过激发、鼓励、引导,使被激励者主动、积极地按照激励者的愿望行使。激励是一个满足需要的过程,是一个动态、反复的过程"[⑧]。美国心理学

①张岗英.管理心理学[M].西安:陕西旅游出版社,1997(5):153.
②彭贺.人为激励研究[D].上海:复旦大学博士学位论文,2004(5):14.
③赵志坤.大学教师激励问题研究[D].南京:南京大学博士学位论文,2015(11):20—21.
④陈荧.激励是现代管理的核心技巧[J].哈尔滨市委党校学报,2002(3):3—6.
⑤邓小豹.绩效管理的核心功能在于激励[J].沧桑,2008(4):116—117.
⑥Hariold Koontz,Heinz Weihrich. Essentials of management:international and leadership perspective[M].北京:经济科学出版社,2011.11:24.
⑦周雪光.组织社会学十讲[M].北京:社会科学文献出版社,2003(10):188.
⑧斯蒂芬·P·罗宾斯.组织行为学[M].北京:中国人民大学出版社,1997(6):166.

家贝雷尔森(Berelson)和斯坦尼尔(Steiner)认为激励就是"一切内心要争取的条件、希望、愿望、动力等构成了对人的激励……它是人类活动的一种内心状态"①。我国学者苏东水教授认为"激励就是激发人的动机,使人有一股内在的力量,朝着所期望的目标前行所进行的心理活动过程,激励也是调动人积极性的过程"②。

对于"激励"含义的诠释几乎在管理学、心理学、组织行为学等教材均有出现。虽然众学者会根据研究的需要对"激励"给予了不同的解释,但是总结发现"激励"的内涵主要体现于:其一,激励与需要、动机密切相关。也就是说激励就是通过影响人的内在需要和动机,从而加强、引导或维持某种行为的过程或活动。其二,激励与目标相关。这里的目标既可以是组织目标也可以是个人自定目标。因此,激励就是在目标指引下完成目标所采取的行动过程。其三,激励与行为相关,也就是说内在的动机通过外在的行为进行表现。其四,刺激—需要—动机—行为构成了激励的核心要素。由需要引起的行为动机最终形成行为是激励的一般过程。这里的过程不仅是指激励本身就是一系列的行为集合而且还指引起行为的变化才是激励的最终目的所在。由此可见,所谓激励就是激励主体根据激励目标而采取相应措施与方法以激发个体的行为动机从而实现激励目标的行为过程。

(二) 激励机制解读

虽然各学科给出了关于激励的确切定义,但是从各学者对激励的定义中难以发现激励内部各要素之间的关系,诸如激励主体和激励客体之间到底是何种关系并没有得到清晰的解答。而对激励内部要素关系的诠释与处理正是激励机制要解决的主要问题。

受到激励概念的影响,对于激励机制的理解也存在着学科差异。美国密歇根大学经济学教授周慧中认为:"由于经济个体之间的相互依

①詹姆斯·H·唐纳利.管理学基础[M].北京:中国人民大学出版社,1982(11):195.
②苏东水.管理心理学(第 5 版)[M].上海:复旦大学出版社,2013(10):221.

赖关系,相关的经济个体都希望从他方获得正确的信息,都企图影响他方的行为,以便达到自身的目标和获得自身的利益,这种试图诱导他方信息或改变他方行为的机制便是激励机制"①。在企业组织行为中,激励机制理解为"在组织系统中,激励主体通过激励因素或激励手段与激励客体之间相互作用关系的总和,也就是企业激励内在关系结构、运行方式和发展演变规律的总和"②。在管理学理论中,激励机制理解为"根据组织目标对管理激励进行系统的优化,使之相对固定确定下来,并辅之以'硬化'了的实施、执行制度和必要的监控手段,使之形成长期作用、影响于人们思想行为的系统的管理激励目标、标准、手段等"③。心理学认为激励机制是指"在组织系统中,激励主体运用多种激励手段并使之规范化和相对固定化,而与激励客体相互作用、相互制约的结构、方式、关系及演变规律的总和"④。有学者把激励机制和约束机制合称为激励—约束机制,是指激励者、约束者与被激励者、被约束者之间的一种特定的关系或相互作用方式,通过这种关系或相互作用,双方力图达到使对方的行为符合自己效用最大化的目标⑤。还有学者认为激励机制就是激励制度,认为激励机制就是通过一套理性化的制度来反映激励主体与激励客体相互作用的方式⑥。显然这是混淆了机制与制度的内涵,激励机制与激励制度是两个完全不同的概念。

由上可见,学者们在不同学科的背景下对激励机制的理解也存在着差异性。纵观这些差异,可以演绎出激励机制共有特质:其一,激励

①周慧中.经济激励和经济改革,载汤敏,茅于轼.现代经济学前沿专题(第2集)[M].上海:商务印书馆,1993(10):128.
②刘志远.现代企业激励机制[M].上海:上海人民出版社,1997(10):11.
③侯光明,李存金.现代管理激励与约束机制(第一版)[M].北京:高等教育出版社,2003(1):26.
④李玉洁.和谐社会视域下基层组织激励机制的模式探究[J].领导科学,2013(09Z):47—48.
⑤张春霖.企业组织与市场体系[M].上海:上海三联书店,上海人民出版社,1994(3):46.
⑥韩锦.大学生村官工作行为及激励机制研究——以陕西省为例[D].杨凌:西北农林科技大学博士学位论文,2017(12):17.

机制在内部结构上包含有激励主体、激励客体、激励因素等要素,各个要素相互联系构成了激励机制的整体。其二,激励机制不仅要解决的是机制内部的结构,还要解决的是机制内部结构要素之间的相互作用和关系。其三,激励机制总是与约束机制相伴而行。正如我国经济学家钱颖一认为"仅有激励没有约束是不行的"①。在进行激励机制研究时,也从侧面反映出约束机制的内涵。

二、体医融合激励机制内涵剖析

不论是激励还是激励机制,心理学、管理学、经济学以及组织行为科学等学科均给出了不同的解释。鉴于体医融合涉及的多元主体,其中即包括群体也涉及社区、医院以及社会体医融合组织等多个实体,既有政府部门也有非政府组织,这无疑给体医融合激励机制运行造成了一定的难度。在纷繁复杂的激励主体下,很难把体医融合激励机制置身于某一种学科的激励机制理论之下。但是在这些激励主体中,既需要应用心理学和组织行为学的激励机制原理来解释群体体医融合动机—行为问题,也需要应用管理学的激励机制原理来诠释体医融合实践机构的管理问题,还需要应用经济学的激励机制原理来剖析体医融合组织的经济利益问题。因此,各学科关于激励机制的界定却能够为我们理解体医融合激励机制提供参考。

不管哪个学科对激励机制的界定,其核心总是解决激励机制的机制内部各系统、各要素之间相互作用、相互联系的形式及内在的作用机理和工作方式。鉴于此,我们认为体医融合激励机制就是为激发体医融合实践主体的活力,从而实现体医更好地融合,激励主体运用合理的激励手段与激励客体相互作用、相互联系的过程、方式及其作用机理实现的总和。结构、过程、关系的厘清是体医融合激励机制的关键性问题。

①钱颖一.激励与约束[J].经济社会体制比较,1999(5):7—13.

(一) 体医融合激励机制解决的是一种关系范畴

从概念中发现,体医融合激励主体和激励客体是激励机制中最具能动作用的两个要素。体医融合激励机制其实质上也是要解决激励主体和激励客体的关系范畴问题,这也是体医融合机制运行的前提性问题。

在传统激励理论的理解下,激励主体处于绝对的强势主导地位,而激励客体则是被动的弱势地位,激励客体所受激励强度的大小完全由激励主体所决定。但是在现实的激励实践中,人们也逐渐认识到传统的主客体关系并不利于激励目标的实现,甚至有可能引发"德西效应"①的出现,主体和客体的地位也正在发生着变化。这种变化体现于激励主体和激励客体地位和身份的转换。也即,在现代的激励理论中,激励客体不是被动的,而是积极的。激励主体和激励客体是一个动态变化的过程。

对于群体而言,体医融合行为的激励是激励机制中的重要内容之一。而激发体医融合行为,动机是前提,而体医融合动机又可分为内部动机和外部动机,如何驱使体医融合实践的是内部动机,所形成的激励则称为内在激励,这时既是激励的主体也是激励的客体。如何驱使进行体医融合实践的是外部动机,则形成的激励称之为外部激励。这时体医融合激励主体和客体分离,体医融合则是激励客体。而对于其他体医融合实践主体同样存在着这样的激励主客体动态变化过程。这一关系范畴可以概况为"人为激励"(自励)"为人激励"(他励)和"人为为人激励"(互励)②,而这恰恰说明体医融合机制主客体之间互动关系范畴。

(二) 体医融合激励机制其实质是对"人"的激励

古人云"水不激不扬,人不激不奋"。从各学科对激励机制表述来

---

①德西效应(Westerners effect):适当的奖励有利于巩固个体的内在动机,产生指向于目标的行为;过多的奖励反倒有可能降低个体对事件本身的兴趣,降低其内在动机。

②彭贺.人为激励研究[D].上海:复旦大学博士学位论文,2004(5):17.

看,有的强调需要动机在激励机制中的重要作用,有的则强调信息—行为——目标在激励过程中的运行过程,在这些描述中忽视了"人"在激励机制中的地位和作用。虽然在体医融合实践中涉及到对实践机构的激励,但是对机构的激励最终还是落实到机构中的人的层面上。因此,体医融合激励机制本质是对人的激励。不管是在激励主体和激励客体的关系范畴上还是激励机制运行的过程中,激励只能限定在体医融合实践组织机构中的人之间的集合。

体医融合激励机制是围绕体医融合实践着的人而展开的。人的激励既可以分为生物个体的人也可以分为社会群体的人。就个体的人而言,包括了对个体和提供体医融合服务的个体;就群体而言,包括了"草根"群体组织和提供体医融合服务的机构组织。由此可见,体医融合激励机制的对象要素具有复杂多样的特性。

(三) 体医融合激励过程以行为改变为逻辑起点

体医融合激励机制是探讨结构要素之间相互作用、相互联系的过程、方式以及作用机理。体医融合激励机制所包括的结构要素是复杂的,一般而言包括激励主体、激励客体、激励目标、激励标准、激励手段与方法等要素。激励主体和客体说明的是谁来激励以及激励谁,也即激励主体和激励对象问题;激励手段和方法说明的是用什么来激励;激励目标和激励标准说明的是怎样激励的问题,对于以上问题的说明便构成了激励的完整过程。(图 3 - 1)激励的完整过程可以表述为:激励主体在一定的激励目标指引下,应用激励标

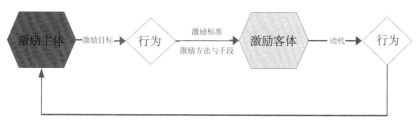

图 3 - 1 激励过程图

准和激励方法、手段来激发激励客体的行为动机，最终引起激励客体的行为朝着激励主体所期望的方向进行变化。由此可见，通过激励引起激励客体行为的正向变化是体医融合激励过程所追求的终极目标。

三、体医融合激励机制特点剖析

鉴于各学科对激励和激励机制理解上的差异，学者们对激励机制特点的认识同样存在着差异。徐武宁认为一个好的激励机制应具有适应性、针对性和系统性特点[1]。彭贺认为激励机制具有诱导性、制度性、易操作性和可控性的特点[2]。陈杰认为学校竞争的激励机制具有适应性特征、价值性特点、动态性特点、规范性特点、过程性特点、导向性特点、模糊性特点和模式性特点共8个[3]。肖文在进行企业激励机制的系统分析时认为激励机制具有整体性、层次性和全息性、时空性、开放性等特点[4]。王伟强认为高新技术企业知识员工的激励机制具有目的性、自发性、中介性、双重性的特点[5]。由此可见，基于研究视角和研究内容的不同对激励机制特点的理解同样存在着差异。

所谓特点即是事物区别与他物的特别或特殊之处。对体医融合激励机制特点的探寻不仅应立足于激励机制内部各要素的整体观，还要立足于体医融合实践观。体医融合激励机制是纷繁复杂激励机制的一种，它具备一般激励机制所具有的共性特点，诸如系统性、导向性、针对性、过程性、持续性等特点。由于体医融合机制运行还处于初级阶段，这反映在激励机制上也呈现出自身的独特特点。

---

①徐武宁.浅析企业激励机制的基本特征[J].工业技术经济,1998.18(5):14—15.

②彭贺.人为激励研究[D].上海:复旦大学博士学位论文,2004(5):146.

③陈杰.学校竞争的激励机制的基本特征[J].江西教育科研,1994(4):9—11.

④肖文.企业激励机制的系统特征分析[J].成都大学学报,2005.24(3):210—213.

⑤王伟强.高新技术企业知识员工激励机制研究[D].杨凌:西北农林科技大学博士学位论文,2008(1):17.

（一）激励主体的多样性

这里所探讨的激励主体指的是激励对象和被激励对象。从激励机制运行的角度来看,激励主体必须是明确的,这是激励机制运行的前提。体医融合激励主体的多样性表现在:从激励的纵向结构来看,如果群体是被激励的对象,那么家庭、社区、各级医院以及社会体医融合组织均为激励主体。如果各实体机构是被激励对象,上级机构便成为了激励对象。从激励的横向结构来看,以个体为激励对象就更加复杂多样。体医融合激励机制主体的多样性是激励机制对"人"激励本质内涵的体现。

（二）激励标准的模糊性

激励标准是激励对象对被激励对象实施激励行为的依据。激励机制运行经验告诫我们对被激励对象实施激励强度、频率要适当,以保障激励的有效性。但是从体医融合实践来看,对各激励对象在体医融合实践过程中的行为表现到何种程度就应该给予激励还缺乏依据,这是激励标准模糊性的具体表现。有了激励标准就是会使体医融合激励变成标准的激励,而不是随意激励。

体医融合激励标准的模糊性也造成了对体医融合实践主体激励行为的开放性。这种开放性对于在短时间内形成良好体医融合舆论氛围具有一定的益处。尤其是在体医融合实践还处于初级阶段的时候,激励标准的模糊性也是推动体医融合实践的一种策略。但是,随着体医融合实践的不断深入,对于激励标准的规范化程度便提出了相应的要求。

（三）激励环境的复杂性

激励最终指向行为的改变,而行为的改变主要受内在因素和外部环境的双重因素影响[1]。内在因素即人内在驱动力,在驱动力的作用

---

[1]闫海燕,龚建立.论高校科技人才激励环境优化[J].科技管理研究,2001(2):60—61.

第三章 体医融合激励机制

113

下使其行为表现朝着激励目标前行。可见,内在因素是激励实现的内在机理。内在机理的实现过程必然受到外部环境的影响,外部环境是激励机制运行的外在诱因。从这个角度看,体医融合激励环境可以理解为给体医融合实践主体营造一个良性的氛围,在这个氛围中,最大可能地激发实践主体对体医融合实践的积极性。

前述,体医融合氛围是实践主体在长期体医融合实践形成的相对固定的气氛和情调。它由群体体医融合氛围、家庭体医融合氛围、社区体医融合氛围等实践主体体医融合氛围组成。各实践主体之间关系的复杂性造成了体医融合激励氛围的复杂性。

对于体医融合激励机制特点的解读,我们发现,体医融合激励机制各要素之间的关系是复杂的。体医融合激励机制是整个社会运行激励机制的缩影。要想充分发挥激励机制的作用,还需把体医融合激励机制放置于多学科的激励理论中去进行深入解读。

四、激励理论对体医融合激励机制运行的启示

对于激励理论的整理与分析几乎是每一位研究激励机制问题首先要解决的问题。通过对激励理论的整理与分析可以根据自己的研究对象寻求相对应的理论支撑,使后续研究变得有理可循、有据可依。

激励理论试图从不同角度解释和预测个体或集体的行为表现,并为确保个体或集体行为与组织目标保持一致性提供理论依据。自 20 世纪初期开始,泰勒的"差别计件工资制"等为代表的强调"经济人"和单纯通过金钱刺激进行激励的观点,拉开了激励理论研究的序幕①。各学者从不同的角度研究激励问题,并提出了纷繁复杂的激励理论。纵观学者对激励理论的划分,主要存在以下几种划分的方式:其一,根据时间划分为古代激励理论(早期)和现代激励;其二,根据地域分为西方激励理论和东方(中国)激励理论;其三,根据内容分为动机激发理论

①马跃如.高等学校教师激励研究[D].长沙:中南大学博士学位论文,2006(12):14.

和行为的产生、维持与改变理论,这种划分一般在管理学教材中应用较多;其四,根据学科分为管理学、行为学、心理学、经济学激励理论。不论采取何种划分方法,其内容大体相同,尤其是管理心理学的出现,更是把激励理论作为研究的重要内容。基于体医融合激励机制结构的复杂性,以及各学科对激励理论内容论述的趋同性,拟从管理心理学(包括管理学、心理学和管理心理学三个学科)和经济学两个学科角度对激励理论进行整理,以期为体医融合激励机制提供参考。

(一)管理心理学激励理论及其启示

刺激、需要、动机、行为是激励的主要要素,心理学试图揭示人的需要、动机在激励过程中的作用机理,以解释激励的完整过程。故此,在心理学领域,以需要、动机、行为是关注焦点,形成了极具代表性的需要型激励理论、过程型激励理论、行为型激励理论和综合性激励理论等。

1. 需要型激励理论及其启示

需要型激励理论又称之为内容型激励理论①。需要型激励理论认为人的需要是激励发生的起点,这是因为人的需要是行为产生的出发点。所以,需要型激励理论以人的需要和动机等心理要素为研究的重点内容,积极探索人的需要、动机的基本规律以促使人的行为向激励目标靠近。需要型激励理论最具代表性的是需要层次理论、双因素理论、ERG理论和成就需要理论等。

需要层次理论由马斯洛(Maslow)在1954年提出,认为人的需要由低到高分为五个层次,即生理需要、安全需要、社交需要、尊重需要和自我实现需要②。需要层次理论认为人的五种需要是一个由低级需要向高级需要递进的过程,只有满足了低一层次的需要才会引发高层次的需要。虽然马斯洛的需要层次理论揭示了人需要的层级结构,但是

<hr>

①广小利,李卫东.管理学[M].北京:北京理工大学出版社,2016(8):187.
②王哲.高校科技工作者激励机制理论研究[D].长春:吉林大学博士学位论文,2010(6):16—17.

这种层级划分也是简单的、机械的,缺乏对人历史性、社会复杂性方面的考虑。之于体医融合来说,体医融合需要是一种"自我实现"的需要,是群体对健康、对生命价值追寻的结果。如何刺激群体的这种高级需要,也是一个值得思考的问题。

双因素理论又称为"激励——保健理论",由美国心理学家德里克·赫茨伯格(F·Herzberg)在1957年提出①。双因素理论是研究组织关系中个人与工作的关系问题,认为在个人与工作的关系中包含着激励因素和保健因素。所谓激励因素又称为本质因素或内容因素,是指能促进人产生工作努力动机的因素总和,诸如工作内容本身、成就、责任心、他人赏识等;所谓保健因素又称为非本质因素或情境因素,是指能激发人产生工作动机的外部环境和条件因素的总和,诸如工作条件、政策管理与监督、人际关系、职业安定等。双因素理论认为只有激励因素才能带来满意感,而保健因素不能带来满意感但可以消除人们的不满情绪。应用好激励因素可以激发工作动机,提高生产效率;应用好保健因素可以消除对工作的不满意程度。虽然双因素理论考虑的是组织关系中个人与工作之间的激励问题,但是在体医融合实践中同样存在着这种工作关系,诸如社区医院工作人员与单位组织的关系,社会体医融合俱乐部雇员与老板的工作关系等。在这些关系中,重点对激励因素进行综合考虑可以有效激发对体医融合服务行为动机,提高体医融合服务质量。

ERG理论是美国心理学家埃尔德弗(Clayton·Alderfer)在1972年提出的关于人的需要的一种理论②。他在批判马斯洛需要层次理论的基础上提出了人的三种核心需要:生存(Existence)、关系(Relatedness)、成长(Growth)。虽然ERG理论与层次需要理论存在较大的相似之处,但是该理论提出了"挫折倒退模式"和"增强原理",即认为高级

健康中国持续推进中体医融合运行机制的理论与实践研究

---

①赵志鲲.大学教师激励问题研究[D].南京:南京师范大学博士学位论文,2015(11):24—25.

②朱德友.高校教师激励机制研究[D].武汉:武汉大学博士学位论文,2010(10):14.

需要在遭受挫折后会产生倒退现象,如果给高级需要提供更好地满足条件时,需要强度会增强得更加明显。在 ERG 理论中,体医融合需要是一种成长需要,成长需要是比关系需要更高层级的需要,如果社会中不能提供更好体医融合条件,对体医融合的需要强度便会减弱,同时如果能有效满足的关系需要,诸如人际关系、家庭关系与体医融合实践主体之间的关系,人们体医融合需要才会更加强烈。

成就需要理论是美国心理学家麦克利兰(David・G・M・Clelland)在 1966 年提出的关于人最重要的需要三个层面,即成就需要、权利需要和合群需要①。虽然成就需要理论与层次需要理论、ERG 理论一样提出人需要的层级,但是成就需要理论是基于人的基本需要满足后提出的更高层级的需要,其适用面受到了一定程度的限制。所谓成就需要就是指争取成功、追求优越感,希望做得最好的需要②,这对于现阶段体医融合实践来说具有极大的启迪作用。从现阶段体医融合实践现状来看,尤其需要这种成就需要的激励作用。

2. 过程型激励理论及其启示

如果说需要型激励理论是关于激励过程的起始阶段理论的话,过程型激励理论则是对激励的过程进行研究的理论,它揭示的是激励过程中"用什么来激励人的行为"的问题。其中具备代表性的主要有期望理论、公平理论和目标设置理论。

期望理论是美国心理学家弗鲁姆在 1964 年提出的关于工资激励期望理论。这里的期望确切地是指对目标的期望。其理论认为,人是行为的决策者,人在工作过程中组织目标会帮助其实现自己的目标,满足自己的需要,这时候目标就变成了一种行为动机的刺激。而激励效果取决于行动结果的价值"效价"和人们对努力后结果是否达到目标的主观"期望值"。期望理论可用公式 $M = E \cdot V$ 来表述,M 代表激励水

①赵志坤.大学教师激励问题研究[D].南京大学博士学位论文,2015(11):27.
②黄艺羡.麦克利兰成就动机理论对高校辅导员队伍建设的启示[J].学校月刊,2006(18):24.

平的高低或激励强度,E 代表"效价",V 代表"期望值"。由此可见,个人对所追求的目标价值看得越重,越能激发他们的行为动机,从而实现目标的概率越高,也就是说个人对目标的理解和重视程度直接影响到实现目标的动机和行为。虽然期望理论只是一种理想化模型,对于个人根据目标做出的理想行为范围缺乏全面考虑,但是对于体医融合实践具有较大的启示意义。期望理论告诉我们,对于人们体医融合需要设置一个合理的目标,并采取各种途径和形式宣传目标,让体医融合实践者对目标有效价和期望,这样体医融合行为动机就可以得到全面的激发。

公平理论又称为社会比较理论,是美国心理学家亚当斯(J·S·Adams)于 1965 年提出的研究人的动机和知觉关系的一种理论[1]。公平理论认为人总会把自己的付出与所得进行与他人进行比较和与自己的过去进行比较。当个人比(报酬/贡献)与他人相等或与自己过去相等,当事人就会认为是公平的、合理的,并保持心情舒畅并努力工作,反之则降低工作的积极性。公平理论在特定的场域内是成立的,通过不断降低不公平现象提高员工的工作积极性具有一定的意义。但是,该理论没有考虑到人的个体差异,绝对的公平也是不存在的。之于体医融合激励而言,对体医融合实践主体进行激励时要尽量做到公平,同时还应该对实践主体进行公平教育,以免产生不公平的心理。此外,明确激励标准,建立良性的公平竞争机制也是体医融合激励机制应重点考虑的问题。

目标设置理论是美国行为科学家艾德温·洛克(E·A·Locke)在 1968 年提出的关于目标设置与行为之间关系的理论[2]。目标设置理论认为合理的、可达到的、具体的目标设置是最有效的激励方法之一,而目标设置个人、部门、群体和组织通过努力后达到的理想化结果,人们

①宋广伟. 义务教育阶段民办学校教师激励机制研究[D]. 西安:陕西师范大学博士学位论文,2017(9):11.

②邓玉林. 知识型员工的激励机制研究[D]. 南京:东南大学博士学位论文,2006(9):8.

追求目标的过程也就是满足自己需要的过程。只是目标设置理论过于关注目标实现的结果，对于成员如何实现这个结果并不关心，这就给成员为实现目标进行投机取巧提供了空间。对于体医融合激励而言，设置科学的目标是可行的也是必要的。积极引导个人、实践组织设置目标，同时从国家政府层面设置目标，构建完整体医融合目标体系对于激发体医融合实践主体行为动机具有积极意义。

3. 行为型激励理论及其启示

如果说需要型激励理论关注的是激励的起始需要，过程型激励理论关注的是激励的中间过程的话，那么行为型激励理论关注的则是"行为改造、保持问题"。故此，行为型激励理论又称之为改造型激励理论或修正型激励理论[①][②]。行为型激励理论主要包括：强化理论、归因理论、挫折理论、学习型组织理论、场动力理论，等。

强化理论是美国心理学家斯金纳（Skinner）在上世纪 70 年代提出的关于行为结果对行为的反作用的理论[③]。强化理论以巴甫洛夫条件反射为基础，认为人在自发进行探索活动时，如果目标实现顺利，人就会强化这种探索活动，这种活动便会重复出现，行为便会强化，而目标实现也是对强化的奖赏。当表现不当或出现行为错误时，采取相应的惩罚，行为便会消退。强化理论把通过表扬、奖励出现行为重复称之为"正强化"，把通过警告、否定为逃避惩罚而增强某种行为称之为"负强化"。虽然强化理论更多的重视外部刺激对人行为的影响，从而忽视了人的主观能动性对外界促进的反作用，但是对于体医融合仍然具有较大的启示。在强化理论的引导下，体医融合应注意对群体要以正强化为主，不宜采取负强化；对于提供体医融合服务的工作人员而言，注意应根据不同的对象采取不同的强化措施，但是要认识到正强化比负强化更加有利于激发行为动机。同时还应注意引导实践主体由替代性强

---

① 赵志坤. 大学教师激励问题研究[D]. 南京：南京大学博士学位论文，2015(11)：27.
② 马跃如. 高等学校教师激励研究[D]. 长沙：中南大学博士学位论文，2006(12)：23.
③ 席佳蓓. 管理学[M]. 南京：东南大学出版社，2013(2)：214.

化向自我强化过渡。

归因理论又称之为认知理论,是美国心理学家海德(F・Heider)、韦纳(B・Weiner)等人提出的关于探讨人行为的原因与分析因果关系的理论[①]。归因理论的实质是根据人的行为结果来推断行为原因,通过对成功或失败的结果,从而找出最佳的激励途径。归因理论认为不管是成功的结果还是失败的结果,坚持是成就行为的主要特征,对一段行为的因果关系的分析将直接影响到以后的行为动机。归因理论还揭示了产生行为结果原因的种类,具体而言可分为内部原因和外部原因(个人)、稳定的原因和不稳定的原因(稳定性)、可控原因和不可控原因(可控性)。认为内部原因、稳定原因和可控原因可以让人产生自信,可更有效地激发人的行为动机。从目前体医融合实践现状来看,存在着诸多的问题,诸如体育系统和医疗卫生系统在现行机制下融合难度大,体医融合实践主体协同性差,体医融合实践意识低等。通过归因理论可引导我们对产生问题的原因进行分类,找出问题的内部原因、稳定原因和可控原因以激发体医融合实践主体的行为动机。

挫折理论是美国心理学家艾德温・亚当斯于上世纪 50 年代提出的针对人遭受挫折后会产生怎样的行为的理论[②]。虽然亚当斯提出了挫折的 ABC 理论[③],但是挫折理论关注的却是挫折后产生的认识和信念以及个体的情绪反应和行为结果。人遭受挫折后的情绪反应既能对行为动机产生积极效用,也能产生消极影响,如何能正确处理积极和消极效应来激发人的行为动机便是问题的关键所在。古人云"越挫越勇"说的就是这个道理。前述,虽然目前体医融合面临诸多的问题,在发展过程中遭受了挫折,这就需要消除引起挫折的外部环境,避免实践主体在体医融合实践过程中再次遭受不应有的挫折。同时,实践组织上级

①张爱卿.归因理论研究的新进展[J].教育研究与试验,2003(1):38—41.
②胡锯.国外主要挫折理论及其教育启示[J].贵州教育学院学报,2009(2):13—16.
③挫折理论的 A 代表挫折事件本身;B 代表挫折后产生的认识和信念;C 代表在特定情境中,个体挫折后的情绪反应和行为后果.刘瑜.挫折理论与其在员工管理中的启示[J].社会心理科学,2010(5):23—26.

部门和领导应及时关注下级部门工作人员的精神面貌,尽量避免挫折带来的不良影响,一旦出现挫折感不仅要有挫折的容忍度而且还应立马采取有效措施进行安抚,让挫折转化为激发行为的动机。

学习型组织理论是彼得·圣吉在《第五项修炼:学习型组织的易于与实务》一书中提出的一种企业管理理论[①]。其内容包括自我超越、改善心智模式、建立共同愿景、团队学习和系统思考。虽然学习型组织理论是一种企业组织行为理论,但是同样对于现阶段体医融合发展具有较大的启示。从体医融合发展维度看,不仅需要制度的融合、资源的融合更需要人才的融合、技术的融合。如何努力创造融合的适宜环境从而激发实践主体体医融合的行为动机是一个值得深思的问题。

场动力理论是美国社会心理学家库尔特·勒温(Kurt Lewin)提出的解释个人行为产生及其变化的空间场域和深层原因[②]。用公式 B=f(P×E)=f(L×S),B 代表个人行为的方向和向量,f 代表某种函数,P 代表个人内部动机,E 代表环境,LS 代表生活空间。公式说明个人行为的发展在特定生活空间里,既是与环境的函数关系也是与生活空间的函数关系。可见,个人内部动机的激发是与环境相互作用的结果。对于体医融合实践而言,营造良好体医融合氛围进而激发群体体医融合行为是发展体医融合实践的重要思路之一。

4. 综合型激励理论及其启示

综合型激励理论是美国心理学家、行为科学家爱德华·劳勒(E·E·Lawler)和莱曼·波(L·W·Pouter)特于 1968 年在《管理态度和成绩》一书中提出的关于内在激励和外在激励综合起来的一种激励理论[③]。该理论是期望理论、公平理论和双因素理论等理论的综合[④],揭

---

①马跃如.高等学校教师激励研究[D].长沙:中南大学博士学位论文,2006(12):25.

②李森,崔友兴.论教师专业发展动力的系统构建和机制探析[J].教育理论与实践,2013.33(4):33—36.

③李想.基于波特和劳勒综合型激励理论的高校教师激励措施研究[J].西部素质教育,2018(1):114—115.

④余玲艳.员工情绪管理[M].北京:东方出版社,2007(1):23.

示了绩效、努力、奖励、个人满意之间的关系，并建立了"激励—努力—绩效—报酬—满意"循环模型①。该理论认为努力强度不仅受到报酬价值的影响而且还与个体对报酬获得的概率有关；个人绩效不仅取决于个人的努力程度还与个人完成任务的能力和素质以及基于对任务的了解程度有关；个人所获得的报酬包括了内在性奖励和外在性奖励有关；内、外奖励的满意程度与个人主观感受到是否公平有关②。综合型激励理论不仅是对其他激励理论的综合，而且是对激励过程给予了一种全新的视角，关键是揭示了个人努力在整个激励过程中的重要性。之于体医融合而言，我们不仅需要考虑效果、报酬、满意等因素，而且还要重点考虑各方实践主体的努力程度对体医融合实践的影响。

（二）经济学激励理论及其启示

经济学研究的核心问题主要围绕"生产"而展开，涉及产生什么、如何生产和为谁生产。生产问题其实质也是人的行为问题，如何激发生产者的积极性也就变成了经济学关注的焦点问题之一。尤其是1937年科斯提出"市场和企业是资源配置的两种可相互替代的手段"的论断之后，企业便成为了一个重要的生产函数，如何在企业内部运行的"黑箱"中厘清投入与产出之间的关系，需要在特定的场域内（企业）引入其他变量以实现投入与产出比值的最大化。这时，经济学家往往考虑到了"激励"这一变量。上世纪70年代后，由于信息经济、交易费用以及委托代理等理论的兴起，因此激励问题成为了现代企业理论中的一个重要焦点问题，形成了一系列经济学激励理论。

1. 团队生产理论及其启示

团队生产理论是由美国经济学家阿尔奇安、德姆塞茨等人在1972

---

① 张鑫,冯跃,李国昊.基于波特—劳勒综合性激励理论的高校激励机制[J].江苏高教,2005(2):94—96.

② 林娇.试析波特—劳勒综合型激励理论在高校管理中的应用[J].黑龙江生态工程职业学院学报,2009.22(6):80—82.

年提出后经过威斯、克特威等经济学家不断完善的关于企业内部结构（横向一体化）问题的理论①。该理论的特点是把企业内部的积累机制同剩余索取权结合在一起②。实践表明通过企业内部组织形成的团队生产比通过市场合作生产更具有效率，但是企业产品并不是每个参与者的资源分别进行生产的总和，所以在团队生产过程中资源拥有者可能出现偷懒和搭便车的现象，为杜绝这种情况的出现企业内部需要安排专门的人对其他成员进行监督，以提高工作效率。之于体医融合而言，不仅需要对体医融合激励机制进行有效监督，而且还应对整个体医融合机制进行有效监督，这样才能保持内部结构关系的良好状态。

2. 委托代理理论及启示

委托代理理论是由威尔森、罗斯、莫里斯和哈特等人逐渐完善的一种在信息不对称和利用冲突的前提下，委托人如何设计最优契约激励代理人的理论③。由于代理人也有追求自身利益的行为，在信息不对称的情况下，可能会出现闲暇或偷懒的心理动机。因此委托人必须设计出一套代理人能够接受的契约，能够使代理人和委托人均能实现利益最大化，达到激励相容的效果。在体医融合实践过程中可能会出现委托代理的现象，如社会体医融合俱乐部一般采取加盟的方式开展实践工作，这就需要处理好加盟商之间的利益最大化问题。同时，在体医融合实践过程中由于牵涉到较多的主体或部门，实现各主体间的利益最大化也是在体医融合实践中应考虑的问题。

3. 不完全合同理论及启示

不完全合同理论是哈特对代理人剩余索取权的一种理论④。该理

①张宪丽,高奇琦.团队生产理论:公司社会责任的理论基础考辨[J].政法论丛,2017(2):58—66.
②王红霞.完善国企经营者激励约束机制的探讨—学习团队生产理论启示[J].沈阳大学学报,2002.14(3):24—26.
③陈敏,杜才明.委托代理理论述评[J].中国农业银行武汉培训学院学报,2006(6):76—78.
④余璐.现代公司激励机制研究[D].成都:四川大学博士学位论文,2003(3):33.

论认为交易的成本产生的根本原因在于委托人和代理人所签订合同的不完全性。最优的合同是合同双方的责任和义务均包含在合同中。在信息不对称的条件下,合同总是对委托方有利。因此,有效激励生产者的工作热情便是签订最优合同。当然不完全合同的情况在体医融合实践中也可能会出现,但是对于体医融合激励机制而言,体育系统和医疗卫生系统在激励主体中的地位是不平等的,医疗卫生系统拥有对健康的话语权,同时也就拥有了对激励效果的绝对权威性。体医融合激励主体是多元的,这就要求各激励主体要共同承担起激励的责任和义务。

4. 动态激励理论及启示

动态激励理论是伦德娜(Radner)和罗宾斯泰因(Rubbinstein)解决委托代表关系保持长久的一种理论。该理论认为如果双方能够保持长时间的耐心,那么帕累托最优风险分担和激励就可以实现。从长期来看,由于存在代理人市场的竞争,即便在短时间内没有显性激励,代理人也会努力工作以改进自己在市场中的声誉,这就是有名的代理人—声誉模型。体医融合激励也是一个动态的、长期的过程,即便激励效果在短时间内不明显,但是通过长期的努力定能收到良好的效果。这对于体医融合激励机制运行能得到同样的启示。

5. 人力资本理论及启示

人力资本理论是上世纪60年代由美国经济学家舒尔茨和贝克尔提出的关于人的资本价值的理论体系[1]。该理论认为人力资本与物力资本一样能有效促进生产。对人力资本进行有效的管理可以使企业得到需要达到的绩效。人力资本管理包括外在要素—量的管理和内在要素—质的管理,所谓量的管理就是根据人力和物力的变化,对人力进行适当的培训,保持人与物的最佳比例关系,以便发挥最佳效应;所谓质的管理是用科学的方法对人的思想、心理、行为进行的有效管理。与物的管理不同的是,对人力资本的管理只能采取激励的

---

①王明杰,郑一山. 西方人力资本理论研究综述[M]. 北京:中国行政管理,2006(8):92—95.

方法。前述,体医融合实践过程中人力资本匮乏是影响体医融合机制运行的重要因素之一,受人力资源理论的影响,在体医融合实践过程中不仅要非常重视人力资本的管理而且还要关注人力资本的开发。可以采取培训激励、荣誉激励、参与激励等激励方法提高人力资本的质,也可以采取工作激励、兴趣激励、教育激励等激励方法来提高人力资本的量。

与管理心理学激励理论关注人的需要、动机、过程和行为不同的是经济学激励理论关注的是生产和效益的经济问题。但是经济学理论仍然为我们全面理解体医融合激励机制提供了多维视角,尤其是提供的激励思想和方法对于体医融合激励机制运行仍然具有较大的启示作用。

第二节　体医融合激励机制理论分析框架

虽然各学科的激励理论为我们研究体医融合激励机制提供了理论支撑,在实践操作上提供了方法论上的支持,但是体医融合激励机制不同于经济学领域中的企业激励,可以把激励机制放置于特定场域内进行考察。通过前面的分析,我们也发现体医融合是我国“建成小康社会”的重要内容,是“健康中国”战略目标的重要组成部分,这就要求我们对体医融合激励机制进行窥探时应把激励机制归置于整个社会运行机制的视域之下,只有这样才能对体医融合激励机制有更为全面、清晰的认识。同时,体医融合激励机制结构的复杂性也要求我们在更广阔的视角下进行考察。

体医融合激励机制本质上是要揭示引起体医融合利益相关人员的行为动机,但是体医融合相关人员的利益诉求是复杂多样,这就给体医融合激励机制内部结构要素的探寻增加了难度。从体医融合激励机制的内涵上看,激励是对人的激励,把激励对象理解成群体的人,从激励

第三章　体医融合激励机制

125

的一般性原理来探讨体医融合激励机制这在逻辑上是行得通的。激励机制的一般性原理告诉我们,激励包括激励目标、激励主体、激励客体、激励介体和激励环境五个要素。揭示五个内部要素之间的结构和相互关系便是激励机制的本质内涵。故此,体医融合激励机制就是激励主体根据激励目标应用激励介体激发激励对象体医融合行为动机的结构方式及其相互关系的总和。(图3-2)

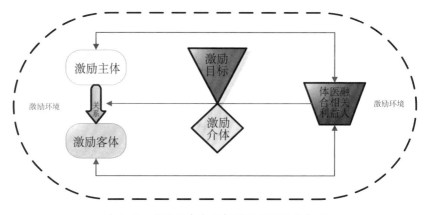

图3-2 体医融合激励机制运行理论结构图

在体医融合激励机制内部结构中,激励主体和激励客体是能动的人的要素。前述,激励主体和激励客体是一个动态变化的过程,在激励的形式上并没有严格意义上的区分。既然激励是针对"人"的激励,因此激励主体和激励客体相对应的"人"便是与体医融合利益相关的所有人的集合。激励主体对激励客体进行激励的过程中还需要激励目标的引导和激励介体的联结,这样才使整个的激励过程具有明确的指向。整个激励过程处于特定的激励环境中,因此激励环境也是体医融合激励机制结构中的不可或缺的因素之一。

不可否认的是,体医融合激励目标是激发实践主体体医融合行为动机,这是由激励的本质内涵决定的。在激励目标引领下,对体医融合激励主体、激励客体、激励介体和激励环境的探讨,以解决体医融合激励机制中谁激励、激励谁和怎样激励的问题。

一、体医融合激励主体探寻

体医融合实践主体是推动体医融合机制运行的主动力,如果把体医融合实践主体当作一个整体的话,这个整体的存在离不开其他相关人员的支持,诸如媒体人的宣传、学者的理论研究、政府工作人员的支持等。对体医融合激励主体和激励客体的探寻就是要尽可能地把利益相关人员找出来,以激发他们的行为动机,从而使激励变得有的放矢。

(一) 体医融合利益相关者探寻的理论依据

利益相关者作为一种企业管理思想是在上世纪 60 年代由斯坦福研究所(Stanford Research Institute)首次提出,后经 Clarkson、Preston、Mitchell 等学者的发展形成了利益相关者理论[①]。利益相关者理论是研究企业管理者综合平衡各方利益进行管理活动的理论体系。该理论认为现代企业的发展是一个开放的系统,跟传统企业目标不同的是现代企业不仅仅为企业家或股东服务,还需满足工人、消费者、供应商、经营者等其他利益相关者的利益。现代企业目标由利益最大化转变为各方利益的相对满意。

那到底什么是利益相关者呢? 1984 年美国经济学家爱德华·费里曼(R·Edward Freeman)在《战略管理:利益相关者的方法》(Strategic Management:A Stakeholder-Approach)一书中对利益相关者进行了广义和狭义的界定。所谓广义的利益相关者是指任何可以影响组织目标的实现或受组织目标实现影响的可识别的个人或团体,如政府部门、商业机构、公司员工、顾客、代理商、行业协会等。所谓狭义的利益相关者是指组织继以生存所依赖的团体或个人,如供应商、代理商、员工、顾客、股东、消费者等[②]。由此可见,利益相关者是一个与组织目标

①焦磊.高等教育利益相关者理论研究的进路[J].高教发展与评估,2018.34(4):1—8.
②弗里曼(著),王彦华,梁豪(译).战略管理:利益相关者方法[M].上海:上海译文出版社,2006(6):46.

相关的并受到组织目标影响的个人或团体,并且这一影响是一个双向动态的过程。利益相关者作为一种旨在关联各方利益、识别利益冲突、化解协调矛盾及利益关系的重要理论[1],受到了管理学、社会学、心理学、组织行为学、伦理学等学科的高度关注。

利益相关者的支持或反对是对项目成功与否的关键[2],体医融合实践是一个复杂的社会实践活动,利益相关者的支持与反对也将对体医融合激励机制运行起到关键性作用。结合弗里曼对利益相关者的界定,我们认为体医融合激励利益相关者是指那些能够实现激励目标,或者能够被激励目标实现过程影响的任何个人和群体。概念中主要强调的是与激励目标的关联性。现阶段,体医融合激励机制的目标是激发实践主体体医融合行为动机,以便更好地实现体医融合。也就是说能够激发体医融合实践主体行为动机的任何个人和群体就是体医融合激励机制中的利益相关者。

(二) 体医融合利益相关者识别与分类

1. 利益相关者识别的过程与方法

体医融合作为社会准公共事务,涉的利益相关者较多,体医融合利益相关者的多元性给利益相关识别增加了难度。如何进行利益相关者识别 Reed 认为可采取焦点讨论法、半结构访谈法和滚雪球法[3]。然而,焦点访谈涉及到访谈对象的确定问题,体医融合利益相关者的多样性给焦点访谈对象确定增加了难度;滚雪球法则要动用更多的人力和财力。故此,采取半结构访谈法来确定体医融合利益相关者。第一步,

①赖婷婷. 谁在阻挠单位改革推进:基于利益相关者视野的分析[J]. 领导科学,2019(4):9—12.

②陈秋红. 农村贫困治理中的问题与推进策略——基于利益相关者视角的分析[J]. 东岳论丛,2018.39(11):38—45.

③Reed M S, Graves A, Dandy N ital. Who's in and Why? A Typology of Stakeholder Analysis for Natural Resource Management [J]. Journal of Environmental Management, 2009.90(5):1933—1949.

确定 11 位体育学和医学领域内专家组成访谈专家库;第二步,列举出个人、机构、组织三个层面的利益相关者及分类;第三步,通过当面访谈及邮件问卷的方式请 11 为专家进行识别与归类;第四步,经过三轮访谈最后确定体医融合利益相关者及其类型。最后确定体医融合个人、家庭、社区、医院、各级机构①、体医融合市场组织、自愿者组织、政府机构、媒体组织、银行、科研机构等。

2. 利益相关者分类

识别利益相关者之后,对利益相关者进行分类是利益相关者研究过程中需要解决的关键问题。这是因为,不同利益相关者对本体事物的利益诉求存在着较大的差异。精准把握主要的利益相关者对于事物的发展起着关键作用。在利益相关者分类研究过程中,"多维分析法"和"评分法"影响较大。

所谓"多维分析法"就是对利益相关者的划分从不同的维度进行分类的方法。从利益相关者分类的时间顺序来看,费里曼在 1984 年将利益相关者按照所有权、经济学和社会利益三个维度进行分类;弗雷德里曼在 1988 年按照是否对企业发展目标施加影响分为直接利益相关者和间接理论相关者;查姆卡在 1992 年按照与企业是否存在合同关系,将利益相关者分为契约型和公正型利益相关者;克拉克森在 1994 年按照是否在企业经营活动中承担风险,将利益相关者分为自愿型和非自愿型两类;慧勒在 1998 年从社会性的角度将利益相关者分为首要的社会利益相关者、次要的社会利益相关者、首要的非社会利益相关者、次要的非社会利益相关者四类。

"评分法"是米切尔(Mitchell)和伍德(Wood)在 1997 年提出的关于利益相关者划分的一种方法,由于其易于理解、操作强而得到广泛应用。评分法从合法性、权力性和紧迫性三个维度对利益相关者进行分类。所谓合法性(Legitimacy)是指个人和群体(组织)是否具有法律

---

① 注:各级机构是指开展体医融合实践的各类学校、养老机构以及企事业单位的工会组织等。

的、道德规范的或特定的对于企业认可的索取权；所谓权利性（Power）是指个人或群众（组织）是否拥有影响目标实现的能力、地位和相应的手段；所谓紧迫性（Urgency）是指个人或群体（组织）的要求能够立即引起其他利益相关者的关注。三个维度的不同重合又组成七种类型利益相关者。

多维分析法和评分法均定位于企业，不同的企业其利益相关者分类划分具有相似之处。与企业不同的是，体医融合是一种准公共社会事务，在社会运行机制理论下所涉及到的利益相关者更多样、更复杂。但是，多维分析法和评分法为我们对体医融合激励机制中的利益相关者划分提供了参考依据。不论是个人、机构还是组织，利用体医融合进行健康促进具有合法性，这也是《宪法》赋予他们的权利，只是体医融合利益相关者对体医融合关注和需求的紧迫性存在着差异。

体医融合激励机制是为体医融合机制良性运行提供适宜的动力。通过前面的分析不难发现，在动力识别中有的是主动力有的是次要动力还有的是逆动力。这就要求我们需要综合考虑体医融合利益相关者在体医融合机制运行过程中所起的作用。在众多的机构、组织中，有些对体医融合机制运行起着主导作用，有的起着直接推动作用，有点则是间接的推动作用。基于此，我们以体医融合机制运行所起作用的不同将体医融合利益相关者分为主导型利益相关者（政府部门和组织）、接受型利益相关者（体医融合实践组织与机构）和间接性利益相关者（辅助体医融合发展的组织与机构）。

主导型利益相关者就是在体医融合机制运行过程中起主导作用的机构和组织。体医融合具有的准公共事务属性决定了主导型利益相关者是政府部门和组织。由中央和地方政府是主导型利益相关者的主要代表。各级政府下设的体育部门和医疗卫生部门则是真正的主导型利益相关者，诸如国家体育总局，地方体育局，国家卫健委和地方卫健委等。

接受型利益相关者则是接受体医融合主导型利益相关者的领导与

管控,以便在体医融融合实践中享受体医融合带来的直接利益。诸如个人接受政府提供的体医融合服务带来的健康受益;社区、医院和学校接受政府的领导,决定体医融合实施的范围和种类。

间接型利益相关者即对体医融合机制良性运行起到间接辅助作用的个人、群体或组织。诸如个人通过捐助的方式提供体医融合场地器材;媒体组织通过宣传体医融合从而提高自身信息传递的权威性;银行通过提供体医融合基金实现货币的合理流通;学术组织通过开展体医融合学术交流提升学术组织的学术权威和地位等。

二、体医融合激励介体分析

激励介体是体医融合激励机制结构中的重要组成要素。它是连接激励主体和激励客体之间的中介。对激励介体的分析主要解决的是对体医融合激励机制中"如何激励"以及"用什么来激励"的问题。在学术界,有学者用"激励因素"来解答激励中的上述两个问题。阴进攻,汪应洛(2004)[1]认为高校教师激励因素包括报酬因素、人力资本因素、能力因素、压力因素和权力因素;而潘开灵(2002)[2]认为高校教师激励因素包括个人成长、业务成就和收入报酬三个主要因素。目前学术界并没有对激励因素给出权威的解释,有学者在研究公司激励机制时认为"激励因素是存在于员工自身之外的客观环境之中,对应于员工的需要能满足员工需要的'外界物'"[3];根据赫茨伯格(F・Herzberg)的双因素理论,激励因素是指能促进人努力工作的各种因素的总和。可见,学者们对激励因素的认识还存在较大的差异,如果把激励因素理解成"外界物",那又与双因素理论中的保健因素重叠;如果把激励因素理解成"促进人努力工作的各种因素",那显然激励目标也可以有效促进人努力工

---

①阴进攻,汪应洛.高校教师激励因素及其相互关系研究[J].科学学研究,2004.22(2):179—182.

②潘开灵.高校教师的激励因素研究[J].武汉科技大学学报(社会科学版),2002(2):27—29.

③余璐.现代公司激励机制研究[D].成都:四川大学博士学位论文,2003(3):61—62.

作。为避免造成重复和交叉,故我们采用激励介体来解决上述两个问题。具体而言,激励介体包括了激励方法、激励形式和激励内容三个方面。

(一) 体医融合激励方法

所谓方法是指解决问题的门路,也指为达到某种目的而采取的途径、方式、步骤、手段的总称。体医融合激励方法就是激励主体对激励客体实施激励的途径、方式、步骤、手段的总称。目前,学术界对激励方法的本体论研究较为少见,各学者均是站在特定的激励对象的视角下对激励方法进行研究。刘淑霞(2006)认为在护理管理中的激励方法是期望激励、信任与关怀激励、领导行为的激励、榜样激励、参与激励、奖励激励[①]。梁镇(2007)认为对知识型员工激励方法体系进行了研究,包括薪酬管理、职业管理、能力管理、沟通管理和环境管理5个类别,其中5个类别又包括薪资激励、福利激励、资本积累激励、授权激励等15种具体激励方法[②]。吕万刚(2004)认为竞技体操创新激励的方法是:其一,不断满足创新人力资源的各种需要;其二,激发强烈持久的创新动机;其三,结合实际的创新条件,制定可行的创新目标[③]。可见,各学者对激励方法的研究从途径、方式等角度提出了对激励方法的见解。

体医融合激励主体和激励客体的多元化态势决定了激励方法选用的多样性。由于体医融合激励对象既有个体,也有相关的企事业单位和政府部门和组织,这就决定了很难找到一套概而全之的激励方法与之对应,也就是说我们只能从激励的一般性机理中寻求具有共性的激励方法,进而呈现出激励过程的一般性规律。纵观现有对激励方法的研究,管理学教材中对激励方法的概述具有普遍性意义,各学者对个

---

①刘淑霞.激励方法在护理管理中的应用[J].2006.20(7):1768—1769.

②梁镇.知识型员工激励方法比较研究[J].2007(6):102—105.

③吕万刚,侯富民.竞技体操创新激励机制类型与激励方法研究[J].武汉体育学院学报,2004.38(2):83—86.

人、企事业单位激励方法的研究也具有针对性意义。为此,我们从管理学教材、个人、企事业单位、政府部门和组织等角度对激励方法进行分析。(表3-2)

表3-2 代表性激励方法

代表性学者	出处/激励对象	具体激励方法
蔡世刚①	管理学	①物质利益激励法;②目标激励法;③榜样激励法;④内在激励法;⑤形象与荣誉激励法;⑥信任关系激励法;⑦兴趣激励法;⑧培训教育激励法。
广小利,李卫东②	管理学	①物质激励法;②目标激励法;③情感激励法;④尊重激励法;⑤榜样激励法;⑥参与激励法;⑦荣誉激励法;⑧工作激励法。
王亚丹③	管理学	①目标激励法;②文化激励法;③物质激励法;④奖惩激励法;⑤领导激励法;⑥感情激励法。
李继先④	企业	①微笑激励法;②爱心激励法;③民主激励法;④建议激励法;⑤信仰激励法;⑥惜别激励法;⑦围魏救赵激励法;⑧鲶鱼激励法;⑨环境激励法;⑩批判激励法。
李柏洲	企业	①组织激励法;②目标激励法;③职业激励法;④授权激励法;⑤员工激励法;⑥薪酬激励法。
李天鹰⑤	事业单位	①目标激励法;②任务激励法;③物质激励法;④精神激励(学校)法;⑤情感激励法;⑥强化激励法;⑦教育激励法;⑧公平激励法。
丁如江⑥	图书馆	①目标激励法;②物质激励法;③精神激励法;④制度激励;⑤奖惩激励法;⑥人才培养激励法;⑦榜样激励法;⑧调迁激励法;⑨竞争激励法;⑩考核激励法。

①蔡世刚.管理学[M].南京:东南大学出版社,2016(1):200—202.

②广小利,李卫东.管理学[M].北京:北京理工大学出版社,2016(8.):24.

③王亚丹.管理学[M].上海:上海财经大学出版社,2016(1):252—250.

④李继先.世界成功企业激励方法[J].中国人力资源开发,2002(1):32—34.

⑤李天鹰.激励方法在学校管理中的运用[J].黑龙江教育:综合版,2003(5):36—37.

⑥丁如江.论图书馆科学管理的激励方法[J].晋图学刊,2008(5):18—19—26.

代表性学者	出处/激励对象	具体激励方法
王　勇①	信用社	①关怀激励法；②个人发展激励法；③考核激励法；④文化激励法；⑤培训激励法；⑥情感激励法；⑦愿景激励法；⑧参与激励法。
张　伟②	政府部门	①补贴激励法；②税收激励法；③采购激励法；④政策激励法。
余　莉③	研发人员	①薪酬激励法；②股权激励法；③工作参与激励法；④培训和发展机会激励法；⑤情感激励法。
邹　苏④	大学生	①目标激励法；②榜样激励法；③奖惩激励法；④竞争激励法；⑤情感激励法。

（二）体医融合激励内容

所谓内容是指事物包含的实质性事物。由此可见,体医融合激励内容是激励主体对激励客体实施激励过程中所包含的实质性事物。目前,学术界对激励内容的研究较为少见,邹苏(2004)认为高校大学生的激励内容包括社会主义的激励、爱国主义的激励、集体主义的激励、道德的激励、学习的激励和创新能力的激励、物质激励和精神激励⑤。刘培德(2005)认为企业激励的内容包括市场需求诱导、市场竞争压力和利益驱动三个方面。丁青青(2015)认为乡镇公务员的激励内容包括物质、晋升、精神和文化四个方面的内容⑥。由此可见,对于激励内容的探寻主要有两条思路。其一,根据激励对象所从事的具体内容。即根

①王勇,邓端.农村信用社员工激励方法略探[J].西南金融,2004(3):60.

②张伟.基于绿色供应链的政府激励方式探讨[J].苏州市职业大学学报,2009.20(4):63—65.

③余莉.研发人员个性特征与有效激励方法研究[J].中国铝业,2009.33(1):53—56.

④邹苏.高校大学生激励方法研究[D].武汉:武汉理工大学硕士学位论文,2004(5):28—45.

⑤邹苏.高校大学生激励方法研究[D].武汉:武汉理工大学硕士学位论文,2004(5):14—21.

⑥丁青青.乡镇公务员激励内容设计及体系研究—以晋江市为研究区域[D].福州:福建农林大学硕士学位论文,2015(4):28.

据工作内容的划分来激发工作行为动机,实现激励目标,这也是激励内容划分的一条思路。其二,根据激励方法来划分激励内容。也即在众多激励方法中概括出内容的实质也具有一定的可行性。这是因为,激励内容是激励方法的载体,激励方法指向于激励内容。

从体医融合激励对象所从事的内容来看,不同激励对象的工作内容存在着差异。而体医融合激励对象又呈现出多样性的特点,对个体和群体而言,所从事的具体内容便是体医融合行为实践;对于社区、医院、体医融合俱乐部的工作人员而言,从事的具体内容包括了宣传、服务、管理、教育等诸多内容。然而,根据不同的标准可以把同一激励对象所从事的内容分为不同的种类。因此,根据激励对象所从事的具体内容这一线索很难揭示体医融合激励内容的本质。

从激励内容和激励方法的关联性来看,表3-2中的具体激励方法其实均指向与两个方面:物质和精神。因此,体医融合激励内容便包括了物质激励和精神激励两个维度。

所谓物质激励就是从满足激励对象的物质需要出发,对物质利益关系进行调节,从而激发激励对象的行为动机。物质激励主要以物质形式实施激励,诸如具体物件、奖金、加薪等。

所谓精神激励就是满足激励对象的精神需要为出发点,对激励对象的心理施加影响,从而激发激励对象的行为动机。精神激励是社会健康发展的动力源泉之一,并随着社会的发展对精神激励的需求会越高[1]。精神激励主要以非物质形式表现出来的荣誉、情感、参与、提升等。

物质激励和精神激励是体医融合激励内容的两个方面,两者相辅相成,不可或缺。在激励的实践操作中的情况是,对激励对象采取物质激励的同时也对精神激励有一定的促进作用。物质激励和精神激励总是相伴而行。这就要求我们在对体医融合激励机制运行过程中应注意

①袁瑛,卢文文.管理中的物质激励和精神激励[J].中国集体经济,2009(3):63—64.

遵循物质激励和精神激励相结合的原则进行。

（三）体医融合激励形式

所谓形式是指事物内容的组织结构和表现方式，这里的形式主要是针对内容而言。体医融合激励内容包括了物质激励和精神激励两个方面，可见，体医融合激励形式是指激励内容呈现的方式。

1. 正向激励和负向激励

根据物质激励和精神激励在激励过程中所起的作用，可以把体医融合激励形式分为正向激励和负向激励。正向激励就是所采用的激励内容对激励对象的行为动机起到积极引导的作用；而反向激励就是采取的激励内容对激励对象起到约束的作用。前述，在激励过程中，激励和约束总是相伴而行的。在激励实践中凡是能满足激励对象自身需要的，并能激发激励对象向激励目标靠拢的行为的各种物质的、精神的内容均属于正向激励，诸如物质上的奖励、精神上的关怀等。而反向激励则是阻止或抑制激励对象向激励目标反方向的各种物质的、精神的内容均属于反向激励，诸如罚款、降薪、批判等。由于体医融合还处于起步阶段，因此，我们在应用时应以正向激励为主，慎用或巧用反向激励，以避免打击体医融合实践主体的积极性。研究表明，应用个别指责对于行为结果的变化概率是：变好为 66%、未变为 23%、变差为 11%；而应用公开指责对于行为结构的变化概率为：变好 35%、未变 27%、变差 38%；应用个别嘲笑使行为结果变好的概率为 35%、未变为 33%、变差为 32%；应用公开嘲笑使行为结果变好的概率为 17%、未变为 36%、变差为 47%[①]。可见，即便是应用负向激励也要讲究具体方式。

2. 内在激励和外在激励

内在激励和外在激励是根据是否满足激励对象的内在需要和外在需要而进行划分的。这里的内在激励和外在激励与赫茨伯格（F·

①廖胜辉. 奖惩之道［M］. 北京：军事译文出版社，1993(5)：258.

Herzberg)的双因素理论中的激励因素和保健因素有相似之处。

内在激励是指能满足体医融合实践需要直接相关的物质和精神激励内容的总和,并能表现为激励对象对体医融合实践进行体验、偏好和评价。如在体医融合实践过程中对于良好效果带来的成就感和自豪感。外在激励是指能满足激励对象的外在性物质、精神激励内容的总和。就物质激励而言,如工资、奖金、各种福利待遇等;就精神激励而言,如在体医融合实践过程中获得的友谊、肯定、表扬、尊重等。

3.短期激励和长期激励

根据激励内容呈现的时间长短,可分为短期激励和长期基础。所谓短期激励就是对激励对象实施的物质激励和精神激励在较短的时间内能激发激励对象的行为动机;而长期性激励便是在较长的时间内能激发激励对象的行为动机。短期激励主要有奖金、提成、节假日福利、表扬、培训机会等;长期激励主要有薪酬工资、荣誉、各种福利补贴等。

三、体医融合激励环境分析

激励环境是体医融合激励机制结构要素中的组成部分。它为体医融合激励机制运行提供条件。从体医融合激励机制结构要素来看,激励环境为激励内容、激励方法、激励行为的发生提供了客观的现实性和可能性[①]。确切地说激励环境为体医融合激励机制运行提供了外部性动力源,在良性的激励环境下有利于协调激励机制中各要素之间的关系,从而实现激励效果的最大化,这是激励环境作用机理的体现。

任何事物均处于特定的环境当中,环境在特定的语境下其内涵存在着差异。一般而言,环境是指某中心周围的事物或状态,以及影响中心事物发展变化的外部因素的总和[②]。我们所探讨的中心事物是体医融合激励机制,因此,体医融合激励环境便是体医融合激励所处的外部

---

①张皓.高校学生教育激励环境的优化[J].社科纵横,2011.26(7):150—152.
②宗良纲.环境管理学[M].北京:中国农业出版社,2005(8):1.

因素的总和。由于激励问题是针对人的激励,因此,这里的激励环境主要是指有利于激发体医融合实践主体行为动机的氛围。

氛围的营造是一个漫长的过程。从氛围的形成过程来看,体医融合激励环境既有对传统氛围的积淀与继承,也有对现有氛围的营造与保护,是传统与现代完美结合的产物。

(一) 激励环境的传统积淀

在中国五千年悠久的历史文化中,蕴含着丰富的激励思想。中国传统文化中的激励思想是被长期的激励实践证明了的具有优良文化基因的思想结晶,它是体医融合激励环境的精神内核。中国传统激励思想之精华集中体现在激励方法中。

1.“仁爱相济”的精神激励

孔孟的儒家思想对我国传统文化产生了重要的影响。儒家思想强调人内心的修养外化,儒家思想的核心是“仁”,对个人而言不仅要做到“仁人”,对国家而言更是要“仁政”,“出入相友,守望相助,疾病相持,则百姓亲睦”,“君行仁政,斯民亲其上,死其长矣”[①]。在具体的实践中,众所周知的“三顾茅庐”,刘备正是应用“诚信重义”的精神激励,使诸葛亮“鞠躬尽瘁,死而后已”;一代女皇武则天,指出“将者,智信仁勇严也”,要求手下将帅要爱护士兵,“视卒如婴儿,故可与之赴深溪;视卒如爱子,古可与之俱死”[②]。在孟子看来,仁爱相济的激励表现于“民为贵,社稷次之,君为轻”,强调统治者要廉政爱民。“爱人者,人恒爱之,敬人者,人恒敬之”既是对个人修身提出的要求也是对君主治国的人格要求。礼贤下士,充分调动人的主观意见,人精神情感的满足,有利于促进和谐的人际关系的建立,以便形成浓郁的人情氛围,从而实现“人心众向”的行为合力。

体医融合之于健康促进本身就是全社会对群体“仁爱相济”的具体

---

①孔波.我国古代激励文化方法及其运用[J].企业文化,2008(3):115—116.
②马振耀.简论中国古代激励思想[J].周口师院学院学报,2005.22(4):102—104.

表现。作为健康状况的"弱势群体"具有较强的健康需求,作为体医融合的利益相关者理所当然要体现出对"仁爱相济"的宽大情怀。

2."身先士卒"的榜样激励

中国历来强调榜样的教化力量。孔子曰"政者,正也,子帅以正,孰敢不正?若不能正其身,如何正人何?"这是说明君主在治国过程中,将帅在领兵过程中要注重自身"正"的榜样力量。从而实现"其身正,不令而行;其身不正,虽令不从"的榜样效果。"身先士卒"强调的是"上层人士"的言行教化作用。孔子曰"预政之速行也,莫善乎以身先之;欲民之速服也,莫善乎以道御之"①,说的就是"上层人士"要"以身先之"的表率作用,同时还说明应注意应用正确的方式方法。"身正"是对"上层人士"提出的自身修养,"修己以敬""上层人士"只有认真地对待自身的修养,才能在具体的工作中起到模范带头作用。如现代社会中的"看齐意识"便是这种"身先士卒"榜样作用的体现。

对于体医融合实践主体而言,对于那些表现突出,积极活跃体医融合实践组织要采取多途径的宣传报道,实现实践组织的榜样效应。

3."奖罚分明"的公平激励

"公平"是人们对理想社会的内心渴望,体现在激励中便是要奖励和惩罚要有别,要善于利用正向激励和负向激励来实现激励的效果。"商不可不平,罚不可不均"说的就是这一道理。正如韩非所言"功当其言,则赏;功不当其事,事不当其言,则罚","设民所欲以求其功,故以爵禄以劝之;设民所恶以禁奸,故以刑罚以为之"②。在中国古代社会中,下至家长教育,上至君臣关系均彰显出了奖罚分明的公平激励思想。汉宣帝下诏书:"盖闻有功不赏,有罪不诛,虽唐、虞不能化天下",也就是说不分贵贱,有功就赏,有过则罚,做到"赏不避仇雠,罚不阿亲戚"③。正因如此,曹操"割发代首"、诸葛亮"挥泪斩马谡"便成为了历

---

① 廖芝馨.从《孔子家语》谈孔子的政治思想[J].青年文学家,2009(23):2.
② 魏风.中国古代激励思想花絮[J].中国人力资源开发,2004(7):68.
③ 霍小军.中国古代激励思想的思考[J].学术交流,2006(12):49—52.

史典故。

在健康产业巨大潜力的催生下,名目繁多体医融合公司、俱乐部应用而生。对于那些资质不达标的组织应启用有效的评估机制实现优胜劣汰,对于那些资质优越、实践效果好的组织机构应在资金扶持、税收征集、程序审批等方面给予倾斜。

4."上下同欲"的目标激励

中国古代历来讲究上下同心,力往一处使的朴素主义哲学观,这对于激励而言,强调的是为实现同一目标,上下同欲,利用目标调动人们的行为积极性。荀子认为"下贫则上贫,下富则上富,上下同欲则无往不胜,上下离心则不攻自破"①。公孙弘认为"气同则从,声比则应,今人主和德于上,百姓和合于下,故心和则气和,气和则形和,形和则声和,声和则天地之和应矣"②。刘基站在君主治国的角度阐释上下同欲的重要性,认为君主"聚民"如同"抟沙",尧舜"以漆抟沙"则沙不离;夏商周"以胶抟沙"则沙溶;诸侯争霸"以水抟沙"则沙散。以沙喻民,体现了上下同欲在治国方略中的地位。就军事而言,"将军有死之心,士卒无生之气,闻君言莫不挥泣奋臂而欲战"③说明了田单打败燕国的根本原因所在。廉颇和蔺相如的故事之所以被奉为经典,就是因为有使赵国强大的共同目标,所以他们能不计前嫌,团结一致。

体医融合是健康中国建设的重要内容之一,是新时代背景下中国特色社会主义现代化建设重要内容之一。这就要求体医融合要形成"上下同欲"的目标体系,使体医融合有明确的指向。

此外,在中国的历史文化长河中,充斥着大量的流传至今的激励思想,如"动之以情,晓之以理,严之以法"的综合激励思想;"用人不

---

①魏青松,吴耀明.漫谈古代富民观[J].党员之友(新疆),2019(5):1.
②(宋)司马光.资治通鉴(全四册)[M].长沙:岳麓书社,2018(7):245.
③颜文垚.中国古代激励思想演变浅析[J].重庆科技学院学报(社会科学版),2008(4):94—95.

疑疑人不用"的管理激励法;"选贤任能""用人如器各取所长"的考核激励法;"罪己以收人心"的揽过激励法;"问病吊恤"的关怀激励法[①],等。深厚的传统激励思想积淀,为现代激励环境营造打下了传统烙印。

(二) 激励环境的现代营造

体医融合是社会发展到一定阶段的产物,它置身于现代社会背景之下,与现代社会发展整体环境密切相关。因此,体医融合激励环境的现代营造不可能脱离现代社会环境而单独存在。体医融合激励环境既是中国传统激励文化特质的延续也是现代社会环境的镜像。故此,体医融合激励环境的现代营造,包括了外围的社会激励环境的营造和内在体医融合激励环境营造两个方面。

1. 良性的社会环境是激励环境现代营造的基础

习近平主席在党的十九大报告中明确指出,中国已经步入中国特色社会主义建设的新时代。中国特色社会主义建设的新时代昭示着我国的政治、经济、文化建设已经发展到一个新的历史阶段。政治的文明,经济的发展,文化的繁荣为体医融合激励环境的现代营造创造了良好的外围条件。

就政治文明而言,可以从以下三个方面进行理解。其一,政治文明意味着是一种具有强大生命力的政治形态。自改革开放以来,在中国共产党领导下的中国体现出了强大的生命力,国家各项事业蒸蒸日上,蓬勃发展彰显出了社会主义的优越性。其二,政治文明意味着社会政治领域的进步。中国共产党领导下的人民大表大会制度是我国基本的政治协商制度,是人民当家作主的象征,也是解决政治难题,摆脱政治困境的有效方式。其三,政治文明意味着政治的发展。现阶段,"富强、民主、文明、和谐、自由、平等、公正、法

---

①李锡元.中国古代激励思想举要[J].现代企业教育,2004(2):17—18.

治、爱国、敬业、诚信、友善"社会主义核心价值观得到了全社会成员的广泛共识;政府结构和功能以及政府治理能力大幅提高;广大人民群众参与政治生活的渠道呈现出多样性特征。政治文明为创造激励环境提供了条件。表现为:第一,在中国共产党领导下统一小康社会发展目标、健康中国战略目标是目标激励的具体表现;第二,人民大表大会制度体现了人民参与国家治理的有效途径,表现为一种政治参与激励;第三,社会主义核心价值观的认可表现为一种内在精神激励,政府层级治理结构和治理能力的提升表现为权利激励、领导激励和制度激励。

就经济发展而言,2011年我国超越日本成为世界第二大经济体,经济发展之迅速令世人瞩目。据国家统计局公报,2022年,我国国内生产总值(GDP)为1210207亿元,比2021年增长3.0%;人均国内生产总值(人均GDP)为85698元,比2021年增长3.0%;国民总收入(GNI)为1197215亿元,比2020年增长2.8%[1]。多年来,我国经济发展水平保持稳定持续增长为创造经济激励环境提供了可能,为薪酬激励、物质激励的实现提供了条件。

就文化繁荣而言,中华民族五千年的优秀传统文化是我们文化软实力的具体表现,是文化自信的基础,也是中华民族最深沉的精神追求。自强不息的奋斗精神,精忠报国的爱国情怀,天下兴亡匹夫有责的责任担当,舍生取义的牺牲精神,革故鼎新的创新意识,天下为公的社会理想,以人为本的治国理念,协和万邦的和平思想,和而不同的东方智慧,百善孝为先的孝道传统,己所不欲勿施于人的处世之道,无不彰显着中华民族传统文化的强大生命力。前面讲到的传统激励思想正是传统文化在现代激励环境中烙印的体现,为精神激励打下了思想基础。

---

①国家统计局.中华人民共和国2022年国民经济和社会发展统计公报[EB/OL].http://www.stats.gov.cn/xxgk/sjfb/zxfb2020/202302/t20230228_1919001.html.(2023—02—28)(2023—05—22).

2. 体医融合实践是激励环境现代营造的核心

体医融合实践是当代社会催生下的产物,是解决健康问题的有效手段。体医融合实践是形成良性体医融合氛围的核心。良性体医融合氛围的营造离不开政策法规的积极引导、实践主体的实践探索和信息媒体的宣传造势。

政策法规的积极引导使激励环境的营造变得有法可依、有据可循。《中华人民共和国宪法》第四十五条规定"中华人民共和国公民在年老、疾病或者丧失劳动能力的情况下,有从国家和社会获得物质帮助的权利"[①]。《中华人民共和国体育法》第十六条规定"全社会应当关心、支持、残疾人参加体育活动。各级人民政府应当采取措施,为人们参加体育活动提供方便"[②]。《中华人民共和国儿童妇女权益保障法》就妇女的政治权利、文化教育权益、劳动权益、财产权益、人身权利以及婚姻家庭权益等方面做了详尽的规定,第一章"总则"第二条便明确提出"妇女在政治的、经济的、文化的、社会的和家庭的身份等方面享有与男子平等的权利"[③]。《中华人民共和国老年人权益保障法》是专门针对老年人合法权益保障的专门性法律,对家庭赡养与扶养、社会保障、社会服务、社会有待、宜居环境、参与社会发展、发展责任等方面均做了明确的规定。这些具有最高法律意义的法律条款为保障参与体医融合实践提供了权利保障,是权利激励的具体表现。可见,政策规范的具体条文为体医融合激励环境营造提供了法律法规依据。

实践主体的实践探索本身就是一种有效的激励方式。在体医融合

①新华网,十三届全国人大一次会议,全国政协十三届一次会议.(两会授权发布)中华人民共和国宪法[EB/OL]. http://www. xinhuanet. com/politics/2018lh/2018—03/22/c_1122572202_6. htm. [2019—03—10](2022—03—22).

②中国人大网. 中华人民共和国体育法[EB/OL]. http://www. npc. gov. cn/wxzl/gongbao/2017—02/21/content_2007622. htm. [2022—03—22](2017—05—10).

③瑞文网,中华人民共和国儿童妇女权益保障法[EB/OL]. http://www. ruiwen. com/gongwen/banfa/55978. html[2018—4—28](2022—4—5).

实践过程中获得了健康,健康的获得本身就是一种激励表现的结果。对于社区、医院、学校等体医融合实践组织机构而言,在体医融合实践过程中既能获得物质激励也能获取精神激励。

体医融合信息流动是体医融合环境激励的粘合剂。利用科研机构、媒体组织对体医融合信息进行合理流动,将体医融合机制运行中的各个要素有效地整合在一起,有利于形成良性体医融合氛围,进而激发体医融合行为的发生。

第三节　体医融合激励机制运行实践分析

通过对体医融合激励机制静态的分析,让我们对激励机制有了较为全面的了解。然而,激励机制各要素是如何运行的,这就涉及到激励机制动态运行的问题。体医融合激励机制运行是激励机制内部各要素之间相互联系、相互作用的功能实现的过程。激励机制运行是要解决激励机制内部各要素相互关系和功能实现的过程性问题,也是要解决激励机制内部要素与激励环境的关系问题,集中指向于体医融合实践行为主体的动机激发。

一、体医融合激励机制运行实践过程

体医融合激励机制运行过程是在现代激励环境下,激励主体应用激励介体对激励对象实施激励的过程。激励过程的结果是激发体医融合实践行为的动机。在利益相关者理论引导下,我们将体医融合利益相关者分为了主导型、接受型和间接型三种类型。从体医融合实践行为性质来看,个体体医融合行为处于"中心位置",其他组织机构实施体医融合行为终要通过个体行为这一"中介"得以实现。故此,体医融合实践行为的动机激励可分为个体体医融合行为动机激励和体医融合服务供给主体的行为动机激励两个方面。(图 3 - 3)

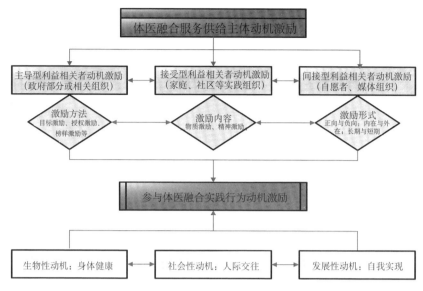

图 3-3　体医融合激励机制运行实践过程及关系

（一）主导型利益相关者体医融合激励机制运行实践

主导型利益相关者体医融合激励是指对政府部门或组织为激励对象的一种激励运行方式。从主导型利益相关者激励对象的具体范畴划分来看,激励机制的运行包括三个方面:其一,作为整体政府的政府激励;其二,作为政府具体部门或组织的激励;其三,作为政府部门或组织机构内部人员的激励。

1. 整体政府激励机制运行实践

政府自诞生之时便是个含义及其丰富的概念,以至于在不同的学科领域对政府均有不同的理解。在实践中,任何国家均是由若干层级的政府构成,除中央政府外,通常还存在着一级或多级地方政府。正是由于这种多级政府的存在,在公共事务管理过程中,政府被人认为是"一半是天使,一半是魔鬼"①。天使的一面表现为:政府是公共事务的管理者,也是公共事务的供给者,政府直接对公共事务整体发展负责。魔鬼的一

①高明.耕地可持续利用动力与政府激励[M].北京:经济管理出版社,2006(1):115.

面表现为:由于层级政府的存在,在执行中央政府公共指令的过程中会形成政府间的执行张力,从而影响到整个公共事务的发展,当地方政府执行不力时,甚至会对公共事务产生破坏。整体政府便是要破解这种政府间张力,从整体出发来考察政府在公共事务管理中的职能。

体医融合是促进健康的有效手段,是健康中国持续推进中化解健康问题的重要举措。整体政府在体医融合发展过程中表现为对全民健康问题带来强烈冲击的高度关注。这种关注的动机对下体现出整体政府为人民服务的职能要求,对上表现为国家政治、经济、文化服务的基本功能实现。由此可见,整体政府在体医融合中的工作动机是"执政为民"的利益要求,体现出了整体政府公共利益为价值导向的行为逻辑。故此,整体政府激励表现为体医融合实践组织具有积极向上的行为表现,以彰显政府在体医融合事务管理中的工作成效。故此,从激励的内容上看,政府激励强调纯粹意义上的精神激励;从激励的形式上看,表现为积极的正向激励也表现为体医融合整体发展的外部性要求以及对体医融合短期发展和长期发展的要求。

2. 政府部门或组织激励机制运行实践

相对于抽象的整体政府而言,政府部门或组织激励则相对具体,主要是以体医融合政府职能部门为激励对象所进行的激励。具体而言,体医融合政府职能部门大致有国家体育总局、卫健委、民政部、教育部等直接相关的政府职能部门。这些政府职能部门对上表现为对整体性政府职能实现负责,对下表现为对体医融合具体事务负责,承载着政府和社会赋予的双重职责。可见,"责、权、利"是政府职能部门开展体医融合工作的动机。"责"表现为职能部门代表政府行使对体医融合发展的总体性责任;"权"表现为对体医融合发展的绝对性权威;"利"表现为体医融合发展过程中的利益协调和政府职能部门作为组织机构的存在着自身的利益诉求。

可见,政府职能部门的激励表现为体医良性融合的工作激励以及组织机构自身利益满足两个方面。从激励方法应用上看,可采取综合性激励方法,如工作激励、授权激励、目标激励、发展激励等;从激励内容上看,既有组织机构权威的精神激励也有组织机构发展的物质激励;从激励的形式上看,既有公开表扬的正向激励也有通报批评的负向激励;既有社会民主对组织机构认可的外在激励,也有组织机构工作中带来的愉悦体验的内部激励;既有组织发展规划的长期激励也有具体事物发展的短期激励。

3. 政府职能部门工作人员激励机制运行实践

在主导型利益相关者中,政府职能部门工作人员是具体的利益个体。具体而言,是指政府职能部门中的相关工作人员。体医融合涉及多个政府职能部门,诸如《健康中国行动 2019—2030 年》成立的"健康中国推进委员会"就涉及到宣传部、网信办、卫健委、光电总局、政法委、文明办、教育部、民政部、人力资源社会保障部等十多个部门。而这些职能部门的工作人员具有公务员性质。他们的激励内容和形式接受《中华人民共和国公务法》监督与管理[1]。通过对部分政府职能部门工作人员的调查访问,他们在激励内容、激励方法和激励形式上均具有以下特点:

(1)在激励内容上,从注重精神激励向物质激励转变。在相当长的一段时间内,对政府职能部门工作人员的激励主要以精神激励为主,相对忽视物质激励。对物质激励而言,主要表现为薪酬的激励。薪酬是公务员基本生活的物质保障,是劳动付出的物质补偿,也是对工作业绩的物质奖励。公务员的薪酬又与职务密切相关,职务又与公务员晋升相关,而晋升则是常见的公务员激励方法之一。

(2)在激励方法上,采取目标激励、晋升激励、荣誉激励、竞争激励、考核激励等一系列综合性激励方法。主要以年为时间单位对公务员一年时间内的"德、能、勤、绩、廉"进行全面考核,重点考核工作实绩,这是公务员考核激励最常用的一种方法[2]。目标激励和晋升激励均贯

---

①刘美彦.激励视角下的政府绩效研究[D].北京:中央民族大学博士学位论文,2007(2):84.

②陈国权,王柳.公职人员绩效评估的激励机制问题研究[J].学术研究,2005(07):73—77.

第三章 体医融合激励机制

穿于公务员整个职业生涯,有时目标激励和晋升激励具有一定的交叉性。这是因为公务员的职务与职责权利、薪酬待遇成正相关。在晋升激励过程中时常伴随着荣誉激励和竞争激励,公务员的职务晋升随着工作年限、资历和工作业绩逐级递补。

(3)在激励形式上,以正激励为主负激励为辅。对公务员而言,除晋升激励、荣誉激励等正激励外,还伴随着负激励的存在。当公务员违法《中华人民共和国公务员法》相关条款时便会触发负激励。负激励的使用可以营造一个良好的激励氛围,对表现优异,做出贡献的不仅要奖励还要对落后者和犯错者做出相应的惩罚。

由此可见,调动职能部门工作人员的工作积极性,是激励的最终目的。对这些工作人员而言,其工作积极性的高低对于整个职能部门功能的实现具有推动作用。故此,职能部门工作人员的工作业绩、职位升迁以及工作绩效考核是他们的工作动机。

(二)接受型利益相关者体医融合激励机制运行实践

接受型利益相关者既包括个体也包括体医融合实践的组织机构同时还包括体医融合实践中直接受益的个人。鉴于个人处于体医融合实践的"中心",在接受型利益相关者激励机制中,重点探讨体医融合实践组织的激励机制运行问题。

具体而言,体医融合实践组织主要包括家庭、社区、各级医院、各级机构和社会体医融合俱乐部等。在这些组织机构中可以分为三类,第一类为社会最小组成单元——家庭;第二类为具有公共服务性质的社区、医院和各级机构;第三类为受市场机制影响体医融合俱乐部。

家庭既是社会构成的最小单元也是体医融合存在载体之一。通过对典型性体医融合实践家庭进行深入调查,概括出家庭体医融合激励机制实践的共性内容。对家庭的激励目的是为体医融合实践提供多维度的支持。为家庭提供宽松体医融合氛围便是家庭体医融合行为产生的动机。为此,在激励内容上,既有物质激励也有精神激励;在激励方法上也表现出综合激励方法的特性;在激励形式上表现出明显的正向激励和外在激励为主的特性,同时也有短时激励和长时激励相结合的要求。既有孝道文化传承的内在性要求,也有诸如"五好家庭"称谓的外在性表现。

社区、医院、各级机构是体医融合服务的直接提供者,他们代表政府行使公共服务供给的职责,体现出整体政府的公民社会理念,在维护公共健康供给方面具有积极的作用。通过对代表性社区、医院以及体医融合各级机构进行深入调查,并对相关人员进行访问,总结出此类体医融合实践组织激励机制运行实践的共性特点。对于社区而言,是政府的基层代表,其工作范围和具体职责直接向政府负责;对于医院和各级机构而言,可分为"公办"和"民办"两种类型。但不管哪种类型,均体现出健康服务的公共事务性质。为此,体现出政府的公共服务社会效益的追求和维护自身组织机构的生存和发展是社区、医院和各级机构开展体医融合工作的行为动机。故此,在激励内容上,既有物质激励也有精神激励。在物质激励上表现为完成政府部门的指令获得更多的财政、硬件、软件资源以维持组织机构自身的生存和发展;在精神激励上表现为通过工作绩效考核和评比获得政府部门的认可和民众的认同。在激励方法上表现为典型的综合性激励方法的应用。在激励形式上,既有正向的奖励激励,也有负向的惩罚激励;既有组织机构发展的短期激励也有长远发展的长期激励;既有体医融合服务工作带来了内在成就感,也有政府和社会民众对体医融合服务给予的外部肯定。

受市场机制影响体医融合俱乐部是满足体医融合需要出现的一种新型供给主体。体医融合俱乐部有经济效益和社会效益的追求,这是他们从事体医融合实践活动的行为动机。在经济效益上表现出对经济盈利的需要,在社会效益上表现为对名声、规模发展的需要。故此,体医融合俱乐部在激励方法上表现为综合激励方法的应用;在激励内容上既有物质激励也有精神激励;在激励形式上,有受市场控制的正向激励,表现为经济盈利,也有负向激励,表现为经济亏损;既有

第三章 体医融合激励机制

发展的短期激励也有长期激励;诸如短期内和长期的发展目标。既有内部激励也有外部激励,内部激励表现为经济盈利带来的成就感和事业心,外部激励表现为服务对象对俱乐部提供服务质量的认可,政府的政策扶持等。

(三) 间接型利益相关者体医融合激励机制运行实践

间接型利益相关者的激励机制包括志愿者组织、科研机构和媒体组织的激励,这些组织机构为体医融合提供支持,对体医融合起到间接的促进作用。

志愿者组织是国家力推的以自愿奉献为精神内核的民间基层组织,志愿者组织可以聚合社会人力资源优势,为公共事业的发展提供人力资源、技术资源的补充和支撑。实现志愿者组织的社会公益性,宣扬奉献精神是志愿者组织的行动动机。为此,在激励内容上,主要以精神激励为主,通过广泛宣传社会公益精神,充分肯定志愿者组织在体医融合服务供给中的奉献精神。在激励方法上,根据组织发展目标可采取综合性激励方法。在激励形式上,以正向激励为主,以肯定志愿者组织在体医融合服务供给中的主体地位;既强调内在激励也强调外部激励。内在激励表现为自愿者对志愿工作的责任感和成就感,外在激励表现为政府和社会民众对志愿者组织和身份的认同感。既有短期激励也有长期激励,诸如志愿者组织短时间内队伍的壮大以及长远的发展目标。

对于科研机构和媒体组织而言,它们在体医融合机制运行过程中提供技术支撑和信息流通。在科学技术领域和信息流通领域确定组织的领域权威,以确定自身在领域内的话语权是科研机构和媒体组织的行为动机。为此,在激励方法上,根据激励需要可采取不同的激励方法;在激励内容上主要以精神激励为主;在激励形式上主要以外部性激励为主,即可采取正向激励也可以采取负向激励,即可采取短期激励也可采取长期激励。

（四）个体体医融合激励机制运行实践

人既是体医融合服务的对象也是体医融合实践的主体[①]。对健康的需求是体医融合机制运行的源动力。根据需要型激励理论，对健康的需要是多层级的。首先，通过体医融合实现抵御疾病，实现身体健康是进行体医融合实践的生物性动机。其次，通过体医融合实践活动满足的个人兴趣、人际交往并获取良好的成就感是参与体医融合实践的社会性动机。再者，通过体医融合实践活动以实现对生命价值的追求是参与体医融合实践的发展性动机。同时，当作为激励对象时，参与体医融合实践活动的激励过程体现出明显的"理性人"特征。故此，在激励方法上，宜根据不同的阶段性激励目标采取不同的激励方法。在激励内容上，主要采取精神激励为主，物质激励为辅。在精神激励方面，激励主体要表现出对参与体医融合实践活动给予充分肯定和鼓励；在物质激励方面主要表现为激励主体为参与体医融合实践活动提供必要的物质条件支撑。在激励形式上，应采取积极的正向激励，以增强体医融合实践行为的积极性；同时既要注重在体医融合实践过程中表现出的情感体验和情绪变化，也要尽可能地为参与体医融合实践活动提供外部条件保障；根据自身的需要设置体医融合的短期目标和长期目标，采取短期激励和长期激励以确保体医融合行为动机在时间上保持一定的强度。

二、体医融合激励机制运行实践问题

体医融合激励机制运行的目标是激发实践主体体医融合行为动机。鉴于体医融合实践主体的多元化特征，实践主体分属不同的系统中，有的属于政府部门，有的属于企事业单位，有的属于社会组织，在激励层级上既有对个人的激励也有对组织机构的激励，这就给激励机制

[①] 注：这里的个体不包括对政府职能部门工作人员，仅只直接参与体医融合实践活动的个人。

运行带来了一定的难度。总体而已，不管是对个人激励还是对组织激励，最终要体现于体医融合行为动机的有效激发。基于此，在激励目标的指引下体医融合激励机制运行主要存在着以下突出问题。

（一）外在激励的强势与内在激励的疲软

外在性激励能为体医融合行为的产生起到外部性推动作用。根据激励理论，行为主体动机的激发不仅需要外部条件的诱导还需要外部诱导转化为内部的行为动机，只有外部激励和内部激励相互配合，才能更有效地激发实践者行为动机。也只有行为主体有效动机的激发才能为机制运行提供适宜的动力。如果过多地强调外在激励，不仅要花费更多的资源来满足外在激励运行的需要而且体医融合实践行为的产生也是一个被动消极的过程。从现阶段体医融合激励机制运行过程来看，外在激励表现出强势的一面，而内在激励则表现出疲软的一面。

外在激励的强势主要表现为：其一，在健康问题的冲击下，政府部门为履行对全民健康公共事务供给的主体责任，利用政府权威指令大力推行健康服务，体医融合作为有效促进健康的手段在健康服务的供给中同样得到了重视。这种重视性在国家颁布的相关政策文件中得到了体现，2016 年《全民健身计划（2016—2020）》就提出了"非医疗健康干预"，《健康中国 2030》更是明确提出"推动形成体医融合的疾病管理与健康服务模式"。利用政策激励自上而下地推行体医融合是外在激励强势的具体表现之一。其二，国家社科基金项目作为我国最高级别的社会科学研究项目，截止到 2022 年，共立项"体医融合"为研究主题的课题多达 10 项。课题的立项支助本身就是对体医融合理论研究的激励表现，既是物质激励的也是精神激励。这是外在激励强势的又一具体表现。其三，在政策指引下，社会资本瞄准了体医融合巨大的市场潜力，在短短 2 年的时间内，社会中出现了大量的冠以"体医融合"为名的公司和俱乐部，这是利用市场激励表现出外在激励强势又一具体表现。

内在激励的疲软集中表现为针对体医融合实践行为的激励表现出力不从心。通过调查发现,社区、医院、各级机构在体医融合服务供给过程中不像吃药打针那样作出硬性规定,而是一种自愿性选择的过程。关键是缺乏技术、人才、场地器材资源的有效支撑,群体由于自身的健康状况的原因对体医融合体验效果并不理想。

(二) 激励效果指向性分散

最终的激励效果指向于激励目标,表现于体医融合实践行为的发生。对体医融合服务供给主体的激励过程最终落实到体医融合行为效果中。通过前面的分析,体医融合服务供给主体大致可以分为三大类:其一是针对整体政府的激励;其二是针对政府职能部门和实施组织机构的激励,这部分激励可以理解成组织激励;其三是针对个人的激励。虽然在前面的分析中,体医融合激励机制最终是针对个人的激励,但是从激励机制运行的过程来看,显然政府激励、组织激励和个人激励不论是在激励主体、激励方法、激励内容、激励形式等方面均存在着较大的差异。

从整体政府激励的角度看,虽然体医融合服务供给是政府公共事务管理职能的体现,政府可采取有效的激励手段来激发社会民众参与体医融合实践行为,诸如前面讲到的采取政策激励来规范行为边界。但是,这种自上而下的激励运行方式其激励效果的实现取决于政府激励目标的明确性以及与现实体医融合行为激励密切相关。从现有政府激励运行过程来看,并没有对具体激励目标有明确的规定,政府体医融合激励目标还处于缺位状态。同时对现实体医融合激励关注度不高,使得自上而下的激励效果难以得到实现。

从组织激励的角度看,代表政府行使体医融合监管职能的国家体育总局群众体育司、卫健委等组织机构由于公共服务管理事务的庞杂性,在政府缺乏授权的前提下,对体医融合监管职能的体现表现得并不明显。这在一定程度上限制了政府职能组织对体医融合激励缺乏足够的关注。而社区、医院以及养老机构作为体医融合服务的直接供给组织，由于缺乏对激励范围的自我决定权，使得在具体的激励过程中体现出随意性的一面。

从个人激励的角度看，体医融合激励贯穿在日常工作激励当中，由于缺乏体医融合工作开展的具体规划，使得对体医融合的激励针对性并不强。对组织机构工作人员而言，由于缺乏不同组织内部具体体医融合工作职责规范，工作人员对开展体医融合具体工作范围并不清晰，便无从对工作人员进行有效的绩效工作考核，在体医融合工作中获得满足感和成就感便无从说起。从个体而言，激发体医融合行为动机最关键的因素在于体医融合对于健康的有效性和体医融合行为产生的可及性。由于核心资源条件的限制，体医融合对于健康的有效性和可及性在具体的服务供给中体现得并不明显。体医融合实践行为更多的是一种随意的自发性行为。

基于以上分析，缺乏具体体医融合行为目标，使得政府激励、组织激励和个人激励陷入一种激励盲目的恶性循环之中。

三、体医融合激励机制运行实践策略

激励机制运行的理想效果是在激励系统中协调好内部要素之间的和谐关系，以实现全面激励的效果。所谓全面激励是指对全员激励、全程激励和全素激励的综合①。而全员激励则是指充分调动体医融合利益相关者的实践积极性，在利益相关者之间形成他励、互励和自励相统一的局面；全程激励则是指体医融合实践全过程进行激励活动，以形成相对完整的周期；全素激励则是指利用一切手段对可能影响体医融合行为动机产生的一切要素进行的激励。全面激励是所有激励机制运行的理想态，也是体医融合激励机制运行追求的最终结果。显然，在体医融合机制运行的初级阶段，激励机制要想实现全面激励还有一定的距

①熊川武.学校管理心理学[M].上海：华东师范大学出版社，1996(6)：35.

离。结合现阶段体医融合实践存在的突出性问题，保障激励机制有效运行应从以下方面着手考虑。

（一）实施目标设置机制

明确的实施目标对体医融合实践行为具有导向作用，同时明确的实施目标本身就有一种有效的激励方法。现阶段，由于缺乏有效的实施目标，不仅使得至上而下的激励过程不顺畅，而且还使整个激励机制运行变得十分盲目。具体而言，在政府层面，应尽快将体医融合实施目标融入到相关政策制定过程中去，打通至上而下政策激励的中间环节。在社区、医院以及组织机构等社会公益性实践主体内，明确各实施主体之间在体医融合实践过程中的职责分工，根据功能划分，确定具体的实施目标。对于社会性体医融合俱乐部而言，充分发挥市场机制的调控作用，尤其是对社会性体医融合俱乐部的服务范围、服务资质进行监管约束。

（二）行为规范研制机制

体医融合行为规范能对体医融合行为起到引导、规范和制约的作用，规定了体医融合实践主体能做什么，不能做什么以及怎么做。体医融合行为规划的研制不仅可以为规模性体医融合服务人才体系的迅速建立提供规格参考而且还能给体医融合激励提供了参照物。与此同时，体医融合实践主体的多元化，也决定了行为规范研制的重要性。从范畴上讲，体医融合行为规范的研制至少包括以下几个方面：其一，政府在体医融合监管过程中的行为规范。这里的政府既是指整体政府，也是代表政府行使监管职责的职能部门和个人。政府行为规范的研制目标是政府在体医融合事务发展过程中职责的有效履行，同时还能为社会民众对政府进行有效激励提供中介参考。其二，对体医融合服务供给主体进行行为规范的研制。行为规范的建立不仅对体医融合服务质量提高具有促进作用，也是评判服务质量优劣的重要标志。其三，对个体进行体医融合实践行为进行行为规范的研制。这里的行为规范主要是指慢性病运动处方库的建立,直接指向于体医融合效果。根据不同身体状况研制出不同的运动处方,是目前应解决的关键性问题。可见,行为规范的研制对于体医融合激励机制运行在时间上表现出连续性,在空间上表现出稳定性以及对激励行为表现出可预测性。与此同时,在体医融合机制运行的初级阶段,行为规范的建立,对于体医融合激励机制良性运行具有较大的价值。

(三) 实践主体利益诉求与表达机制

体医融合激励机制运行利益保障是关键,尤其是实践主体的利益诉求与表达机制要运行通畅。所谓体医融合实践主体的利益诉求与表达就是结合体医融合实践的现实情况,通过合理、通畅的诉求与表达途径将利益诉求传达给上级部门。体医融合实践主体的多元性决定了各实践主体的利益诉求存在着较大的差异。如果利益诉求得不到合理的表达,体医融合实践主体的积极性便会降低。2006 年 10 月在中国共产党第十六届六中全会上指出"构建社会主义和谐社会利益诉求机制是重要机制之一"①。实现实践主体利益诉求与表达机制可以从以下几个方面着手思考:其一,充分考察实践主体的利益诉求类型,做到利益分配有的放矢。其二,利用网站建设完善实践主体利益表达的渠道。其三,发挥媒介的信息传递作用,扩宽实践主体利益诉求与表达的路径。其四,利用工会、行业协会等社会组织,实现政府与体医融合实践者利益表达的中介作用。其五,通畅多元利益表达机制,充分利用民意调查、听证会议、协商谈判、投票等形式,实现体医融合实践主体的利益表达渠道多样性,充分表达体医融合实践主体的利益诉求。

(四) 先进典型示范表彰机制

体医融合激励主体的多元性、激励环境的复杂性导致了激励效果

---

①李红.和谐社会亟待建立多元利益诉求表达协商机制[J].湖南社会科学,2007(4):73—75.

的依附性和分散性。现阶段,体医融合实践效果突显不够,这就对先进典型的示范榜样作用提出了要求。通过对先进典型的表彰激励,实现以点带面的同时还能做到对先进典型的有效激励,激发他们的活力激情。先进典型示范表彰是一种常见的激励方式,上至国家下至具体单位,通过表彰先进,树立典型,利用示范榜样的价值引领前行。诸如,中宣部通过电视媒体、手段短信等形式对为国家发展做出卓越贡献的"时代楷模"进行表彰,号召全社会向"时代楷模"学习。发挥先进典型示范榜样作用应思考以下几个方面:其一,建立示范典型的评价标准。评价标准构建应以体医融合实践效果突显程度为指导思想,再从硬件配置、制度建设、人员配备、活动内容、实践效果等方面进行综合评价。其二,先进个人与先进集体表彰相结合。先进典型表彰既要有对个人的表彰,彰显个人的榜样力量,还要对先进集体进行表彰,突显集体实践行为的示范作用。其三,合理选择表彰的范围。在七大类实践类型中选出代表性的组织类型进行表彰。其四,表彰途径多样化。可以通过经验交流会、新闻咨询、短信通知、专栏宣传等途径进行,以扩大典型示范的榜样作用。最后,通过不定期的表彰从而营造良性的体医融合氛围。

(五) 适宜的保障机制

保障机制是为体医融合运行实践提供必要的条件。对实践主体而言,良好的保障条件也是各保障主体对保障客体实施有效激励的一种形式。保障机制运行实践将在下一章(第四章)进行系统分析。

本章小结

激励机制是体医融合机制的重要组成部分,是有效激发体医融合实践活动主体的活力,激励主体运用合理的激励手段与激励客体相互作用、互相联系的过程、方式以及作用机理实现的总和。体医融合激励机制其实质上是在关系范畴中对人的激励,并以体医融合实践主体行为改变为逻辑起点。体现着激励主体多样性、激励标准模糊性以及激励环境复杂性的特点。在激励理论的启示下,体医融合激励机制分析框架从激励目标、激励主体、激励介体、激励客体和激励环境等层面展开,最终指向于体医融合利益相关者行为的改变。体医融合的利益相关者分为主导型、接受型和间接型三类。因此,在体医融合激励机制运行实践中也是围绕三类型的利益相关者进行。目前,体医融合激励机制运行实践存在着外在激励的强势与内在激励的疲软,激励效果指向的分散等突出问题。针对问题提出要体医融合实施目标设置机制、体医融合行为规范研制机制、实践主体利益诉求与表达机制、先进典型示范表彰机制、适宜的保障机制等运行实践对策。

第四章　体医融合保障机制

保障机制是体医融合机制的重要组成部分，在整个机制结构中具有举足轻重的地位。体医融合运行机制的良性状态在很大部分上由保障机制所决定。体医融合保障机制运行的目的是为确保体医融合能够顺利运行提供必要条件。体医融合保障机制最终还是要回答谁来保障、保障什么以及何如保障的问题。谁来保障涉及保障的主体问题，保障什么指向保障的具体内容，而如何保障则是解决保障的方式方法。保障机制内部要素之间的相互关系在动态的运行过程中体现得尤为鲜明。

第一节　体医融合保障机制解读

一、保障与保障机制

（一）保障释义

"保障"在汉语中的基本含义有三个：1.保护（权利、生命、财产等），使其不受到侵害；2.确保，保证做到；3.起保障作用的事物。"保障"在英文中对应的单词有 ensure、guarantee、safeguard。这三词用做动词时有"确保、保证、担保、保护、捍卫、使必然发生，等"含义。在社会学领域中，保障是指作为社会成员之间的某种意义上的交互动态的有限支撑和支持，是用保护、保证等手段与保护对象构成的可持续发展的支持体系①。这一支持体系是社会成员之间的某种意义上的相互的、动态的支持和帮助。诸如我们经常听到了医疗保障、基本养老保障、体育权益保障等。

在社会学研究中，保障需要建立在社会文明和财富积累达到一定程度以及相对应的法律法规相对完善的基础之上。其基本含义包括了以下几个方面：其一，保障牵涉到保障主体和客体的问题；其二，保障的内容需与现行社会所能提供的内容保持一致；其三，保障实现的基本条件是文明、财富和法治建设的完善②。

（二）保障机制

在理论研究过程中，保障机制与其他机制一样，几乎应用于各学科领域，并在各学科研究中形成了一种研究范式。然而，在研究过程中各学者对保障机制概念进行了阐述。

王晓丹(2016)③在研究我国促进中小型外贸企业发展时认为，保障机制主要是指制度或体制能够正常运行并发挥预期功能的有机体系，是为确保某一系统目标的实现而设计的工作系统，包括一系列相关的组织、正常、法规、程序等。

刘宓凝(2010)④在研究西部农村家庭儿童人力资本投资及保障机制时把保障机制定义为"为确保西部农村家庭对儿童的人力资本投资效率，所涉及到的各种内部和外部要素，各个要素间的相互作用及所产生效果的内在联系等综合反应"。

①百度百科.保障[EB/OL]. https://hanyu.baidu.com/zici/s? wd＝%E4%BF%9D%E9%9A%9C&query＝%E4%BF%9D%E9%9A%9C&srcid＝28232&from＝kg0&from＝kg0.[2014—12—22](2022—06—23).

②李雨.农民工就业保障机制研究[D].杨凌：西北农林科技大学博士学位论文，2013(6)：7.

③王晓丹.我国促进中小型外贸企业发展及保障机制研究[D].长春：东北师范大学博士学位论文，2016(6)：82.

④刘宓凝.西部农村家庭儿童人力资本投资及保障机制研究[D].杨凌：西北农林科技大学，2010(11)：61.

彭永芳(2016)①在建筑工程质量保障机制中认为"政府法令层面的质量监管与保障机制、全生命周期质量监管、质量信息传递保障、质量责任追溯源机制、合同激励与约束机制、质量管理对方联动机制和利益协调与分配"是保障机制的主要内容。

钱侃侃(2014)认为运动员权利保障机制包括软性机制和硬性机制,其中软性机制包括援助机制、赋权机制、激励机制;而硬性机制包括规范机制、评价机制、救济机制②。

赵丹(2014)③在分析新农住宅建设投融资模式的保障机制时认为财政引导机制、金融创新机制、法律保障机制、农户信用机制、风险共担机制和风险补偿机制是保障机制的具体内容。

林婕(2011)④分析我国公立医院公益性保障机制认为保障机制是由主体、动力和环境三个内在要素构成。

从以上关于保障机制概念的研究中不难看出,对保障机制的研究存在着两条线索,其一,从保障机制的概念本身出发,揭示保障机制的内在结构要素及相互关系与作用;其二,从研究对象出发,不同的研究对象存在着不同的保障内容,从而形成千差万别的保障机制。总之,根据研究对象、研究目的上的差异,对保障机制的具体分析也存在着差异。

体医融合保障机制是针对体医顺利融合所实施的保障,其研究目标不仅是由于保障机制是整个体医融合运行机制的重要组成部分,而且还因为要揭示体医融合保障机制的内部结构要素以及要素之间的相互联系和作用,进而能为体医融合保障机制运行提供参考。故此,我们

①彭永芳.基于利益相关者的建筑工程质量保障研究[D].天津:天津财经大学博士论文,2016(12):126—128.

②钱侃侃.运动员权利保障机制研究[D].武汉:武汉大学博士学位论文,2014(6):61—118.

③赵丹.我国新农村住宅建设投融资模式及保障机制研究[D].北京:北京交通大学博士学位论文,2014(9):91—105.

④林婕.我国公立医院公益性保障机制研究[D].武汉:华中科技大学博士学位论文,2011(6):31—32.

把体医融合保障机制界定为：为维护体医融合机制安全、良性运行，所涉及到的各种因素、相互关系及作用机理实现的总和。

二、体医融合保障机制内涵分析

（一）保障机制以维护体医融合机制运行安全为目的

在社会运行机制理论中，保障机制以维护机制的运行安全为目的。同理，在体医融合机制中，保障机制同样以维护体医融合机制运行安全为目的。通过前面的分析，我们得知，体医融合机制运行涉及到诸多要素，各要素之间的关系并不是一成不变的，而是随着机制的运行而产生变化。当要素间的关系和谐，便能呈现出机制运行良性的一面；当要素间关系恶化，便呈现出机制运行恶性的一面。与此同时，体医融合机制运行状态除受到内部要素的影响之外，还受到了外部环境要素的影响。当外部环境恶化时，体医融合必然会受到影响。但是，体医融合机制运行的状态主要还是机制的内部要素起着决定性作用。这种决定性作用的体现与保障机制运行的稳定性有着直接关系。保障机制运行稳定了受到内部或者外部要素的负面干扰的可能性便会减少，使体医融合机制运行呈现出一种相对安全的状态。

（二）保障机制为体医融合机制提供良性条件为任务

保障机制的运行围绕体医融合活动开展条件而展开。体医融合实践活动开展的条件可以简单也可以相对复杂。从体医融合活动开展的个体维度看，只需个体、要求不高的场地设施、相对简单体医融合技术便可随时随地开展体医融合实践活动。显然，个体体医融合活动与宏观层面体医融合机制运行不属于同一范畴。那么从宏观体医融合活动开展所需的条件来看，不仅要涉及到国家的组织机构和政策法规指引，还需一定的经济能力支撑和人员、场地器材、技术和信息的参与。这些条件的存在是宏观上体医如何融合的基本条件。只有这些条件同时具备并形成清晰的互动关系，体医融合机制运行才能得以实现。

（三）保障机制内部要素的多样性和关系的复杂性

清晰的互动关系源于对复杂关系的理性梳理,而复杂关系的理性梳理的前提便是对保障机制内部要素认识的全面。那么,保障机制内部要素的全面梳理便显得尤为重要。从机制运行过程的角度看,保障机制涉及到以下问题:其一,谁来保障? 保障主体的问题。其二,保障谁? 保障客体的问题,毋庸置疑,这里的保障客体是体医融合。其三,保障什么? 保障内容的问题。有了保障内容的存在,保障主体进行保障活动便有了指向性。其四,怎样保障? 保障方式的问题。显然,根据不同的保障内容其保障主体所采用的保障方式是不同的。对于以上四个问题的回答,尤其是保障主体、保障内容和保障方式的回答是体医融合内部的关键性要素。剖析这三个关键性要素,其中不仅涉及到能动的人的要素,还涉及到组织要素、经济要素、法律法规要素、场地器材要素、体医融合技术要素等诸多方面。由此可见,保障机制内部要素极其多样,要素间的关系也极其复杂。

（四）保障机制与激励机制、整合机制联系得尤为紧密

在体医融合机制的五个二级机制中,保障机制与激励机制、整合机制联系得尤为紧密。保障机制的目的是维护体医融合机制运行的安全,激励机制的目的是激发体医融合的行为动机,整合机制是把机制内各要素整合成有机的整体。在激励机制中,体医融合行为动机的激发直接指向于适宜动力的供给,适宜动力能够为体医融合机制良性运行提供动力支撑。适宜动力的供给离不开激励机制的良性运行,而激励机制的良性运行至上离不开一定条件的保障至下需要把条件要素进行有机整合。虽然五个二级机制彼此联系构成了一个有机的整体,但是,保障机制与激励机制、整合机制的联系尤为紧密,这也正好说明保障机制在体医融合机制运行中的作用与地位。

三、体医融合保障机制的功能与特点

（一）体医融合保障机制功能

就体医融合运行机制而言,保障机制的本质功能在于为体医融合机制的良性运行提供运行安全。从机制划分的角度看,保障机制是根据机制功能为划分依据表现的一种机制形式①。从保障机制的内涵来看,保障机制具有激励功能、指向功能、发展功能、自我实现和自我得益功能②。所谓保障机制的激励功能,即激励保障主体为提供适宜的保障要素所采取的各种保障努力。这是因为,保障机制在运行过程中所产生的要素间联系会随着机制本身的不断深化要素种类会产生相应的变化,这就要求保障主体需根据这种变化采取适宜行动以顺应这种变化,使保障机制能发挥更大的功效。所谓保障机制的指向功能,即指向于机制的良性运行,同时也指向于保障主体在保障要素中的行为选择。机制运行过程中,要素的复杂性,使得保障主体在要素保障选择过程中需有所侧重与取舍,保障机制的良性运行恰好能实现这一功能。所谓保障机制的发展功能,即机制本身在运行过程中要适应不断变化的外部环境而进行内部保障要素的及时调整,使保障机制在机制运行过程中发挥应有的作用。所谓保障机制的自我实现功能,即保障机制运行过程中,为适应外部环境而进行的内部调整其最终目的是保证应有功能的实现。在实践运行过程中,保障机制的自我实现功能时常需要借助监督反馈机制才能更好地体现自我实现功能。保障机制的自我得益功能,即保障机制为机制运行提供保障力的同时也能不断完善自身要素,从中得益,使得保障机制自身不断完善。

结合保障机制的一般性功能,对体医融合保障机制功能的探寻,一方面是将体医融合保障机制放置于社会运行机制理论中进行综合考量,另一方面还需结合现阶段体医融合运行机制的现状、规模和特点进

①孙多勇.公共管理学[M].长沙:湖南人民出版社,2005(1):17.
②张钟汝.城市社会保障[M].上海:上海大学出版社,2002(2):43.

行全面思考。具体而言,现阶段体医融合保障机制具有以下功能。

1. 供给功能

在社会运行机制理论中,保障机制为整个机制的运行提供运行安全保障。运行安全保障又有一定的先决条件,即在什么样的背景或因素下体医融合机制运行才能安全。体医融合的保障机制恰恰能提供运行安全的各类因素。如社区服务类体医融合实践,体医融合机制的安全运行就需要合理的政策制度、满足需要的场地实施、专业的体医融合技术人才以及相应的体医融合技术、通畅的信息传导渠道等要素。只有这些要素同时满足的前提下,社区体医融合才能持续的安全运行。

2. 约束功能

理论上,体医融合保障机制能为体医融合机制的安全运行提供必要的各类条件或因素。然而,在体医融合发展的不同阶段以及不同类型的体医融合实践过程中,保障机制所提供的条件或因素可能存在着较大的差异。在体医融合的初级阶段,保障机制提供的各类因素和体医融合终极阶段所需要的各类因素可能存在较大的差异。同时,社区服务类和高校校园类体医融合实践所需要的安全运行条件或因素也存在着差异。故此,保障机制所提供的不同类型条件或因素制约着体医融合发展的阶段和实践的不同种类。

3. 导向功能

在社会运行机制理论中,保障机制为机制运行提供安全保障。安全运行是保障机制运行所追求的最终结果。导向安全是保障机制的本质所决定的,这是保障机制导向功能表现的一个方面。另外一方面,在体医融合发展的不同阶段以及不同体医融合实践类型中所需要的保障条件或因素存在着差异,在运行安全的前提下,保障机制导向于机制运行的各类条件或因素,以便使机制运行在安全的轨道上。

4. 调控功能

体医融合所提供的各类保障条件或因素既需要政府职能部门的协同配合也需要不同保障主体间的相互合作。就政府职能部门而言,体医融合运行安全所需要的各类条件或因素是在部门间相互调控下产生的结果。可见,体医融合保障机制运行可以调控部门间协作。就不同保障主体而言,主体所提供的保障条件或因素决定了体医融合实践的种类与功能的实现。如高校校园类的体医融合实践聚焦于体医融合专业人才的培养,所需要的保障因素是师资力量、学生群体、教学制度、教学场地实施等,而医院康复类体医融合实践聚焦于患者康复,所需要的保障因素是体医融合技术、医疗康复水平、专业人才等。这些都需要发挥保障机制的调控作用,调控不同的保障条件或因素,使体医融合实践呈现出不同的类型。

5. 反馈功能

体医融合发展的不同阶段和实践的不同类型所需要的保障条件或因素反映着不同阶段的特征和不同实践类型的种类与功能。也就是不同保障条件或因素能反映出体医融合的不同阶段和实践的不同类型。在不同阶段或不同实践类型中,体医融合保障机制总是经历执行保障、反馈信息、修改保障条件或因素、再执行保障的循环往复的过程。这一过程的最终目的是确保体医融合机制运行安全。

(二) 体医融合保障机制特点

体医融合保障机制的特点是在体医融合机制运行到某一阶段时所呈现出的基本特性,它与体医融合机制运行密切相关,其特点也是体医融合机制运行过程中的保障条件或因素的综合反映。在体医融合运行的初级阶段,体医融合保障机制具有以下特点。

1. 保障主体的多元性

体医融合是健康中国持续推进中的重要内容,在健康中国成为国家发展战略的背景下,要想发挥体医融合在健康中国建设中的应然功效,国家政府及地方政府是现阶段的主要保障主体之一。在健康产业的催生下,体医融合促进人们健康的功效与特有价值得以彰显,人们对体医融合表现出一定的需求,使得产业市场中出现具有市场价值的体医融合服务,这时保障主体还涉及市场。从体医融合实践类型看,既有代表政府的社区组织,还有浓郁市场色彩的公司运营,也有突显人才培养的高校。现阶段社会中的高校也是体医融合的保障主体。可见,现阶段的体医融合保障主体至少涉及到政府、社会和市场三大类主体,保障主体呈现出多元性特性。

2. 保障内容的多层性

保障主体的多元性决定了保障内容的多层性。因为三大类保障主体保障内容的侧重点有所不同。就政府保障而言,主要涉及政策、法规等内容,这些内容保障体医融合机制运行在预定的轨道上。就社会而言,主要涉及体医融合各类组织的开发,这些内容确保体医融合机制运行能落实到实践的层面上。就市场而言,利用市场规律实现体医融合资源的优胜劣汰,从而产生理想的经济效果。从体医融合机制运行实践的角度看,体医融合良性运行不仅涉及到政策法规、经济文化,还涉及人力资源、技术话语、信息传导等诸多内容。而这些恰是保障机制运行所涉及的主要内容。这些内容既有显性的也有隐性的条件或因素,它们呈现出多层性的特性。

3. 保障环境的复杂性

体医融合保障内容的多层性需要有稳定的保障环境。从国际大环境的视角看,随着科学技术的飞速发展全球化的进一步推进,世界环境变得越来越复杂。尤其是中华民族伟大复兴的征程中,国外反对势力一直试图阻碍中国的正常发展。尤其是在疫情期间,我国核心技术受制于人,经济发展变缓。同时,为顺应世界潮流,人工智能、区块链、物联网等科技的进一步发展改变了人们的生活和工作的方式,进而影响着人们的思想和思维方式。体医融合保障机制所提供的各类保障条件和内容与现阶段的大环境息息相关。保障环境的复杂性使得保障功能的实现受到一定的影响。

4. 保障功能的指向性

体医融合保障机制的本质功能是为体医融合机制安全运行提供保

障。除此外，保障机制还具有供给、约束、导向、调控和反馈的功能。这些附加的功能总是围绕体医融合机制安全运行而展开，具有较强的指向性。

第二节 体医融合保障机制理论分析框架

根据体医融合保障机制内涵，在保障机制分析中我们要揭示的是谁来提供保障、如何提供保障以及保障什么的问题，这就涉及到保障机制中的保障主体、保障方式和保障内容三个核心问题。在保障环境下保障主体利用保障的方式提供保障的内容构成了一个完整的保障机制系统。（图4－1）

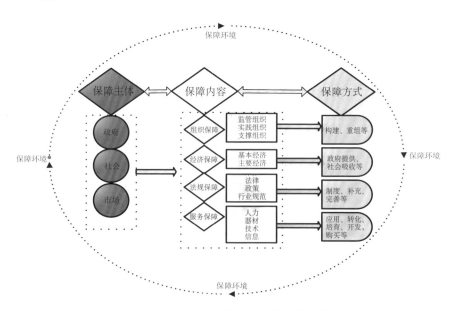

图4－1 体医融合保障机制结构要素及关系

从上图中可以看出，体医融合保障体系由保障主体系统、保障内容系统、保障方式及外围的保障环境等要素所构成的封闭系统。政府、社会和市场彼此联系、相互配合构成了体医融合保障主体系统。在保障内容系统中,主要由组织保障、资金保障、法律法规保障和服务保障构成。而组织保障主要由控制、监管作用的政府行政组织和实践作业支撑的非政府组织;在经济保障中,主要由国家宏观经济发展提供的基本经济保障和政府提供的国家资金、社会资金组成主要经济保障两部分组成;在法律法规保障中,主要由法律法规制度和行业规范组成;在服务保障中,由决定服务质量的人力资源、场地器材资源、技术资源和信息资源构成。四个保障内容彼此联系,构成了保障内容子系统。在保障方式上,由于保障内容上的差异,所采用的保障方式也存在着差异。在组织保障上,主要以改革为背景的构建和重组;在资金保障方面,主要指为体医融合提供资金来源的各种方式,如国家拨款、社会吸收等;在法律法规保障方面,主要是在现有法律法规体系的基础上进行制定、补充和完善等方式;在服务保障方面,主要采取为提供优质服务的各类资源的开发、转化、培育和应用等。

一、保障主体分析

(一) 政府、社会和市场在体医融合保障机制中的关系

体医融合是在新的社会发展背景下,促进人们健康自发的健康促进手段。这就要求我们需理顺以下两个问题:其一,体医融合的属性问题;其二,政府、社会和市场在保障体医融合效应产生的过程中的定位问题。这也是我们探讨三者在体医融合保障机制中关系问题的逻辑起点。

毋庸置疑,体医融合是一种新型的健康促进手段。在不同的主体思维下,体医融合的属性不尽相同。在政府供给视角下,体医融合是政府为促进民众健康所提供的公共服务;在社会参与视角下,体医融合是社会对健康需求到一定程度后,促进人们健康的一种新型健康促进方式;在市场运作视角下,体医融合是依据市场运行规律所提供的健康服务。体医融合的公共服务属性,要求政府应为一个抽象的概念,指的是各层级政府及代表政府的职能机构和组织。体医融合的健康理念属

性,要求社会提供一种健康氛围,它能为大量社会组织的出现营造良性环境。体医融合健康服务的属性,不同于政府供给下的公共服务,市场下的健康服务不仅具有竞争性,还具有价值性。这里的价值性是指体医融合服务在市场机制运作下可以用货币价值多少进行衡量。

政府与社会的关系。在政治学研究领域中,政府是国家代表,各级政府的行为代表的是国家意志,政府是社会的产物,"政府是社会的长子"①。这是因为,政府产生于社会,其职能作用于社会同时还受制于社会。在体医融合保障机制中,体医融合是社会发展到新阶段,人们对健康追求的产物;政府呼应社会需求,发挥政府职能以保障体医融合效应的产生。政府与市场的关系。在社会主义市场经济体制中,政府引导市场,为市场的建设与发展提供必要的保障,以创造良好的外部竞争环境,修正市场固有的缺陷。在习近平主席《中共中央关于全面深化改革若干重大问题的决定》的说明中,对政府和市场的关系问题认识不断深化,十八大指出"更大程度更广范围发挥市场在资源配置中的基础性作用"。在体医融合保障机制中,政府和市场的关系问题本质上是保障资源配置政府和市场作用发挥的问题。习主席在说明中提到"发挥我国社会主义制度的优越性,发挥党和政府的积极作用,发挥市场在资源配置中的决定性作用,并不是全部作用"②。社会与市场的关系。根据马克思主义政治经济学相关理论,社会是社会主义及其公有制经济的简称,改革开放后,我国形成了具有中国特色的社会主义市场经济。故此,社会与市场的关系问题其实质是社会主义与市场经济的关系问题③。具有中国特色的社会主义市场经济具有中国特色,为中国特色社会主义建设服务。在新时期,社会主义市场经济为实现中华民族伟大复兴和全国各族人民共同富裕,为健康中国建设的基本国策服务。

①马孝扬,赵玲.政府行为学概论[M].沈阳:辽宁人民出版社,1995(11):23.
②中华人民共和国中央人民政府.习近平关于全面深化改革若干重大问题的决定的说明[EB/OL].https://www.gov.cn/ldhd/2013—11/15/content_2528186.htm.(2013—11—15)[2022—12—22].
③高铁生.正确认识政府与市场的关系[J].经济,2014(09):17.

因此,在体医融合保障体系中,既要发挥市场在保障资源配置上的决定性作用,也要体现中国特色社会主义初级阶段的社会性质。

(二) 政府在体医融合保障机制中保障功能实现机理

政府是体医融合保障机制功能实现的"长兄"。正如学者施雪华认为,政府具有社会管理职能、社会服务职能和社会保障职能等职能[①]。而社会保障职能的发挥依赖于体医融合在社会事务中的属性。然而社会保障功能演变过程与规律来看,政府保障功能首要是保障涉及民众生存的各类要素,政府保障功能的改进正是政府追求生存性公共产品供给机制改进的过程[②]。对于体医融合而言,它不属于生存型公共产品,它属于福利型公共产品。阿奎那认为政府具有推进社会公共福利的功能[③]。体医融合是人们在满足基本的生存需要之后,根据自身的健康需要而触发的福利型公共产品。从政府职能定位的角度看,政府对准公共产品的保障功能通过管理职能、领导职能和监督职能等途径加以实现。

就政府对公共产品的管理职能来看,政府在体医融合保障机制中充当着"掌舵人"的角色。这种角色的体现不仅在中央政府而且在地方政府中都体现得较为明显。政府在体医融合保障机制机理实现的理想图景是:中央政府通过颁布政策、法律等文件实现对体医融合的良性运行,地方政府在执行中央政府政策文件的过程中结合实际情况出台体医融合实施细则,借助主题实施体医融合服务。可见,不论是中央政府还是地方政府均可通过计划、组织、协同、控制等行为加强对体医融合的管理。

就政府对公共产品的领导职能来看,政府在体医融合保障机制中充当着"领导者"的角色。不论是中央政府还是地方政府,领导职能的体现主要通过协调组织职能加以实现。诸如2018年,第十三届全国人

①施雪华.政府权能理论[M].浙江:浙江人民出版社,1998(6):188.
②宋丙涛,潘美薇.政府职能的结构与演化——基于公共产品供给的视角[J].河北大学学报(哲学社会科学版),2016.41(6):88—95.
③阿奎那,著,马情槐,译.阿奎那.政治著作选[M].上海:商务印书馆,1963(6):187.

民代表大会通过国务院结构改革方案,将"国家卫生和计划生育委员会"改建为"国家卫生健康委员会",领导各省市的组织机构的改建。此外,政府的领导职能还可以行政手段领导部门间职能的统一和协调。如2019年国务院颁布《关于成立健康中国行动推进委员会的通知》,将卫健委、财政部、民政部等30多个政府职能为实现"健康中国"目标进行组织间协调。最为重要的是,政府部门还可以领导体育系统和医疗卫生系统进行改革,为体医融合的良性运行提供实践组织保障。

就政府对公共产品的监督职能来看,政府在体医融合保障机制中充当着"掌舵人"的角色。不论是中央政府还是地方政府,均保障体医融合为实现"健康中国"的国家发展战略服务,以确保体医融合的运行在预设的轨道上。为确保政府监督职能的发挥,政府往往通过发布相关指标,通过对指标的监控来履行有效的监督职能。如2016年中共中央国务院发布《健康中国2030规划纲要》,在纲要中涉及26个具体考核指标,同时2019年,国务院发布《健康中国行动组织实施和考核方案的通知》,涉及考核主体和考核的细化指标。

政府对体医融合保障功能实现机理除通过正常的管理、领导和监督职能的发挥外,还可以将"掌舵人""领导者"的角色向"实施者"的角色转变。诸如可以通过政府购买的形式借助实践主体向民众提供体医融合服务。在体医融合实施条件尚不完全成熟的情况下,通过政府购买的形式是保障体医融合良性运行的有效路径。

(三)社会在体医融合保障机制中保障功能实现机理

社会是交往人与交往环境形成的关系的总和①,社会为体医融合实践提供了运行的平台。也就是说体医融合相关的人员和社会环境构成了一个社会生态系统。在这个系统中,社会作为体医融合的保障主体之一,其保障功能的实现可借助奥斯特罗姆的社会生态系统运行理论加以解释。

体医融合社会生态系统的运行由四个变量组成:资源系统(RS)、治理系统(GS)、资源单位(RU)和行动者(A)[①]。资源系统(RS)即社会中包含的体医融合各类资源,主要包括体医融合资源系统的规模、人造体医融合设施、体医融合系统的平衡性及生产力、体医融合系统动态发展的可预测性、体医融合相关资源的空间位置等要素。治理系统(GS)即体医融合非政府组织治理体医融合过程中组织内部的结构要素,主要非政府组织及构成的网络结构、非政府组织的操作运行规则、集体选择规则和监督制裁规则等要素。资源单位(RU)即社会中体医融合相关资源的特性,主要包括体医融合资源的可移动性、资源单位的增减或更替率、资源单位的交互性、资源单位产生的经济价值、单位数量、可区分特征一级时空分布等要素。行动者(A)即体医融合相关的个人,主要包括相关行动者数量、行动者的社会经济属性、个人资源利用历史和经验、行动者和资源的地理关系、行动者对体医融合的认知方式/思维方式、个人对体医融合资源的依赖性、个人对体医融合的可选技术等。

社会在体医融合保障机制中保障功能的实现即通过四个变量的互动来确保保障功能的实现。四个变量的互动主要包括提高个人和组织间的资源收获水平、信息分享活动、组织间的协商活动、解决个人间和组织间的冲突情况、投资活动、游说活动、自组织活动、网络活动、监督活动和评估活动等。最后通过社会绩效量度(保障的效率、公平、责任及保障的可持续)来检验社会主体的保障成效。

(四) 市场在体医融合保障机制中保障功能实现机理

在进行市场主体保障功能实现论述之前有一个前提性问题需要论证,即体医融合市场是否存在。可以肯定的是体医融合市场是存在的,而且市场劲头强劲,市场前景可期。首先,从市场存在的要素来看,体

[①]仁恒.艾莉洛·埃斯特罗姆自主治理思想研究[D].吉林大学,2019(6):125.

医融合市场需要有卖方和买方；其次，从体医融合属性来看，体医融合是一种新型的健康促进理念，但是在市场保障视角下，体医融合不仅是一种有偿的无形服务而且还可以是有形的产品设施和设备。卖方和买方的参与人数或单位便形成了体医融合市场规模。前述，体医融合为健康中国建设服务，现阶段人们对健康需要日益强烈，买方规模巨大。在卖方需求刺激下卖方必然提供相应的体医融合服务，提供体医融合服务的过程中也必然引导相关企业生产体医融合设施设备。这样便形成了一条完整的体医融合产业链。

在体医融合保障机制中，市场就如同一只看不见的手对体医融合资源配置进行调控，配置资源的过程也就是依托市场主体实现体医融合资源保障的过程。市场主体实现体医融合资源保障主要通过以下途径进行：其一，体医融合市场准入机制。市场准入有自由放任和特许经营两种模式①。特许经营体现了政府作为资源配置的主体之一通过行政手段对市场资源进行调控。对于体医融合市场而言，主要采用的是自由放任模式，即经营主体采取自主自愿的原则遵循一般市场准入制度进入市场。其二，体医融合服务和产品的定价机制。一般意义上市场定价主要受买方需求度和卖方供应数量决定。买方需求度高卖方供应数量少则价格高，反之则低。其三，体医融合市场退出机制。当市场提供的体医融合服务和产品超过买方需求的时候，卖方利润变小甚至出现亏本的时，市场退出机制便产生作用。通过市场退出实现体医融合资源配置，无形之手发挥作用。

二、保障内容与方式分析

（一）组织保障及其方式

组织是一个内涵及其丰富的词汇，既可以作为名词也可以作为动词使用。组织保障中的组织指的是"某一类特殊的群体""是按照一定

---

①张文，陈志峰.我国绿色债券市场保障制度：现状、问题与政策建议[J].南方金融，2022（5）：70—78.

健康中国持续推进中体医融合运行机制的理论与实践研究

的宗旨和系统建立起来的集体或团体"①。体医融合组织保障就是为保障体医融合机制良性运行而建立起来的集体或团体。为保障体医融合机制的良性运行,体医融合组织保障具有三个特点:共同的目标、合作意愿和信息交流②。保障体医融合机制良性运行是组织保障的共同目标。合作意愿即组织间以及组织内部成员间能在主观上进行合作,尤其是在组织内部,成员间分工明确、职责清晰,成员间表现出较强的合作意愿。信息交流即组织间和组织内部成员间建立了良好的信息交流机制和渠道。

体医融合保障组织涉及的类型多种多样,既有政府组织也有非政府组织,既有正式组织也有非正式组织,既有官方组织也有民间组织等。在众多组织中,其在体医融合保障机制中所起到的作用各有不同,通过对组织与体医融合机制运行的关系梳理,认为可以将体医融合保障组织分为三种:监管组织,实践组织和支撑组织。

1. 监管组织及其保障方式

监管组织是在体医融合保障机制中代表政府行使对体医融合机制运行过程中的监督和管理职责的组织。鉴于我国是一种纵向的组织部门设置模式,从国家层面来看,2019 年国务院发布《关于成立健康中国推进委员会的通知》,在通知中的组织构成中除国家卫健委、教育部、国家体育总局为主要组织外,还涉及到宣传部、网信办、科技部等 33 各国家组织。同年国务院印发《健康中国行动组织实施和考核方案》中提出"推进委员会办公室设在国家卫生健康委""要求各组织部门积极研究实施健康中国战略的重大问题"③。由于体医融合是健康中国建设的重要推手,体医融合主要涉及体育系统和医疗卫生系统,但是健康中国

---

①中国社会科学语言研究所. 现代汉语词典(第 7 版)[M]. 上海:商务印书馆,2016(09):723.

②钟全宏. 试论我国体育产业的任务及组织保障[J]. 西安体育学院学报,2003. 20(2):20—21+27.

③中华人民共和国中央人民政府. 健康中国行动组织实施和考核方案[EB/OL]. https://www. gov. cn/zhengce/content/2019—07/15/content_5409499. htm. (2022—10—12).

建设还涉及到健康教育这一重大问题，故此，体医融合监管组织的主体主要是国家卫健委、国家体育总局和国家教育部三个组织监管主体。从各省市组织机构设立的情况看，地方卫健委、文体局和教育局则是地方体医融合监管组织的主体。这样便形成了自上而下的体医融合保障组织监管体系。

监管组织的保障方式主要是通过组织重组与职责追加的形式予以保障。组织重组就是成立新的组织机构，如2019年成立的"健康中国推进委员会"，各省市将体育局、旅游局、文化局合并成地方"文体局"。职责追加则是在现有组织机构的职权基础上根据发展需要新增加一些新的职能，如卫健委顺应健康中国建设，承担了健康政策制定、健康中国行动组织与考核等新的职能。

2. 实践组织及其保障方式

实践组织即进行体医融合实践的相关组织。体医融合实践组织为体医融合机制运行提供实践组织保障，它们是监管组织监管的对象，是体医融合推进的主体，其实践的好坏关乎到体医融合机制的运行好坏。实践组织不像监管组织一样具有明显的类别属性，也就是说实践组织分散于社会事务的各个方面，它们彼此交际又相互联系共同构成了体医融合实践组织体系。通过前期的调查，在进行体医融合实践的组织主要有：家庭、医院、社区、学校、体医融合企业/俱乐部等。家庭是社会的最小组织单位，以家庭为基本组织单位开展家庭成员间的体医融合实践活动具有较强的操作性。医院是维护健康的组织，医院在个人健康维护过程中借助体医融合技术对病人进行康复治疗。社区是政府的基层组织代表，管辖社区日常事务，社区居民医院、社区养老院、社区活动中心都是体医融合实践的理想场所。学校对在校学生进行健康教育、体医融合理念和技术的宣传教育。体医融合企业/俱乐部通过市场机制为人们提供有偿的体医融合服务。

实践组织保障功能的实现一般通过构建和重组的方式予以实现。诸如市场供需关系中构建新的体医融合俱乐部，社区顺应健康中国建设需要重组内部组织架构。

3.支撑组织及其保障方式

所谓支撑组织是对体医融合机制运行起支撑作用的组织机构。这是因为,体医融合作为社会公共事物其产生与发展离不开支撑组织的支持作用。与实践组织一样,支撑组织分散于社会各个系统。通过分析发现,支撑体医融合机制运行的组织主要有:银行、科研与技术研发机构、媒体组织、公益服务组织等。银行是金融机构,能为体医融合机制运行提供资金支持。科研与技术研发组织可以通过科学研究和体医融合技术开发促进体医融合机制的运行速度与深度。如 2017 年国家体育总局体育科学研究所成立了"体医融合促进与创新研究中心",2023 年 2 月嘉兴市成立了"长三角体医融合促进与创新研究中心"等。媒体组织主要通过体医融合信息的宣传促进体医融合机制在良性的社会氛围中进行。公益服务组织能为体医融合机制运行提供人员和技术的支持,诸如体医融合自愿者组织。

支撑组织保障方式同样通过建构与重组两种形式进行。建构即建立新的社会组织来支撑体医融合机制运行,而重组即在现有组织机构内赋予或追加新的职能。

(二)经济保障及其方式

经济是社会发展的重要指标之一,也是社会发展的重要动力[①]。体医融合是社会主义市场经济发展到一定水平后人们对健康需要的重要表现,是社会主义市场经济优越性的重要表现。体医融合自身的发展也离不开经济的支持保障,这是因为体医融合具有准公共事物的性质,国家为公共事物的发展提供经济保障,这是国家社会保障职能的具体体现。而国家为公共事物提供经济保障的水平和能力与国家经济整体发展水平密切相关,诸如国家某个时期的人均可支配收入、人均消费

---

①李宏.我国经济社会发展综合评价指标体系研究[J].消费导刊·理论版.2008(06):1—6.

支出等指标。体医融合准公共事物盈利中介性说明体医融合产品和服务为弥补国家提供经费的不足,个人需缴纳一定的费用。而个人缴纳体医融合产品和服务的意愿和能力也是保障体医融合顺利进行的基础。如人均可支配收入增加,人们就有体医融合产品和服务消费的能力,人均消费支出水平高,人们就有较强的意愿为体医融合产业和服务买单。

从体医融合本身而言,是体育系统和医疗卫生系统的融合,而体育系统和医疗卫生系统具有完全公共事物的属性。国家为确保体育系统和医疗卫生的良性发展,每年均会投入大量的发展资金。这部分资金对于体医融合而言是直接的至关重要的经济保障。

在市场经济的角度,体医融合产品和服务接受市场制度的影响和制约。前述,在经济利益的催生下,体医融合吸收了大量社会资本加入到体医融合产品生产和相关服务中。这也为体医融合发展提供了经济保障。

基于以上分析,我们将体医融合经济保障分为"基本经济保障"和"主要经济保障"两大部分。

所谓"基本经济保障"是指体医融合所处的经济环境,也即经济环境保障。基本经济保障为体医融合发展提供了经济基础,使体医融合从理论到实践变成可能。如人均可支配收入和人均消费支出都属于基本经济保障的指标。所谓"主要经济保障"是指可直接作用于体医融合发展的相关经济,它为体医融合发展提供直接的经济来源。诸如全民健身计划的经济投入、医疗卫生的经济投入、体医融合社会资本的吸收等。"基本经济保障"和"主要经济保障"是一种相互依存互相促进的关系。主要经济保障离不开基本经济保障,基本经济保障为主要经济保障打下了基础。

1. 基本经济保障及其方式

基本经济保障是指体医融合所处的经济环境。衡量一个国家和地方经济发展水平的常用指标有国民生产总值(GDP)、人均国民收入、经济发展速度和经济增长速度四个常用指标①。国民生产总值是一个国家或地区所有常住单位在一定时期内生产活动的最终成果，是衡量一个国家或地区经济状况和发展水平的重要指标②。人均国民收入是一个国家在一定时期（通常为 1 年）内按人口平均计算的国民收入占有量，与国民收入成正比，与人口基数成反比，该指标反映的是国家生产力发展水平和国民生活水平③。经济发展速度是指反映经济和社会现象在实践上的变动程度的相对数，是一定时期内社会物质生产和劳务发展变化的速度④。经济增长速度也称精准增长率，是指末期国民生产总值与基期国民生产总值的比较，经济增长速度的大小意味着一个国家和地区经济增长的快慢，也意味着人民生活水平提高所需的时间⑤。

国民生产总值为体医融合发展提供总体的经济支撑。2023 年 2 月 28 日，国家统计局发布《中华人民共和国 2022 年国民经济和社会发展统计公报》，根据公报的内容，2022 年全国内生产总值为 1210207 亿元，比 2021 年增长 3.0%。其中第一产业增加值为 88345 亿元，第二产业增加值为 483164 亿元，第三产业增加值为 638698 亿元⑥。如果把体医融合归入到第三产业（服务业和商业），第三产业增加的比第一、第二产业增加的大，这就说明体医融合服务具有广阔的市场空间。

---

①百度百科. 经济发展水平［EB/OL］. https://baike. baidu. com/item/％E7％BB％8F％E6％B5％8E％E5％8F％91％E5％B1％95％E6％B0％B4％E5％B9％B3/10173878? fr＝aladdin.［2014—06—22］(2022—01—20).

②百度百科. 国民生产总值［EB/OL］. https://baike. baidu. com/item/国民生产总值/31864.［2015—09—22］(2022—12—22).

③百度百科. 人均国民收入［EB/OL］. https://baike. baidu. com/item/人均国民收入/8022714? fr＝ge_ala.［2021—07—17］(2022—12—22).

④百度百科. 经济发展速度［EB/OL］. ttps://baike. baidu. com/item/经济发展速度/12610111? fr＝ge_ala.［2023—11—20］(2023—11—24).

⑤百度百科. 经济增长速度［EB/OL］. ttps://baike. baidu. com/item/经济增长率/6787740? fr＝ge_ala.［2022—01—08］(2023—11—24).

⑥国家统计局. 中华人民共和国 2022 年国民经济和社会发展统计公报［EB/OL］. www. stats. gov. cn/sj/zxfb/202302/t20230228_1919011. html.［2023—02—28］(2023—11—12).

人均国民收入反映的是国民总收入的初次分配,根据《2022年国民经济和社会发展统计公报》的数据,2022年人均国内生产总值为85698元,折合12741美元⑤,我国仍然处于中等偏上收入国家行列。人均可支配收入反映的是居民可以支配的收入,根据《2022年居民收入和消费支出情况》的数据,2022年,全国居民人均可支配收入36883元,比2021年增长5.0%,扣除价格因素,实际增长2.9%。其中,城镇居民人均可支配收入49283元,增长3.9%,扣除价格因素,实际增长1.9%;农村居民人均可支配收入20133元,增长6.3%,扣除价格因素,实际增长4.2%①,农村居民人均可支配收入比城镇居民增幅大。

从全国居民人均消息支出可以反映出居民用于体医融合消费的潜力和意愿。根据2022年居民消费支出情况,2022年,全国居民人均消费支出为24538元,比2021年增长1.8%,扣除价格因素,实际下降0.2%,下降的主要原因在于新冠疫情对全国居民收入的影响。从全国居民消费支出的种类来看,食品烟酒消费7481元,增长4.2%,占人均消费支出比重30.5%;人均衣着消费1365元,下降3.8%,占人均消费支出比重5.6%;人均医疗保健消费支出2120元,增长0.2%,占人均消费支出的比重为8.6%②。体医融合总体上属于医疗保健消费,在受疫情影响居民消费能力下降的背景下,人均医疗保健消费支出的增加说明居民对健康消费的重视,居民具有较强烈的健康消费意识,这为体医融合提供了消费支撑保障。

体医融合保障机制中的基本经济保障主要通过国家经济活动参与和供给及再分配的方式进行。

①中华人民共和国中央人民政府. 2022年居民收入和消费支出情况[EB/OL]. https://www.gov.cn/xinwen/2023—01/17/content_5737487.htm. [2023—01—17] (2023—10—11).

②中华人民共和国中央人民政府. 2022年居民收入和消费支出情况[EB/OL]. https://www.gov.cn/xinwen/2023—01/17/content_5737487.htm. [2023—01—17] (2023—10—11).

2. 主要经济保障及其方式

体医融合保障机制中的主要经济保障主要通过财政支出和社会吸收两种方式进行。2023 年 11 月 3 日,国家发展改革委、财政部联合发布《关于规范实施政府和社会资本合作新机制的指导意见》①提出,政府和社会资本合作(PPP)实施近十年来,一定程度上起到了改善公共服务,拉动有效投资的作用。"意见"对 PPP 的总体要求、实施具体措施、运营监管、组织保障及民营企业参与的特许经营新建项目清单做了详细的规定,其中体育项目可由民营企业独资或控股。这为体医融合吸收社会资本提供了政策保障。

鉴于体医融合是体育系统和医疗卫生系统的融合,而直接由国家财政体医融合专项拨款尚处于缺位状态,所以主要经济保障中的财政支出是指国家财政对体育系统和医疗卫生系统的财政拨款。

(1) 体育系统的经济保障及其方式

我国的体育系统分为竞技体育、群众体育和学校体育三个子系统,而与体医融合密切相关的是群众体育系统。群众体育是以广大群众为对象进行的体育活动。为满足日益增长的体育锻炼需求,我国自 1995 年开始实施"全民健身计划",该计划具有公共事物的形式,投入的经费能为体医融合的发展提供经济支持。全面健身投入的经济来源一部分来自地方财政,一部分来自体育彩票公益资金。根据国家体育总局 2022 年财政预算,本年度财政拨款共计 44 亿元,其中用于群众体育经费支出共计 4234.87 万元。2021 年度,国家体育总局本级使用彩票公益金为 259084 万元,用于开展群众体育和竞技体育工作,其中用于全民健身场地设施建设 18900 万元,用于开展全民健身赛事活动 10189 万元,用于全民健身普及及推广 7451 万元,用于青少年体育项目推广与提升 11127 万元,用于青少年体育事业发展 14283 万元,用于青少年

<hr>

① 中华人民共和国中央人民政府. 关于规范实施政府和社会资本合作新机制的指导意见 [EB/OL]. https://www.gov.cn/zhengce/content/202311/content_6914161.htm.[2023—11—03](2023—10—22).

体育运动普及 7177 万元,用于全民健身宣传 701 万元,用于全国体育设施改善条件 4360 万元①。此外,地方政府每年从体育公益彩票中都投入了大量资金用于地方全民健身事业发展,以上海市为例,2022 年上海市发行和销售体育彩票 45.11 亿元,筹集体育彩票公益金 9.97 亿元。其中,上交中央财政体育彩票公益金 4.92 亿元,分配给各区体彩公益金 1.73 亿元,市本级留存体育彩票公益金 3.32 亿元。其中,全民健身经济 0.91 亿元,主要用于科学健身、城市业余联赛、特殊人群体育发展、全民健身设施健身与管理、全民健身宣传调研等;体育事业专项资金 0.37 亿元,用于全民健身赛事和活动补助、志愿者服务补助等②。虽然从国家财政拨款以及体育彩票公益金中没有为体医融合专项经济支持,但是体医融合离不开体育系统的经费支持。受《中华人民共和国国民经济和社会发展第十四个五年规划和 2035 远景目标纲要》《全民健身计划 2021—2025 年》等文件的要求,国家财政和体育公益基金对体育系统的经济投入将越来越大,这为依托体育系统发展的体医融合提供了主要经济保障。

（2）医疗卫生系统的经济保障及其方式

医疗卫生系统的良性运行关乎全国人民的健康,医疗卫生事业是政府和社会密切关注的公共事务热门领域。尤其是在健康中国建设进程中,医疗卫生系统改革从未间断过。医疗卫生系统的发展离不开经济的支撑,总体而言,医疗卫生系统的经济来源主要有:政府财政投入、医疗保险、社会资本投入、医疗卫生服务收费等。

2019 年 3 月十三届全国人大二次会议上,全国人大监察和司法委员会副主任徐显明在回答中外记者提问时说到"政府财政在医疗卫生资源的投入总数增长较快,2018 年政府财政预算执行总数约为

①国家体育总局经济司. 国家体育总局 2021 年度本级体育彩票公益金使用情况公告[EB/OL]. https://www.sport.gov.cn/gdnps/content.jsp?id=24432207. [2022—06—20] (2023—11—22).

②国家体育总局. 2022 年体彩公益金用在哪儿了—上海体育局给出详细清单[EB/OL]. [2023—06—30] (2023—11—22).

15700 亿元,并且连续五六年增长率均大于 11%,占一般公共预算总支出比重的 7% 以上"[①]。根据 2022 年国家财政收支情况,2022 年我国用于卫生健康的支出金额为 22542 亿元,比 2021 年增长 17.8%[②]。又根据国家规划发展与信息化司发布的《2022 年我国卫生健康事业发展统计公报》显示,2022 年全国卫生总费用为 84846.7 亿元,其中政府财政支出占总费用的 28.2%,社会卫生支出占总费用的 44.8%,个人卫生支出 22914.5 亿元,占总费用的 27.0%[③]。2022 年国家发展改革委社会司副司长孙志诚在新闻发布会上称"要进行国家卫生建设事业经济供应的供给侧改革""积极引导和鼓励社会资本参与,推动卫生健康事业的多元化发展"。社会资本投入式是我国卫生健康事业发展的重要补充,通过引入社会资本建立医疗机构、医药研发和生产。

对于体医融合而言,社会资本的引入主要在以下几个相关领域:医疗卫生事业、不同群体健康服务业(妇女、儿童、老年人健康服务)。

早在 2010 年国家发展改革委、卫生部、财政部、商务部、人力资源社会保障部联合发布《关于进一步鼓励和引导社会资本举办医疗机构的意见》就明确指出"鼓励和支持社会资本举办各类医疗机构""调整和新增医疗卫生资源有限考虑社会资本""鼓励社会资本参与公立医院改制"等内容[④]。2012 年卫生部又发布《关于社会资本举办医疗机构经营性质的通知》,2022 年 12 月 26 日,《2022 艾力彼秋季榜暨创新科技赋

---

①文汇报网络版. 国家在医疗卫生领域的投入,连续六年年增长超过 11%[EB/OL]. https://baijiahao. baidu. com/s? id=1627614153458332734&wfr=spider&for=pc. [2019—03—10](2022—05—10).

②中华人民共和国中央人民政府. 2022 年财政收支情况[EB/OL]. https://www. gov. cn/xinwen/2023—01/31/content_5739311. htm. [2023—01—31](2023—10—10).

③规划发展与信息化司. 2022 年卫生健康事业发展统计公报发布[EB/OL]. www. nhc. gov. cn/guihuaxxs/s3586s/202310/5d9a6423f2b74587ac9ca41ab0a75f66. shtml. [2023—10—12](2023—10—20).

④中华人民共和国中央人民政府. 关于进一步鼓励和引导社会资本举办医疗机构意见的通知[EB/OL]. https://www. gov. cn/gongbao/content/2010/content_1765278. htm. [2010—11—26](2023—10—10).

能医管案例大赛结果发布会》,公布了社会办医·单体医院 500 强、社会办医·医院集团 100 强、上市医服企业 80 强,可见吸收了大量的社会资本投入到医疗卫生事业中。

从社会资本投入不同人群健康服务情况来看,社会资本投入老年人健康服务最为火热。根据国家老龄办数据统计,到 2025 年我国 60 岁以上人口总数将达到 3 亿人;到 2050 年 60 岁以上人口总数将达 4.87 亿人,占总人口的三分之一[①]。老年人基数的不断加大催生出"十万亿级的朝阳产业"。社会资本的涌入为推动体医融合机制运行提供了经济保障。

(三) 法律法规保障及其方式

体医融合机制的良性运行离不开法律法规的保障作用。只有将体医融合给予足够宽厚的法律法规保障,才能使体医融合的发展在预定正确的轨道上。法律法规本身是一个宽泛的概念,既可以指由全国人民代表代会制定和颁布的法律,也可以指政府职能部门制定和颁发的政策文件,还可以指行文的或不成文的行业规范。由此可见,体医融合法律法规保障是那些政府或组织机构制定的保障体医融合机制良性运行的法律政策及行业规范的总称。现阶段,体医融合法律法规保障的方式主要有政府制定与颁发,相关政策融合等几种方式。

"法律"主要从"法理"层面保障人们从事体医融合的基本权益,这是体医融合存在的基础。政策主要从"事理"层面监督体医融合相关主体的行为规范。行业规范主要以行业从业人员为规范对象,对从业人员提出最基本、最起码的行为规范和标准。它们三者构成了体医融合法律法规保障体系。法律保障是基础,政策保障是根本,而行业规范保障是基本。

1.《宪法》《体育法》保障了人们享有体医融合的权利

《宪法》是我国的最高法也是基本法,我国于 1954 年在第一届全国人大第一次会议上通过并实施第一部宪法,到现在共修正 10 次,2018 年 3 月 11 日第十三届全国人民代表大会第一次会议通过并实施《中华人民共和国宪法修正案》(后简称《宪法修正案》)。《宪法修正案》关于"体育"的表述涉及到 4 个条款。"总纲"第二十一条"国家发展体育事业,开展群众性的体育活动,增强人民体质。[①]"将体育事业和人民群众体质健康纳入到国家发展事业中,奠定了体育事业的公共事务的性质,保障了人民群众享受体育锻炼的权利。第三章国家机关第八十九条"国务院行使下列职权"第七点"领导和管理教育、科学、文化、卫生、体育和计划生育工作。[②]"明确了体育事业的最高领导机构是国务院。第三章国家机关第五节,地方各级人民代表大会和地方各级人民政府章节内,第一百零七条"县级以上地方各级人民政府依照法律规定的权限,管理本行政区域内的经济、教育、科学、文化、体育事业、城乡建设事业……"[②]。第三章国家机构第六节,民族自治地方的自治机关章节内,第一百一十九条"民族自治地方的自治机关自主地管理本地方的教育、科学、文化、卫生、体育事业,保护和整理民族的文化遗产,发展和繁荣民族文化。[①]"《宪法修正案》"国家机关"部分的表述不难看出,体育事业发展形成了国务院—地方(自治)纵向的管理格局。《宪法修正案》关于"医疗卫生"的表述共有 2 个条款,第一章总纲第二十一条"国家发展医疗卫生事业,发展现代医药和我国传统医药,鼓励和支持农村集体经济组织、国家企业事业组织和街道组织举办各种医疗卫生设施,开展群众性的卫生活动,保护人民健康。[①]"第二章公民的基本权利和义务第四十五条"中华人民共和国公民在年老、疾病或者丧失劳动能力的情

[①]中华人民共和国中央人民政府. 中华人民共和国宪法[EB/OL]. ttps://www. gov. cn/xinwen/2018—03/22/content_5276319. htm. [2018—03—22](2023—02—22).

[②]中华人民共和国中央人民政府. 中华人民共和国宪法[EB/OL]. ttps://www. gov. cn/xinwen/2018—03/22/content_5276319. htm. [2018—03—22](2023—02—22).

况下,有从国家和社会获得物质帮助的权利。国家发展为公民享受这些权利所需要的社会保险、社会救济和医疗卫生事业。[①]"可见,医疗卫生事业也是国家发展的公共事务,公民享受医疗卫生公共服务的权利。《宪法修正案》从体育和医疗卫生两大方面明确了保障主体,确定了公民享受的基本权利。

《中华人民共和国体育法》(后简称《体育法》)是根据宪法制定的体育领域内的最高法。1995年8月29日第八届全国人民代表大会常务委员会第十五次会议通过实施,2009年8月27日第一次修正,2016年11月7日第二次修正,2022年6月24日第三次修订,并与2023年1月1日正式实施。《体育法》制定和修正的目的是"促进体育事业发展,弘扬中华体育精神,培育中华体育文化,发展体育运动,增强人民体质"。《体育法》包括总则、全民健身、青少年和学校体育、竞技体育等十二章内容。在第一章总则部分,明确了我国体育事业的领导主体和责任主体,"依法保障公民平等参与体育活动的权利";在第二章全民健身部分,第十六条"国家实施全民健身战略,构建全民健身公共服务体系,鼓励和支持公民参加健身活动,促进全民健身与全民健康深度融合。"第十七条"国家倡导公民树立和践行科学健身理念,主动学习健身知识,积极参加健身活动。"体医融合与全民健身相伴而行,是一种新型的健康促进方式,目标指向于全民健康。同时,也赋予了公民学习体医融合知识与参加体医融合实践提供了法律支撑。

以上分析发现,《宪法》《体育法》不仅保障了人们从事体医融合的权利,还进一步明确了体医融合的主体职责,给予体医融合发展的法律保障。

2. 相关政策保障了体医融合发展的具体内容

前述,政策也是一个内涵宽泛的概念,一般而言指国家相关组织机构依据宪法和法律制定的各类规范性文件的总称。对于国家层面而言,专项体医融合政策并没有制定,而更多的是采取政策融入的方式对体医融合具体内容进行规范性指导。对于地方政府而言,鉴于各个地方存在差异,地方政府可能会根据实际情况制定体医融合专项政策。不论是采取政策融入的方式还是专项政策制定均对现阶段体医融合的发展指明了方向。

（1）国家政策融入体医融合。政策融入是政策保障常见的一种方式,国家层面专项政策尚未发布之前,采取政策融入的方式能够为专项政策制定打下基础。2016 年国务院发布《健康中国 2030 规划纲要》首次在国家政策层面提出"体医融合（体医结合）"概念后,在随后的多项政策文本中能找到体医融合相关的表述。从 2014 年到 2022 年,国家层面发布体医融合相关政策(条例规定、纲要规划、方案办法、通知意见等)多达 180 多部①。通过整理国家职能部门发布的体医融合相关的政策,厘清相关条款指向体医融合发展的具体内容,能为体医融合机制良性运行提供政策保障。国家政策融入体医融合的基本情况见下表:（表 4－1）。

表 4－1　国家代表性政策融入体医融合及指向具体内容情况表

颁布时间	颁布机构	政策名称	条款内容	保障指向内容
2014 年	国务院	《国务院关于加快发展体育产业促进体育消费的若干意见》	促进康体结合。加强运动指导,推进"运动处方",发挥体育锻炼在疾病预防以及健康促进等方面的作用。	效果保障技术保障
2016 年	国务院	《健康中国 2030 规划纲要》	加强体医融合和非医疗健康干预。推动形成体医结合的疾病管理与健康服务模式,发挥全民科学健身在健康促进、慢性病预防和康复等方面的作用。	效果保障服务模式保障

①王兴一,王建宇.我国体医融合政策特征及发展策略[J].体育文化导刊,2022(4):59—65.

颁布时间	颁布机构	政策名称	条款内容	保障指向内容
2017	国务院	《关于支持社会力量提供多层次多样化医疗服务的意见》	促进体育与医疗融合,支持社力量兴办以科学健身为核心的体医结合健康管理机构。	经济保障服务机构保障
2018 年	国务院	《国务院办公厅关于改革完善医疗卫生行业综合监管制度的指导意见》	加强健康产业监管。制定完善新型健康服务监管政策,加强对医疗卫生与养老、旅游、互联网、健身休闲、食品等领域融合产生的新产业态新模式的监管。	政策保障监管保障
2018 年		《关于印发完善促进消费体制机制实施方案（2018—2020）的通知》	建立体育、卫生、公安等多部门对商业性和群众性大型赛事活动联合"一站式"服务机制;促进体育消费新业态;落实医疗卫生服务体系规划、医疗机构设置规划、大型医用设备配置规划,制定新型健康服务机构准入标准和监管办法。	部门保障服务保障设施保障准入保障
2019 年	国务院	《国务院办公厅关于加快发展体育产业促进体育消费的若干意见》	实施"体育＋"行动,促进体医融合发展。推动体医融合发展。将体育产业发展核心指标纳入全国卫生城市评选体系。鼓励医院培养和引进运动康复师,开展运动促进健康指导,推动形成体医融合的疾病和健康服务模式。	评价保障人才保障
2019 年	国务院	《关于实施健康中国行动的意见》	推动形成体医结合的疾病管理和健康服务模式。	服务模式保障

颁布时间	颁布机构	政策名称	条款内容	保障指向内容
2019 年	国务院	《关于印发体育强国建设纲要的通知》	打造现代产业体系。完善体育全产业链,促进体育与相关行业的融合,推动区域体育产业协同发展。建立运动处方数据库,培养运动医生和康复师,建设慢性病运动干预中心。	产业保障 人才保障 技术保障 机构保障
2020 年	国务院	《国务院办公厅关于印发深化医药卫生体制改革 2020 年下半年重点工作任务的通知》	加强重点人群健康促进。开展全国综合防控儿童青少年近视评议考核。全面加强和改进学校体育、卫生与健康教育工作。推动妇幼保健机构机制创新试点扩面。制定医养结合机构管理指南。	重点人员健康保障 融合领域保障
2021 年	国务院	《国务院关于印发全民健身计划（2021—2025 年)的通知》	推动体卫融合。探索建立体育和卫生健康等部门协同、全社会共同参与的运动促进健康模式。推动体卫融合服务机构向基层覆盖延伸,支持在社区医疗卫生机构中设立科学健身门诊。推进体卫融合理论、科技和实践创新,推广常见慢性病运动干预项目和方法。推广体卫融合发展典型经验。	部门保障 模式保障 机构保障 经验保障
2021 年	体育总局	《"十四五"体育发展规划》	完善全民健身与全民健康深入融合的协同联动机制;建立体卫融合重点实验室,完善运动处方库。	部门保障机构保障 技术保障

从 2016 年开始,国家层面每年均会制定体医融合相关政策用来指导体医融合的良性发展。从体医融合保障机制的角度看,国家政策主

要从部门(政府)保障、组织(实践)保证、机构(新建)保证、经济保证、技术保证、人员保证等多个内容。这些内容为现阶段体医融合机制的良性运行提供了必要的条件。

（2）地方政策融入与专项政策制定。受国家政策影响,地方政府执行国家政策的过程中会根据地方实情对国家政策的落实出台对应的地方政策,这时体医融合便融入到地方政策中。随着人们对健康的重视,地方政府成为人们健康的直接责任人,借助体医融合对健康干预的优势便会出台体医融合专项政策。这为国家制定体医融合专项政策打下基础。由于我国地方差异较大,通过国家体育总局官网发布的相关信息发现,江苏、四川、安徽、上海、北京、深圳、河南、广西等地开展体医融合实践活动较为活跃。选取国家体育综合信息发布最多条的江苏省为例,对江苏省今年发布的体医融合相关政策和专项政策进行分析。

表4-2　江苏省近年发布的体医融合相关政策情况

颁布时间	颁布机构	政策名称
2016 年	江苏省发改委、江苏省体育局	《江苏省"十三五"体育产业发展规划》
2017 年	中共江苏省委、江苏省人民政府	《"健康江苏 2030"规划纲要》
2017 年	江苏省体育局	《江苏省公共体育服务体系建设规划（2016—2020 年）》
2017 年	江苏省人民政府办公厅	《关于加快发展健身休闲产业的实施意见》
2018 年	江苏省人民政府办公厅	《关于印发江苏省慢性疾病防治中长期规划（2018—2025 年）等疾病防治工作规划的通知》
2018 年	江苏省人民政府办公厅	《关于支持社会力量提供多层次多样化医疗服务的实施意见》
2020 年	江苏省人民政府	《关于印发落实健康中国行动推进健康江苏建设实施方案的通知》

颁布时间	颁布机构	政策名称
2020 年	江苏省体育局,江苏省发改委	《关于促进全民健身和体育消费推动体育产业高质量发展行动方案》
2020 年	江苏省人民政府办公厅	《江苏省贯彻体育强国建设纲要实施方案》
2021 年	江苏省体育局、江苏省卫健委	《关于促进体医融合发展的意见》(专项政策)

注:政策来源于江苏省人民政府、江苏省体育局、江苏省卫健委等官方网站。

地方政府积极配合中央政府政策制定相应的体医融合政策,形成了国家政策和地方政策融入及地方体医融合专项政策的体医融合政策保障的局面。这样的政策保障体系及其保障方式较为符合当前我国体医融合实践的实际情况。

3. 行业标准保障了体医融合从业人员行为规范

而所谓行业标准则是没有国家标准而又需要在某个行业范围内统一的由国务院有关行业行政主管部门制定并报国务院标准化行政主管部门备案后发表的标准[1]。根据《中华人民共和国标准化法》的规定,标准分为国家标准、行业标准、地方标准和企业标准四大类。行业标准对于规范行业发展具有重要的作用。从法律范畴上来看,行业标准属于"软法"[2]。

前述,健康产业被称之为"十亿级别产业",社会资本纷纷介入,冠以"体医融合"为名目的俱乐部如雨后春笋般涌现了出来。在体医融合发展的起步阶段,尤其需要行业标准在体医融合机制运行中所起的保障作用。2018 年 9 月 24 日国务院办公厅颁布的《关于印发完善促进消费体制机制实施方案(2018—2020 年)的通知》(下简称"通知")中第

---

[1]段新芳,虞华强,潘海丽.国家标准、行业标准的立项与制定的程序和要求[J].中国人造板,2009(6):28—32.

[2]刘长秋.作为软法的行业标准研究—以卫生行业标准为视角[J].北京理工大学学报(社会科学版),2013.15(2):108—116.

十四条明确规定:"积极开展体育、旅游、家政、养老等服务消费领域和以信息技术为支撑的消费新业态新模式的国家标准制定工作"①。"通知"释放出国家对于消费领域标准制定的积极信号,这为体医融合行业标准的制定提供了政策基础。

体医融合行业还刚刚起步,行业标准的建立对于规范体医融合经营行为打造健康的体医融合市场具有积极的意义。虽然目前并没有体医融合的行业标准,但是在国家政策精神的指引下,在不久的将来体医融合行业标准必将出台,这对于规范体医融合市场行为将起到保障作用。

(四) 服务保障及其方式

所谓服务是指为他人做事,并使他人从中受益的一种有偿或无偿的活动②。前述,体医融合属于准公共服务范畴,按照公共服务理论的观点,从服务参与过程人的要素来看,包括消费者、生产者和提供者③。这里的消费者是接受服务的对象,生产者是向消费者提供服务的个人或组织机构。在体医融合服务过程中,消费者为享受体医融合服务的个人;生产者为向提供体医融合服务的个人、组织机构;提供者则为政府、社会和市场。提供者根据自身需要和社会需要采取准入的形式允许生产者提供对应体医融合服务,根据所提供的不同类型服务分配消费者,而生产者根据政府准入的边界和种类向消费者提供相应的服务。同时,消费者会将需要的信息通过合理的途径传递给提供者。体医融合服务提供者、生产者与消费者之间形成

①中华人民共和国中央人民政府. 国务院办公厅关于印发完善促进消费体制机制实施方案(2018—2020 年)的通知[EB/OL]. http://www.gov.cn/zhengce/content/2018—10/11/content_5329516.htm. [2018—10—11](2022—12—22).

②百度百科. 服务 EB/OL. https://baike.baidu.com/item/%E6%9C%8D%E5%8A%A1/85523? fr=aladdin. [2022—02—10](2022—12—22).

③王峰,陶学荣. 政府公共服务职能的界定、问题分析及对策[J]. 甘肃社会科学,2005(4):231—234.

彼此联系的整体。

此外,在为提供体医融合服务的过程中,需要能够提供服务的专业人才,还需借助场地器材,尤其是对特殊疾病进行防控的过程中需应用到一些特殊的仪器设备。鉴于体医融合在社会中的影响力还不够,在调查中也发现,对体医融合概念不甚了解,这就需要发挥信息舆论的保障作用。故此,在提供服务的过程中人力资源保障、场地器材保障、技术保障和信息舆论保障形成了提供者和生产者向消费者提供服务的主要保障要素,把体医融合服务的提供者、生产者和消费者紧密联系在一起。(图4-2)

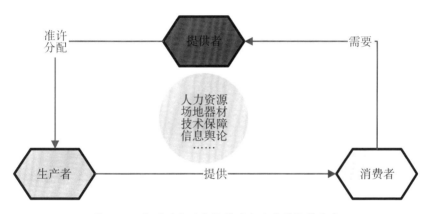

图4-2 体医融合服务保障过程及主要保障要素

1. 人力资源保障是最活跃的保障要素

人力资源是一个综合性概念也是一个很宽泛的概念。总体来说,人力资源是指能够推动整个经济和社会发展的具有智力劳动和体力劳动能力的人们的总称[①]。体医融合服务的提供者、产生者、消费者本身就属于人力资源的范畴。但是在提供者和生产者向消费者提供服务的过程中所涉及的人力资源则指具有体医融合专业技能的人力资源。正如马克思所言,人是最活跃的因素。在服务保障的其他要素之间,均体现着人的能动性。

———————

①廖泉文.人力资源管理(第三版)[M].北京:高等教育出版社,2018(5):5.

体医融合人力资源保障方式主要通过现有人力资源开发和人力资源培养两种。所谓人力资源开发主要是利用现有人力资源的再培训使其他们满足体医融合服务的要求。所谓人力资源培养主要是通过医学院校和体育院系的相关专业进行系统培养。不论是人力资源开发还是人力资源培养,体医融合人力资源保障作用的体现主要表现在两个方面:其一是体医融合人力资源数量;其二是体医融合人力资源质量。体医融合人力资源数量为体医融合服务提供了可实施的宽度,人力资源质量为体医融合服务提供可实施的深度。

从人力资源开发的角度看,社会体育指导员和卫生技术人员都是潜在的体医融合人力资源。根据国家体育总局的统计数据,2020 年我国各级社会体育指导员人数约为 260 万人,其中国家级指导员 3 万人、一级指导员 21 万人、二级指导员 69 万人、三级指导员 167 万人[①]。根据《中华人民共和国 2022 年国民经济和社会发展统计公报》显示,2022年末我国卫生技术人员 1155 万人,其中执业医师和执业助理医师 440万人,注册护士 520 万人[②]。2013—2022 年间,我国卫生技术人员总人数增加了 434 万人,其中执照医师增加了 161 万人,注册护士增加了242 万人。如此庞大的社会体育指导员和卫生技术人员为体医融合服务提供了宽厚的人力资源保障。

从人力资源培养的角度看,医学院校和体育院校是体医融合专业人才培养的主体,培养的专业主要有:运动医学专业、运动康复专业、体育保健与康复专业、运动人体科学专业等。我们以运动康复专业为例,运动康复专业由以往的冷门专业变成现在的热门专业,我国有 64 所高校开设运动康复专业,全国每年毕业人数不到 3000 人,运动康复师的密度为 2.65 人/10 万人,欧洲为 60 人/10 万人,美国为 62.8 人/10 万人。虽然与国外相比康复师专业人才有一定的差距,但是专业人才培养提升了体医融合人力资源的质量,克服了懂体育而不懂医学,懂医学而不懂体育的人才培养尴尬。

2. 场地器材保障是最基础的保障要素

场地器材是开展体医融合实践活动最基础的条件。场地器材保障主要通过现有场地器材资源的开发与利用和场地器材的再生产两种方式。场地器材资源的开发与利用主要是借助医疗卫生系统和体育系统(全民健身)现有的场地器材;场地器材再生产主要是利用生产厂家制造新的场地器材,尤其是体医融合专项器材的生产。

医疗卫生系统和体育系统现有场地器材能为体医融合实践活动开展提供必要保障。从医疗卫生系统现有场地器材来看,截止到 2022 年,全国医疗卫生机构共计 1032918 个,比 2021 年增加 1983 个。其中,医院 36976 个,基层医疗卫生机构 979768 个,专业公共卫生机构 12436 个。与 2021 年相比,医院增加 406 个,基层医疗卫生机构增加 1978 个。医院中,公立医院 11746 个,民营医院 25230 个,三级医院 3523 个(三级甲等医院 1716 个),二级医院 11145 个,一级医院 12815 个,未定级医院 9493 个。在基层医疗卫生机构中,社区卫生服务中心(站)36448 个,其中包括社区卫生服务中心 10353 个,社区卫生服务站 26095 个,乡镇卫生院 33917 个,诊所和医务室 282386 个,村卫生室 587749 个。专业公共卫生机构中,疾病预防控制中心 3386 个,卫生监督机构 2944 个,妇幼保健机构 3031 个。截止到 2022 年,全国医疗卫生机构床位 975.0 万张,其中,医院 766.3 万张(78.6%),基层医疗卫生机构 174.4 万张(17.9%),专业公共卫生机构 31.4 万张(3.2%)[1]。根据 2022 年国家

---

①国家规划发展与信息化司.2022 年我国健康事业发展统计公报[EB/OL]. ww. nhc. gov. cn/guihuaxxs/s3585u/202309/6707c48f2a2b420fbfb739c393fcca92. shtml. [2023—10—12](2023—10—26).

体育总局统计数据,截止到 2022 年我国体育场地 422.68 万个,体育场地面积 37.02 亿平方米,人均体育场地面积 2.62 平方米。全国田径场地 19.74 万个,其中 400 米环形跑道田径场 3.84 万个,占 19.96%,其他田径场 15.80 万个,占 80.04%。全国游泳场地 3.60 万个,室外游泳池 1.95 万个,占 54.17%,室内游泳馆 1.58 万个,占 43.89%,天然游泳场 698 个,占 1.94%。全国球类运动场地 262.66 万个,"三大球"场地 133.99 万个,占 51.01%,乒乓球和羽毛球场地 118.14 万个,占 44.98%,其他球类运动场地 10.53 万个,占 4.01%。全国冰雪运动场地 2452 个,其中,滑冰场地 1576 个,占 64.27%,滑雪场地 876 个,占 35.73%。全国全民健身路径 98.02 万条。全国健身房 14.29 万个,健身跑道 12.78 万个,长度 31.42 万公里[①]。体育系统和医疗卫生系统数量巨大的场地设施为开展体医融合实践提供充足的场地资源保障。

利用生产厂家生产体医融合专项器材设施为体医融合实践提供了设施设备保障。在健康中国持续推进过程中,市场上出现了大量与体医融合相关的器材研发和生产企业。在业内比较有影响力的企业有:杭州亿凡医疗器械有限公司、常州市金誉医用器材有限公司、常州市泽丰医疗康复设备有限公司、北京纳通科技集团有限公司、东莞永胜医疗制品有限公司等上百家医疗器械及康复设备研发和生产公司。在康复医疗器械领域,形成了 10 大影响力品牌,分别是鱼跃(YUWELL)、可孚、凯洋、三贵(MiKi)、互邦轮椅、中进、康扬(Karma)、卫美恒(VER-MEIREN)、佛山轮椅、奥托博克(ottobock)。从各公司生产的康复医疗设施设备的种类来看,大致氛围物理治疗系列、无障碍系列、辅助用具系列、运动全身系列、作业治疗系列、牵引系列、功能评估系列、运动上下肢系列等。大量研发和生产公司的涌入,为体医融合专业器械设备提供了保障。

①国家体育总局. 2022 年全国体育场地统计调查数据[EB/OL]. https://www.sport. gov. cn/n315/n329/c25365348/content. html. [2023—03—23](2023—10—23).

3. 技术保障是最关键的保障要素

技术是人类生存和发展的根本因素[①],技术同样是一个十分宽泛的概念,从 16 世纪开始技术和科学分离后,人们对技术内涵的探讨从未停止过,并形成了形形色色的技术定义。根据世界知识产权组织对技术的定义是:"技术是制造一种产品的系统知识,所采用的一种工艺或提供的一项服务……"[②]。总而言之,技术是某个领域内理论和方法的全部。正如法国哲学家戈菲所说:"技术无处不在,它将一项活动经过充分设计,从而可以使人们从中区分出一个目的和为实现这一目标的所必需的一些中介"[③],说明技术的普适性和重要性。对于体医融合而言,健康促进效果的好与坏在很大程度上由技术决定,所以技术是体医融合最为关键的因素。

无处不在的技术渗透到体医融合实践中便形成了体医融合技术。纵观体医融合整个实践过程,无不充斥着技术的因素。但是在这些技术因素中,有些技术不仅应用到体医融合实践中而且还可以应用到其他的社会生活领域中,诸如通讯技术、计算机技术、自动化技术等。在学术界把"可以在一个或多个领域广泛应用,能对技术进步、经济和社会发展产生深远影响的技术"称之为共性技术[④]。共性技术具有准公共产品的性质[⑤],因此共性技术在体医融合实践中的保障作用的体现与国家的整体技术氛围和技术结构有必然的关系。在技术创新时代,国家密集出台技术创新相关政策文件,如《中华人民共和国科学技术进步法》《国家中长期科学和技术发展规划纲要(2006—2020 年)》,2022年 5 月工信部发布《技术创新示范企业认定管理办法(试行)》,2023 年

---

①王伯鲁.技术划界问题的一个广义优化解[J].科学技术与辩证法,2005.22(2):59—63.
②刘重.试论科学技术进步的概念与特征[J].科学学与科学技术管理,1987(10):22—23.
③让一伊夫·戈菲.技术哲学[M].北京:商务印书馆,2000(6):22.
④孙福全,彭春燕,等.产业共性技术研发组织与基地建设研究[M].北京:中国农业科学技术出版社,2008(5):22.
⑤项哲学,陈玉端.论共性技术[J].浙江工业大学学报(社会科学版)[J].2003.2(1):1—4.

8月发布《关于印发制造业技术创新体系建设和应用实施意见的通知》等。共性技术的进步必然给体医融合带来技术上的红利。

体医融合技术本质上指有利于促进体医融合效果显现的技术。与共性技术相比,体医融合技术是一种专有技术。然而,专有技术效果的实现也共性技术密切相关。专有技术内包含共性技术的因子,共性技术促进专业技术的进步。体医融合技术具有体育技术和医疗卫生技术双重性质。对体育技术而言,泛指那些以项目运动为基础的身体练习技术,将身体练习技术作用于健康则表现为项目技术的运动形式、运动方法、运动强度、运动时间、运动量;对于医疗卫生技术而言,指利用医疗卫生知识和器械设备蕴含的技术集合。如果将两者技术集合在一起便是运动处方。

运动处方是由具有开具运动处方资质的人(康复医师、运动处方师、康复医疗室、社会体育指导员等)根据患者的年龄、性别、医学检查情况,结合主客观条件,用处方的形式制定对患者适宜的运动内容、运动强度、运动时间、运动频率等,并指出运动中的注意事项,以达到科学地、有计划地进行康复治疗和预防健身的目标①。

为保障运动处方技术在体医融合技术效果的显现。扩大具备开具运动处方资质的人群是运动处方技术保障的一条思路。从2016年开始,上至国家体育总局下至各地方体育局,运动处方培训班遍地开花。2016年11月,国家体育总局召开运动处方研制专家论证会,围绕"运动处方理论体系构建""运动处方制定与实施规范"等核心议题进行深入探讨。在理论研究方面,围绕"健康中国背景下体医融合运动处方库构建"也成为研究的热点问题。2020年国家体育总局和中国体育科学学会就"运动处方库建设应用体系二期"展开探讨。

4.信息舆论保障是最潜在的保障要素

信息舆论是指体医融合信息和公众对体医融合个人观点及态度的

①冯连世.运动处方[M].北京:高等教育出版社,2020(10):15.

健康中国持续推进中体医融合运行机制的理论与实践研究

集合体。它包括两个方面的内容：体医融合信息和体医融合舆论氛围。体医融合信息是那些以体医融合为主题的文字、图片、影像等为载体的"消息"的总称；体医融合舆论是人们对体医融合整体认知所表现出的个人观点、态度和信念的集合体。

体医融合信息舆论是体医融合实践中潜在的保障要素。这种潜在性不仅是信息和舆论自身表现出来的潜在性，而且对于推动体医融合机制运行具有潜在性。良好的体医融合信息传递及良性的体医融合氛围指向于体医融合效果的显现，而体医融合效果的显现又依赖于信息的通畅传递和良好舆论氛围的形成。

在网络信息时代给体医融合信息传递带来了便捷，但同时我们也应该认识到也可能形成不利于体医融合机制良性运行的舆论。体医融合是健康中国建设进程中健康促进的有效手段，也是国家力推的健康促进方式。体医融合的信息舆论类型属于自上而下的生成机制。这种信息舆论类型最大的特点在于可以同时调动多种途径对体医融合进行信息传递，并在短时间内形成较为稳定的舆情。前述，国家层面通过政策法规的信息公开，让更多人了解体医融合在健康中国建设进程中的价值，提高了人们对体医融合的认识。此外，国家卫健委、体育总局、工信部、统计局等国家官网还会转发信息量较大的"新闻资讯"，以扩大体医融合的影响。以百度搜索引擎为例，以"体医融合"为检索主题词，共检索到网页信息 3600 多万条，在中国知网学术检索引擎中，以"体医融合"为主题词，共检索到学术资料 1322 条，其中学术期刊资料 807 条，学位论文资料 128 条，会议资料 248 条，报纸 22 条，成果 2 个。通过百度学术，可检索到体医融合相关信息达 11.9 万条。

良好的信息传递为体医融合舆论的形成打下了基础。对于学术研究而言，体医融合俨然成为研究的热门议题，这一点在学术论文和学位论文数量上体现得较为明显。此外，中国体育科学学会、中华医学会、运动科学学会等学术组织不定期举行体医融合学术研讨，进一步扩大体医融合在学术研究领域内的影响力。对于普通民众而言，通过调查发现,人们对体医融合促进健康的作用和价值认识越来越清晰,23.23%的上海市民知晓体医融合,79.26%的市民有体医融合实践的愿望①。

第三节　体医融合保障机制运行实践分析

保障机制内部要素的静态剖析是为动态的运行分析打下理论基础。通过体医融合保障机制内部要素及关系的理解,我们发现,体医融合保障机制内部要素多样,关系复杂。政府、社会和市场是体医融合保障的主体,保障的内容涉及组织、经济、政策法规以及与体医融合服务相关的人力、物力、技术及信息等。从保障的方式看,虽然保障主体可根据不同的保障内容选择不同的保障方式,而且保障方式的选择也并不是固定唯一,但是总体而言,体医融合保障方式根据保障主体的不同可以分为政府保障和社会保障两大方式。对保障机制运行实践进行分析的目的是在保障过程中能发现问题以便为优化保障机制运行提供参考。

一、体医融合保障机制运行实践过程

(一) 体医融合保障机制运行机理

体医融合保障机制运行过程是指保障主体应用保障方式对体医融合实践活动内容实施保障的过程,其实质是保障机制要素作用机理的实现过程,也是保障机制内部要素间关系动态突显的过程。体医融合保障机制运行的一般逻辑可以表述为:保障主体采取一定的保障方式对保障对象实施保障内容,然后对保障对象实施保障内容的结果反馈给保障主体,进而形成一个完整的封闭通路。体医融合保障机制的运

①冯俣瑞,程华.健康中国背景下上海市社区体医融合困境与畅通机制研究[C].第十一届全国体育科学大会,2019—11:904—905.

行过程总是围绕保障内容而展开。故此,体医融合保障机制运行围绕组织保障、经济保障、法规政策保障和服务保障四个主要方面进行(图4-3)。四个主要方面的保障内容彼此独立又相互联系,相互联系的过程也就是机制运行的过程。

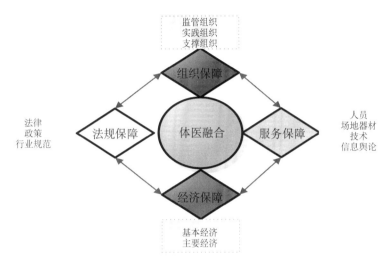

图4-3 体医融合保障机制运行实践过程

四个保障内容独立运行的过程也是保障内容在整个保障机制中功能实现的过程。就组织保障而言,组织保障运行的过程是将体医融合正常运行所需的各种组织的组合过程,是组织间要素相互依存、相互影响、相互制约的实现过程。在体医融合组织保障中涉及到的组织共有三类:监管组织、实践组织和支持组织。监管组织是政府组织,是代表政府对体医融合实施监管的组织体系。从我国政府组织的设立情况来看,监管组织是自上而下的组织保障体系。国家体育总局、卫健委、民政部、教育部等组织共同协作形成对体医融合的监管职责。这种自上而下的垂直型组织类型保证了监管职能的细化与落实。体医融合实践组织是一种"混合型"结构,实践组织的多样性呈现出政府组织和非政府组织的混合。各实践组织根据自身的功能以及实践需要自成体系,呈现出不同的组织结构类型。如社区、医院、学校、养老机构等组织是一种职能直线式结构,社会体医融合俱乐部是一种事业式结构。体医融合实践组织结构的多元化态势能满足体医融合的不同需求,从而实现组织功能的多样化。支持组织是对体医融合发展起到支撑作用的组织,体现出体医融合组织与其他社会组织的关联度。如银行能为体医融合发展提供经济支持,学校能为体医融合发展提供人才培养支持,媒体组织能为体医融合发展提供舆论支持。法律法规保障是为体医融合发展提供"法"的保障作用。由法律、政策和行业规范三部分组成。从法的效力来看,法律为进行体医融合实践活动提供权利保障,政策则是体医融合发展具体事务提供政策保障,行业规范则为体医融合组织实施体医融合行为提供行为规范保障。从运行过程来看,法律为政策制定提供了依据,而具体政策又为行业规范制定提供依据。经济保障是体医融合发展提供经济支持。代表国家整体经济发展水平的基本经济保障为体医融合提供经济支持,而专项资金为体医融合发展提供了直接的经济支持。服务保障是体医融合保障机制运行的核心。这是因为不论是组织保障、法规政策保障还是经济保障最终要落实到服务保障中来。体医融合服务保障紧紧围绕服务供给要素而展开,主要包括了人力、场地设施、技术和信息四个方面。这四个方面紧密结合是体医融合保障功能实现的基础。

四个保障内容彼此联系的过程也是体医融合保障机制运行整体性功能实现的过程。保障机制的整体功能表现为维护体医融合机制运行的安全。保障机制整体性功能的实现依赖于各保障内容间的强联系。就组织保障而言,组织保障能为体医融合实践提供组织支持,然而保障组织的多样性决定了组织保障与其他保障内容之间的有机联系。监管组织对整个体医融合实践起到了监管的作用,但是监管组织也是体医融合政策制定的主体,是国家专项经费分配主体,是体医融合服务类型,服务边界的决定主体。实践组织又为法规政策保障、经济保障和服务保障作用的实现提供了落脚点。由此可见,体医融合保障机制运行整体功能的实现与组织保障的完善最为密切。

（二）地方政府主导下体医融合保障机制运行实践

体医融合保障主体有政府、社会和市场三个。前述，政府在体医融合保障主体中处于"掌舵人"的角色。也就是说政府在体医融合保障主体中处于绝对领导地位。这是因为：其一，不论是社会还是市场政府主导都有绝对的话语权。社会是中国特色社会主义社会、市场是中国特色社会主义市场，政府对社会和市场具有引导权。其二，体医融合具有准公共服务的性质。而准公共服务的供给在很大程度上受政府的支配。其三，体医融合是健康中国建设的重要推手，而健康中国建设是我国的基本国策，上至中央下至地方政府均将健康中国建设作为重要事务进行督办。按照我国纵向的行政管理体系，真正落实健康中国建设具体事务的还是地方政府。故以地方政府为例分析体医融合保障机制的运行能够反映出现阶段体医融合保障机制运行实践的实际情况。从现阶段体医融合实践的情况看，地方政府主要以省级（直辖市）地方政府为主。在众多的地方政府中，我们选择开始体医融合实践活动较好的 S 省（市）为代表，对其体医融合保障机制运行实践进行分析，期望能起到一定的示范启示作用。

1. S 省（市）组织保障运行

S 省（市）于 2019 年颁布实施了《关于实施体医融合行动计划的通知》(后简称《通知》)，是我国地方政府颁布最早的体医融合专项政策。《通知》中明确了体医融合监管组织的主体及分工，建立了"体医融合工作联席会议制度"。联席会议由卫生健康委、广电旅游体育局和教育局三个部门组织构成。这就确定了 S 省（市）体医融合监管组织机构。在确定了监管组织后，S 省（市）的实践组织和支撑组织见下图：(图 4-4)。

联席会议每年至少召开一次，可根据工作需要，不定期召开会议。联席会议的主要职责是：(1)研究推进体医融合的政策措施、工作规划和行动计划；(2)协调解决体医融合工作中的困难和问题；(3)听取体医融合推进情况报告。联席会议的工作要求是：(1)各成员单位要按照分

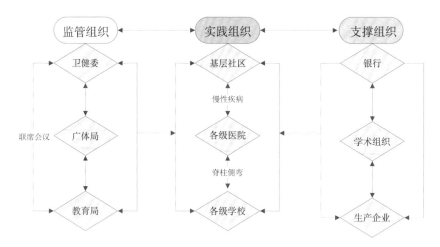

图 4-4　S 省(市)体医融合组织保障及关系

工,主动研究相关政策措施,积极提出上会议题;(2)对于会议议定的事项,各成员单位要积极主动协调相关部门,按照时间节点认真完成任务,并向联席会议报告落实情况;(3)卫健委要对联席会议议定事项的跟踪督查落实,及时向成员单位通报有关进展情况。

实践组织以基层社区、各级医院和各级学校为主。社区和医院注重示范社区、示范医院的打造,近年打造了"锦龙社区""观澜街道社区""世纪广场社区""龙华街道社区"等示范社区;市第二人民医院、老年人病医院、中西医结合医院等,并于 2022 年 8 月成立了体医融合运动康复门诊部。示范社区和医院以"慢性疾病"为突破口积极开展体医融合实践。各级学校以中小学为主,诸如人大附中与第二人民医院合作开展青少年脊柱侧弯筛查和物理康复与治疗取得了理想效果。

支撑组织主要包括银行、学术组织和器材设备生产企业。银行能为实践组织和器材设备生产企业提供资金支持。S 省(市)十分重视学术组织在体医融合实践中的引领作用,不定期举办体医融合学术研讨会。2022 年 1 月 7 日—9 日举办了首届体医融合博览会,2023 年 9 月 15 日举办第二届体医融合博览会。博览会的召开加强了生产企业、银行、学术组织以及实践组织之间的有机联系,连续两届体医融合博览会的召开产生了较大的社会影响。

2. S省(市)经济保障运行

经济保障可分为基本经济保障和主要经济保障两个部分。从基本经济保障来看,根据S省(市)《2022年国民经济和社会发展统计公报》的数据显示,2022年生产总值为32387.68亿元,比2021年增长3.3%;人均地区生产总值为183274元(折合为27248美元),比2021年增长3.2%。居民人均可支配收入为72718元,比2021年增长2.6%;居民人均消费支出44793元,下降3.2%,恩格尔系数为29.7%。与其他省(市)相比,S省(市)不论是在生产总值还是人均可支配收入和人均消费支出都处于前列,具备较好的经济基础,能为体医融合提供宽厚的基本经济保障。

S省(市)在体育事业和医疗卫生事业的投入为主要经济保障,根据《S省(市)体育产业统计调查报告》显示,2022年实现体育总产出为1354.02亿元,与2021年相比增长6.5%,预测带动相关产业超过1.1万亿。2022年S省(市)体育彩票公益金总额为43290.99万元,其中在群众体育方面投入体育彩票公益金为2128.91万元。在医疗卫生领域,根据《2022年S省(市)卫生健康统计提要》数据显示,2022年S省(市)在医疗卫生事业投入经费共计675.35亿元,占地方财政总支出比例13.51%,较2021年上升2.34%,人均医疗卫生费用为3823.79元[①]。从体育产业收入和医疗卫生支出情况不难发现,体育事业和医疗卫生事业的经济投入在全国处于领先地位,这为该地区体医融合实践提供了丰厚的经济保障。

3. S省(市)政策保障运行

由于《宪法》是母法,是基本法,《体育法》是体育系统内的最高法,而行业规范保障同样具有全国范围内的普适性,故S省(市)的法律法规保障仅从地方政府发布的政策法规进行分析。从地方性政策法规数

---

①注:文中所有数据均来自地方政府官方网站。

量和具体内容可以分析出体医融合保障的具体内容,从体医融合专项政策可以分析出体医融合实践保障的具体内容。

表4-3　S省(市)地方性政策保障条款内容及保障指向①

颁布时间	颁布机构	政策名称	条款内容	保障指向内容
2016年	体育局	《全民健身实施计划(2016—2020年)》	健身场地设施更加完善,加强基层健身场地设施建设,体育场地面积到2590万平方米;完善形成结构合理、功能完善、诚信自律、竞争有序的体育社会组织,发挥高校及研究机构在全民健身公共服务标准化、均等化的作用;加大经费投入与管理,体育彩票公益金不低于70%用于全民健身,鼓励企业、事业单位和个人投资、赞助、捐赠等形式支持全民健身事业;加大人才队伍建设,每万人拥有20个社会体育指导员	场地设施保障 组织保障 经济保障 人才保障
2017年	卫健委	健康S省(市)行动计划(2017—2020年)	加强建设设施建设,加强健身设施与社区体育设施功能衔接;完善医保政策,完善公共体育场馆设施免费或低收费开放政策;成立医疗联合体,构建"医研企"协同创新共同体;完善公共卫生机构财政补贴机制,完善全民医保体系;加大对肿瘤防治、慢性疾病防治等疾病防治技术指导中心建设,推广"互联网＋慢性疾病防控";发布"市民健康手册",完善健康科普专家库和资源库,家庭医生服务信息化平台。	场地设施保障 政策保障 效果保障 信息保障 服务保障 经济保障

①注:地方政策条款内容均来自地方政府官方网站。

颁布时间	颁布机构	政策名称	条款内容	保障指向内容
2019 年	卫健委	健康 S 省（市）行动计划（2021—2030 年）	建立健康促进治理、健康教育服务、健康素养监测和健康知识普及"四位一体"的全民健康教育体系；加大媒体平台健康科普力度，建设一批符合实情的健康科普品牌栏目；完善健康科普专家课和资源库，建立健全健康科普知识发布和传播机制；制定和实施医院健康促进工作规范，建立医疗卫生机构和医务人员激励约束机制；强化重点人群健康知识普及宣传；开发推广健康教育适宜技术和产品；健全营养健康工作网络体系；加强营养健康检查评估体系建设；广泛开展全民健身活动，构建更高水平的全民健身公共服务体系；创新推进体卫融合行动。	人才保障 信息舆论保障 技术保障
2020 年	体育局	S 省（市）体育强省建设实施纲要	统筹建设全面建设基础设施；制定公共体育基础设施规划建设标准，推进体育场地设施空间规划，增加体育用地，优化场地设施资源配置，构建 15 分钟健身圈。科学广泛开展全民健身活动：提高群众健身意识，支持、鼓励和引导全民参与体育锻炼，发展群众喜闻乐见的体育运动项目。提升青少年体质健康水平；制定实施青少年体质健康干预计划，落实《国家学生体质健康标准》全员测试。完善全民健身公共服务体系，优化公共服务资源配置，逐步实	场地设施保障 活动项目保障 服务保障 组织保障 经济保障

颁布时间	颁布机构	政策名称	条款内容	保障指向内容
2020 年			现充分供给、均衡发展。激发体育社会组织活动:规范体育社会组织建设,推动体育社会组织创新发展,完善体育社会组织网络。	
2022 年	卫健委	S省(市)卫生事业发展"十四五"规划	优化健康服务体系:构建优质高校医疗服务体系;推进社区健康服务扩容提质;促进中医药传承创新;促进医疗卫生服务公平科技。提升医疗服务品质:增加优质医疗资源供给;推动公立医院高质量发展;提升医疗服务国际化品质。打造一流健康城市:深入实施健康S省(市)行动计划;提升突发公共卫生事件防控救治能力;提升重大疾病防治水平;提升幼有善育水平;助力实现老有颐养。提升行业可持续和创新发展能力:支持推动医学教育创新发展;加强卫生健康人才队伍建设;推动医学科技创新与产业协同发展;推动数字化转型升级。	服务保障组织保障人才保障经济保障技术保障

2019 年 S 省(市)由卫健委、文化广电旅游体育局和教育局联合发布了《关于实施体医融合行动计划的通知》,这是国内较早由地方政府颁发的体医融合专项政策。下面对该专项政策的具体内容做详细介绍。体医融合行动计划的主要工作有:(1)建立组织协调与社会动员机制。包括:建立体医融合工作联席会议制度;支持举办高水平体医融合工作会议、学术研讨和产业发展峰会、展会,凝聚体医融合社会共识,推动体医融合政策创新和产业发展;开展体医融合相关政策及标准研究,支持体育健身、健康促进等相关机构开展体医融合大数据开发与应用等服务

工作。(2)推动全民科学健身活动。包括:支持体育健身、健康促进等相关机构开展有氧研究,探索建立有氧能力评价指标体系,向市民推广有氧运动;普及科学健身知识和技能,组织开展全人群科学健身活动;充分发挥市区级体质测定与运动健身指导站及市区级健康促进机构的作用,负责宣传推广全民健身科学知识,指导市民科学健身、预防运动损伤与运动意外。(3)开展运动干预从业人员培训。包括:开展运动处方培训试点;组织全体体育教师参加运动医学相关专业培训,并纳入教师的继续教育学时。(4)推动运动干预服务进社康。包括:支持青少年脊柱侧弯健康中心(第二人民医院)开展青少年脊柱健康体医融合服务试点工作;探索在社康中心设立运动健康指导门诊。(5)大力发展运动医学和康复医学。包括:推动第二人民医院"运动医学工程技术研究中心"建设;支持医疗机构发展慢性病运动康复。(6)推动体医融合信息共建共享。包括:推进智能化国民体质测定、健康监测、健康服务等智能化健康健身设施进社区;推动市民体质测定平台,社区健康服务信息平台等实现信息协同,将体质检测数据纳入居民电子健康档案。(7)探索完善体医融合支持政策。包括:依托专业医疗卫生机构和市、区体质测定与运动健身指导站等机构,将运动干预措施融入青少年近视防控、营养健康干预、脊柱侧弯等公共卫生服务项目;协调相关部门研究,将条件成熟、符合规定的体医融合服务纳入公共卫生服务项目;协调相关部门研究,将具有明显治疗效果的项目纳入医疗健康保险支付范围。

从 S 省(市)地方性政策保障的情况看,基本形成了相关政策融入和专项政策制定相结合的政策保障局面。尤其是体医融合专项政策的出台在一定程度上指导了体医融合机制的初步运行,既可以为其他地方制定体医融合专项政策提供参考,也可以为国家制定体医融合专项政策提供依据。

4. S 省(市)服务保障运行

(1)人力资源保障。主要分为医疗卫生和社会体育指导员人力资源储备两大方面。就医疗卫生人力资源情况而言,2022 年末,S 省

（市）在岗医疗卫生工作人员共计 145248 人，其中医疗卫生技术人员 118273 人，占医疗卫生工作人员总数的 81.4%，其他技术人员 9663 人，占总人数的 6.7%；医疗卫生管理人员 6484 人，占总人数的 4.5%，工勤人员 10828 人，占总人数的 7.5%。医疗卫生执业（助理）医师 47234 人，占技术人员总数的 39.9%；注册护士 51569 人，占技术人员总数的 43.6%；药师（士）4641 人，占技术人员总数 3.9%；检验技师（士）4676 人，占技术人员总数的 4.0%；影像技师（士）1516 人，占技术人员总数 1.3%；其他卫生技术人员 8637 人，占技术人员总数的 7.3%。从社会体育指导人力资源情况看，截止到 2022 年 11 月，S 省（市）注册社会体育指导员人数达 42173 人，建立了 60 个市级服务点，建立非社区类服务点 10 家，年服务人群超 500 万人次。2022 年 S 省（市）体育教师人数为 1397 人，仅 2022 年新增体育教师 1397 人。

（2）场地设施资源保障。根据 S 省（市）发布的《2022 年国民经济和社会发展统计公报》数据显示，2022 年末共有医疗卫生机构 5201 个，比 2021 年减少 40 个，其中医院 151 个；医疗卫生机构床位共计 65720 张，增长 2.7%，其中医院床位 60643 张，增长 3.1%，病床使用率 71.6%。截止到 2022 年末，S 省（市）体育场地数量 3.4 万个，体育场地面积 3498.33 万平方米，人均体育场地面积 1.99 平方米，每平方公里体育场地面积 1.75 万平方米，健身步道总长度为 2002.36 公里。社区建设设施实现 100% 全覆盖，15 分钟健身圈基本成型。S 省（市）通过政策引导公办学校体育场地设施免费或低收费向社会开放，在一定程度上补充了体医融合实践所需场地设施的数量和质量。

（3）技术资源保障。具体指向于运动处方开设。从 S 省（市）政策保障具体内容不难发现，该地十分重视运动处方库建设。2023 年初，在文化广电旅游体育局的推动下，首批 3 家体医融合运动处方工作站正式成立，截止到 7 月，共接待群众 2000 余名，提供运动处方服务时间 432 小时，出具并建立运动处方档案 361 份。在对 178 名市民回访调查中，通过运动处方对其心肺功能、反应速度、柔韧性、运动损伤、关节疼痛、肌肉劳损、慢性病预防与康复等方面效果显著。随着运动处方工作站的成立,体医融合技术保障必将越来越深厚,体医融合促进健康的效果越来越明显。

(4) 信息舆论保障①。S省(市)信息舆论保障主要通过以下三条途径:其一,利用政策引导确保信息舆论保障的时效性。不论是相关政策融入还是专项政策内容均涉及到了信息保障。其二,通过信息网络平台对体医融合信息进行传递,如微信公众号、QQ平台、及时发布关于体医融合的新闻讯息等手段传递体医融合信息。其三,通过健康信息数字化转型升级提升信息交流。采取的主要措施有:建立健康信息化标准,在数据架构、数据标准、数据质量、数据安全等方面实行规范化和标准化管理;省级全民健身信息平台,开展健康数据监控,建立"一数一源一岗一责"机制;建设12361人口健康信息化工程,健全全民健康信息平台和六大卫生健康基础平台(1—6平台);建设统一的互联网服务平台,推广智慧健康"一键通"服务;建设专业的临床研究全过程智慧服务管理平台。通过良好的信息传递与沟通,S省(市)形成了良性的体医融合舆论氛围。

三、体医融合保障机制运行实践困境

(一) 保障机制运行实践过程的依附性

依附理解为依赖、附着、从属。体医融合保障机制运行过的依附性本质上是剖析运行过程中的关系和状态问题。根据依附理论,依附性关系揭示的是"中心—边缘"的关系。这种关系本质上指的是保障机制运行过程的内部和外部环境之间的关系。"中心"指的是起主导支配作用的事物,体医融合本质属性决定了其保障机制运行是一个"多中心"发展的过程,"体"的要素决定了依附于体育系统的发展,"医"的要素决定了依附于医疗卫生系统的发展。"边缘"则是说明保障机制运行过程

---

① 注:人力资源、场地设施、技术资源及信息紫苑等数据信息均来自该地官方网站。

中表现出的亦步亦趋、顺从附和的运行"病态"。这种状态表现为：

组织保障的依附。在监管组织上，其一，垂直组织结构设置表现为基层政府组织的运行依附于高层组织；其二，由于缺乏体医融合专门的监管组织，其运行过程依附于体育、医疗卫生、教育等组织部门。在实践组织上，虽然社会中出现了为提供体医融合服务的俱乐部，但是相比较于其他实践组织类型而言，其数量和质量难以起到规模性保障作用。体医融合保障机制运行主要还是依附在社区、医院等组织内。至于支持组织本身就能体现出体医融合组织保障的依附性特点。

在经济保障上。首先，体医融合经济保障依附于国家经济总量的发展；其次，体医融合经济保障依附于政府的财政拨款，在体医融合专项经费缺位的情况下，体医融合经济保障机制运行还是依附在社区、医院、群众体育等实践经费上。

在政策保障上。从政策制定主体、制定过程和具体政策条款均表现出与体育政策、医疗卫生政策依附性。这也是国家层面体医融合专项政策缺失的主要表现。

在服务保障上。其一，缺乏专业体医融合人才，现阶段的体医融合人才保障依附于体育专业、医学专业的人才培养。其二，体医融合场地设施依附于社区全民健身路径、社区、医院、学校的活动场地设施。其三，技术保障依附于体育技术和医疗卫生技术的有效转化。其四，信息保障依附于信息传播组织的传播意愿。

总体而言，体医融合保障机制运行过程呈现出明显的依附性特征。依附性是事物初级发展的一种状态，最终要走向独立性。也就是体医融合保障机制运行应以体医融合实践发展为中心实施有效保障的原因所在。

（二）保障机制运行实践效果的分散性

体医融合保障机制运行效果的分散性本质上是依附性运行过程的效力表现。体医融合保障机制运行实践整体效果的实现要求机制内部要素间形成强联系,强联系是整体效果最大化实现的基本条件。从现阶段我国体医融合保障机制运行实践整体效果表现来看,主要存在着以下问题。

1. 组织保障运行实践困境:组织效力的弱化

组织效力也称组织效果或组织绩效①,是组织相互协调实现共同目标的能力或程度,是不同组织间协作表现出来的综合能力。体医融合涉及监管组织、实践组织和支持组织,那么体医融合组织效力就是三大类组织相互协调所形成的合力。组织效力的强弱关系,在很大程度上由组织间共同目标决定②。体医融合的组织可以分为同类组织和异类组织。对于同类组织而言,在监管组织内部,上下级形成的科层式管理,组织效力比较强化;然而在实践组织内部,由于实践组织均以单个的个体存在,各组织"各自为政",在缺乏统一协调的情况下实践组织效力很难强化;支持组织本就在体医融合保障中起辅助、支持的作用,目标更加模糊,组织效力也无从谈起。对于异类组织而言,体医融合保障机制中的三类组织就是典型的异类组织。异类组织效力不仅依赖于组织间共同目标,还依赖于统筹规划的信息、利益、资源等方面共享。对于监管组织而言,国家体育总局、国家卫健委和国家教育部并没有统一的体医融合运行目标,组织间张力使得监管组织目标缺乏指向性,从而出现监管主体模糊、监管边界交叉混淆的情况出现。对于实践组织而言,家庭、社区、医院、学校难以形成以健康为目标的实践共同体,各实践组织围绕自身的本质职责,"各自为政"的显现更加明显。对于支持组织而言,其在体医融合保障机制中就处于"可有可无""事不关己"的状态,要让支持组织与其他组织形成强化的组织效力难度更大。由此可见,组织间弱化的组织联系是组织保障弱化的具体表现。这便给组织效力结构性改革提出了要求。

①王英.组织效力与权力分配——一种数理解释[J].系统工程理论与实践,1997(8):62—66.
②朱其鳌.组织效率的自组织分析[J].四川轻化工学院学报,2004.17(1):78—82.

2. 经济保障运行实践困境:经济效力的虚化

体医融合经济效力是不同经济作用于体育融合机制运行的综合作用力。体医融合作为准公共事务离不开经济的支撑。虽然2011年我国已经是世界第二大经济体,但是我国总体基数大,年人均收入和人均可支配较发达国家还有不少的差距。群众体育和医疗卫生是国家公共事业的重要组成部分,它们的发展主要依靠中央政府和地方政府的财政拨款。虽然群众体育发展资金部分来自于体育彩票公益金,医疗卫生可以通过创收和社会资本吸收等途径筹集基金,但相对于人们对健康需求还是存在着较大的矛盾(人们对健康的需求与供给不均衡不充分之间的矛盾)。体医融合专项资金的缺位是经济效力虚化的具体表现,即体医融合经济保障在全民健身、医保医疗中"分得一杯羹",其难度不亚于"虎口抢食"。虽然人均可支配收入在逐年增加,用于在医疗、体育、教育上的投入也呈现逐年突破的态势,但是真正用于体医融合的经费投入尚未进行统计。这也是体医融合经济虚化的具体表现之一。

3. 法律法规保障运行实践困境:法规效力的淡化

体医融合法规效力是指法律政策对体医融合机制运行的强制力和约束力,是体医融合相关法律政策条款从静态的文本走向动态运行的作用力,是体医融合法律法规作用于体医融合机制运行所产生效能的能力。《宪法》作为母法赋予了人们进行健康促进活动权力,《体育法》则规定了人们进行体育活动时的行为责任和法律责任,它们之间形成了良性的法律互补力。但是,在法律层面相关条款中并没有关于体医融合的相关表述,同时国家层面体医融合专项法规的缺失是法规力淡化的具体表现之一。研究表明,不同层级部门颁布的法规间本身就存在着法力困境[1]。这种法律困境表现为不同层级的政府部门颁布的政策法规在纵向与横向上产生的法规张力。表现为:其一,体育系统和医疗卫生系统颁布的法律法规在各自系统内运行,法力对象与落脚点不

---

①郑泰安.设区的市地方性法规与省级政府规章效力等级辨析—基于讨论规制的视角[J].法学论坛,2018.33(1):92—99.

同所产生的法力张力。其二,《"健康中国2030"规划纲要》《全民健身计划(2021—2025)》等政策文件中只是对体医融合部分内容进行了条款说明,无法形成对体医融合机制运行完整的法力效力。其三,虽然一些地方政府颁布了体医融合专项政策,但是从政策内容来看,只是对体医融合工作步骤、工作内容的说明,其法规效力体现不强。

4. 服务保障运行实践困境:服务能力软化

体医融合服务能力是人力、场地器材、技术和信息所形成的综合力。服务能力的提高也表明体医融合保障机制运行的通畅,服务能力的软化则说明服务保障机制运行过程中人力、场地器材、技术和信息之间关系的松散。就人力资源保障而言,虽然我国的社会体育指导人员、医疗卫生技术人员正逐年增加,并且康复医师、康复治疗师也作为新兴的人才培养目标得到了国家的重视,但是仍然无法弥补专业型体医融合人力资源匮乏的窘境。同时,人力资源的编制制度制约着现有专业技术人才的合理流动。就场地器材保障而言,依附于全民健身路径、社区、医院等现有场地器材很难实现体医融合高质量的实践效果;而具有高技术含量,高针对性的场地器材之于群体的可及性限制了服务效果的扩大化。就技术保障而言,体育技术与医疗技术对某些疾病的效力机制并没有得到科学证实。如针对常见疾病阿尔兹海默症德国FO-MT培训中心研发出了具体的运动处方,但是阿尔兹海默症的发病机制以及运动如何预防阿尔兹海默症的作用机制在国际上并没有得到统一认识。体育技术和医疗技术相结合并进行针对性转化是技术保障面临的重要难题。就信息保障而言,信息的不对称是信息流动受限的重要表现,从而也导致了体医融合良好氛围的形成。人力、场地器材、技术以及信息要素运行过程中所存在的问题,使得要素间合力的形成大打折扣,也是服务能力软化的本因所在。

三、体医融合保障机制运行实践策略

厘清体医融合保障机制内部关系是保障机制运行的前提之一,有利于形成相对独立运行体医融合保障机制,也是解决体医融合保障机制运行依附性困境的重要推手,更有利于保障机制内部各要素功能的实现。内部要素的关系可以从要素关系和要素间关系两层面着手。

对于保障主体要素而言,要明确政府在体医融合保障机制中的准确职能定位,发挥政府在保障机制中的优势作用;同时政府也要清楚社会在体医融合保障机制中的角色地位,充分调动社会力量为保障机制运行提供便利条件;同时政府还应积极引导市场发挥市场机制应有的效果。保障主体与保障内容的关系是保障机制运行的核心关系,尤其是政府要根据保障机制运行的不同状态利用恰当的保障方式对保障内容进行合理的保障。

对于保障内容要素而言,保障内容既是保障机制的核心要素也是保障机制运行实践结果的具体指向,更是保障机制运行实践的落脚点。从保障机制运行实践过程来看,建议从以下方面进行思考。

(一) 政府监管与部门协调机制

政府是体医融合保障主体之一,在健康中国持续推进过程中,体医融合实践发挥应然的健康促进效应,需要政府履行监管的职责。体医融合政府监管是一种外部性监管,是政府管理职能和领导职能的延伸。从政府上下级层级关系看,涉及到上级政府对下级政府的监管,这又涉及具体监管职责以及上级政府对下级政府的监管权下方与分配的问题。从政府监管的具体实施过程来看,应重点考虑一下问题:其一,监管的法律法规及政策制度保障。在监管过程中又涉及体医融合政策融入及专项政策制定的问题。其二,明确监管机构。通过体医融合保障机制理论部分的分析发现,卫健委、体育局以及教育部(局)是监管的三大主体,明确三个主体的监管职责及监管边界,这又涉及到部门组织协调问题。其三,明确监管的方式。在体医融合实践过程中,政府是采取统筹监管、简约监管还是利用信息化平台构建实施智慧监管还需要进一步探讨。最后是监管监督的问题。成立监管监督小组实现对监管绩效的评价。

体医融合的保障主体设计卫健委、体育总局和教育部三个实体组织，但是履行具体保障职责的则是实体组织内相应的职能部门。部门协调包括了实体组织内各职能部门间的协调和不同实体组织内职能部门间的协调两个维度。在同一个制度组织框架下，组织内部门协调相对容易。难点在于三大实体组织间不同职能部门的协调。这也是体育系统与医疗卫生系统融合不佳的具体原因之一。从目前体医融合实践的具体情况来看，成立多部门参与的"体医融合领导小组"，通过不定期开展"联席会议"的形式加强职能部门间协作关系是一条可行的操作思路。在成立领导小组的过程中还应该考虑以下问题：其一，确定主要的领导部门，避免出现领导小组成员间基于自身利益的考虑导致决策分歧。其二，明确各部门的职责权限，避免出现因职责模糊出现责任推诿。

（二）实践组织协同机制

实践组织协同从组织保障的角度出发，实现七大类型实践组织开展有效的体医融合实践活动。七大类型实践组织可分为政府主导类和市场主导类，诸如医院、社区、学校属于政府主导类，养生中心、公司运营、健身会所等属于市场主导类。可见，实践组织协同存在三条协同线索：政府主导下的实践组织协同、市场主导下的实践组织协同、政府和市场参与下的实践组织协同。

政府主导下的实践组织协同由于行政力量的参与使得协同难度相对较少。政府主导下的实践组织协同可按照以下框架进行：协同目标具体统一、协同主体多元复合、组织功能延伸互补、协同内容多维集中。所谓协同目标具体统一即医院、社区、学校等实践组织均以体医融合机制良性运行为总目标，统一指向于体医融合实践效果之于健康的促进作用。所谓协同主体多元复合即同一系统的实践组织间和不同系统的实践组织间的多元复合。诸如在医院间形成"体医融合医体联盟"、三甲医院与社区医院围绕体医融合实践形成帮扶机制的"医共体"等。在不同系统实践组织间基于共同的体医融合实践目标和各自主体功能上的差异打造协同机制。诸如医院与学校之间基于体医融合专业人才培养的角度,形成教学资源共享,人才联合培养。所谓组织功能延伸互补即是基于实践组织的本质功能出发,立足体医融合实践效果显现的共同目标,实现组织功能上的互补。诸如前面讲到的医院与学校联合培养人才就是发挥医院的医疗救助实践优势和学校教育人才培养优势形成的功能互补。协同内容多维集中即各实践主体从体医融合促进健康效应实践条件出发,在融合条件要素上协调统一。在硬件协同方面,医院、社区和学校的体医融合设施设备进行共享共用,在技术上公开共享,在人员上合理流动,在信息上共享共用,在话语上相互补充等。

市场主导下的实践组织协同,指的是公司运营类、健身会所类、养生中心类等实践组织的协同。虽然受到市场机制的影响与制约,协同难度较大,但是仍然可以从信息资源、人员技术、场地设施等方面进行协同互助。

政府和市场参与下的实践组织协同,主要体现在政府处于主导地位下的对市场机制的协调。可以通过降低市场准入门槛、落实优惠税收政策、降低银行贷款利率等形式,加强政府和市场间的合作关系。

(三) 资金共筹专用机制

资金共筹专用主要是针对体医融合经济要素的保障。体医融合实践活动开展在很大程度上受经济要素的制约。通过前面的论述,体医融合实践组织的经济来源较为单一。虽然国家经济的发展和居民可支配水平的提高提供了体医融合资金保障的厚度,但是专项资金的缺位在很大程度上影响了体医融合实践的深度与广度。各实践组织的专项资金包括政府提供的专项资金和受市场机制支配的实践组织提供的专项发展资金。随着体医融合实践效应的不断凸显,在体育公益彩票预留资金中预留体医融合专项发展资金具有较强的操作性。同时,在医院扶持资金中,分配部分资金用于体医融合实践活动开展同样具有一定的合理性。此外,还可以通过建立专项账户,向社会个人和慈善组织募捐发展基金同样具有较强的操作性。对于受市场机制支配的实践组织而言,是个人资金发展体医融合的具体表现。此外,银行可以向体医融合实践组织提供贷款的形式增加体医融合资金发展的厚度。银行组织优化贷款审批流程、提高贷款发放速度、降低还款利息等手段可以有效保障体医融合实践组织的资金利用。

(四) 场地器材设施共享扶持机制

场地器材设施共享扶持机制主要是针对体医融合硬件条件的保障。场地器材设施是开展体医融合实践活动的重要基础。现阶段,对体医融合场地器材设施实施保障可以从场地器材共享和器材设施扶持两个角度进行。从场地器材共享的角度看,要坚决落实国家颁布的关于校园、公园等空间内的体育场地设施对外开放。以提高校园、公园体育场地器材的使用率。对于场地器材设施扶持的角度看,一方面要降低在医院、社区、俱乐部等收费场所内器材设施的费用,通过专项资金扶持的方式补贴收费场所器材设施使用费。另一方面扶持体医融合专项器材设施的研发与生产费用。现阶段,体医融合专项器材设施的价格相对较高,这在一定程度上影响了体医融合实践开展的广度。加大对科研机构研发体医融合专项器材的力度,在立项支持、经费保障、科研人员保障上给予倾斜;加大对体医融合专项器材生产厂家的扶持力度,在生产补助、税收征收、水电补贴、物流运输等方面给予扶持。

(五) 人才利用与培养机制

人才利用与培养机制主要是针对体医融合人力资源的保障。人力资源是体医融合实践中最具能动性的因素。在医疗卫生系统和体育系统中又大量的健康促进人才,这为体医融合的实践开展提供了人才支撑。现阶段,制约体医融合实践活动开展的因素之一便是体医融合专业人才匮乏。体医融合专业人才兼具医学专业和体育专业双重专业特性。在体育院校中的运动康复专业、体育保健专业每年毕业的人数远远不能满足体医融合实践对专业人才的需求。因此,体现人才资源的保障力就需要充分利用现有健康促进人才的数量优势,通过对现有健康促进人才继续教育的方式提升体医融合的专业能力。此外,还应重视运动康复、体育保健多年专业人才培养的经验,通过调整课程结构、转变人才培养方式来提升体医融合专业人才的质量。健康产业的扩大,社会对健康促进人才培养需求增强,这样就给专业调整提供了条件。人才培养以社会需求为导向,通过新增新的健康促进专业进一步扩大专业人才的数量。现阶段,医院与体育院校联合培养的呼声较高,扫除联合培养的制度障碍,共同商讨人才培养方案与培养方式,相信经过几个周期的人才培养,体医融合专业人才匮乏的问题会得以缓解。

(六) 技术转化与话语完善机制

技术转化与话语完善机制主要是针对体医融合的技术保障和话语保障。体育系统与医疗卫生系统均有自身独立的技术体系,这为技术融合提供了条件。在医疗卫生系统内,所有的技术均指向于健康促进;而在体育系统内,运动项目技术的强势使得体育促进健康的技术挖掘整理还不完善。这在一定程度上削弱了体育的健康话语权。运动项目技术本身不能促进人们体质健康,它需借助运动训练中的量、强度、时间、频率等要素来实现健康促进的目的。在竞技体育领域中,充斥着大量的关于运动员健康促进的技术。只是这种最具代表性的体医融合技术使用范围局限在竞技体育运动员身上,技术转化程度较低。因此,提高竞技体育领域内技术的平民化转化速度既可以解决体医融合技术匮乏的问题还可以有效提升体育技术的话语地位。只是在技术转化的过程中要注意客服"技术理性"的弊端,体现技术之于健康促进的"人文关怀"。从话语完善机制的角度看,在体医融合实践中需要医疗卫生系统的话语帮扶。在医院就诊过程中,医生对病人推荐体医融合方式来进行病情康复，让病人真切感受到体医融合技术的优势，从而实现体医融合技术在健康话语上的完善。

（七）构建有效的整合机制

构建完善体医融合整合机制是长效保障运行的基础，也是解决保障机制运行效果分散性的主要思路。通过对保障机制的静态分析，现阶段有着数量可观的体医融合保障性内容资源。保障性内容资源的分散性导致了保障机制运行效果的不集中。而完善的整合机制可能将分散的保障性内容资源整合成有机的整体，从而使保障效果实现最大化。

然而，构建完善的整合机制是一个复杂的过程也是一个系统工程。认识整合机制的内部结构要素以及要素之间的相互关系与作用机理是构建完善整合机制的前提。对整合机制内部结构要素的静态解读和动态关系运行将在整合机制下一章(第五章)做详细介绍。

本章小结

保障机制是体医融合机制的重要组成部分，是为维护体医融合机制安全、良性运行所涉及到的各种因素、相互关系及作用机理实现的总和。体医融合保障机制以维护机制运行安全为目的，为体医提供良性融合条件。体医融合保障机制内部要素的多样性和关系的复杂性决定了与激励机制和整合机制联系最为密切。体医融合保障机制围绕保障主体、保障内容和保障方式而展开。在保障主体中要明确政府、社会和市场在保障机制中的职能定位与角色扮演；保障内容围绕组织保障、经济保障、法规保障和服务保障进行；而保障主体根据保障内容的不同所采取的保障方式则存在着较大的差异。体医融合保障机制运行实践是保障主体采取一定的保障方式对保障对象实施保障内容，然后将保障的结果反馈给保障主体的实践过程。在这一过程中主要存在着保障过程的依附性和保障效力的分散性等突出问题。现阶段,体医融合保障机制的良性运行可以从政府监管与部门协调机制、实践组织协同机制、资金共筹专用机制、场地器材设施共享扶持机制、人才利用与培养机制、技术转化与话语完善机制、构建完善的整合机制等方面进行思考。

第五章　体医融合整合机制

　　整合机制是体医融合机制的重要组成部分,在体医融合机制结构中具有重要地位。根据社会运行机制理论,整合机制就是协调各方利益,使个体、群体组成一个有机的整体。通过前面的分析我们发现,体医融合资源相对充足,只是由于缺乏有效的整合机制,并没有把资源要素整合成"1+1＞2"的效果。体医融合整合机制其实质上是对保障机制结构中所涉及要素的有效规整。鉴于这种关系的存在,弄清楚整合机制的内部结构要素包括哪些? 各要素之间是怎样的关系? 整合机制如何运行及如何优化整合? 对这些问题的解答不仅可以更深层次认识整合机制,还可以诠释整合机制与其他机制之间的关系。

第一节　体医融合整合机制解读

一、整合与整合机制

(一) 整合释义

　　整合是由整和合组成的一个词汇,"整"在汉语中的意思有"整理、整顿"之意,而"合"则有"结合到一起,凑到一起、共同、全、容量单位"等多重意思。在英语中,整合翻译为 integration,源自于拉丁文,意为"更新"。在牛津字典中,对于 integration 的解释有两个,其一、合作或组成一个联盟的行动(act)或过程(process);其二,一种已知区别职能的判定行为①。但在翻译过程中,integration 在香港和台湾地区翻译为"整合",在日本翻译成"统合",在我国则更多地翻译成"一体化"。整合作为动词使用时,强调的是不同部分结合成一个整体的行为和过程,而作为名词使用时强调的是不同部分相互作用、影响的结果。从词义上分析,"整合"既包括"整"也强调"合",整是过程是手段,而合是状态是结果,各部分相互联系后结合在一起的完整结果。

从学科研究上看,"整合"在不同的学科研究中的具体含义存在着差异。整合最初是地质学的一个术语,主要用于分析地层结构的整合。管理学中的整合是对组织中各个体以及各部门间的活动进行综合并协调的过程,整合的过程也是"重建"或"一体化"的过程②。英国哲学家赫伯特·斯宾塞(Hebert Spencer)认为所谓整合就是程序化构建一个新的整体的过程,这个过程是由该系统的统摄和凝聚作用下众多相关部分的集合③。劳仁斯(Lawrence P·R)从组织行为学的角度认为整合就是组织内部门间为使活动顺利实施而形成的行为与结构④。经济学视角下的整合主要从资源配置的角度进行,认为整合就是为保障资源的有效配给与利用,在实现最优化资源配置目标的指引下对资源的重新分配⑤。在社会学领域,整合是指社会成员间思想和行为规范统一化的过程⑥。系统论的观点认为,整合就是某个系统为实现目标而将系统内各种要素联系起来,使之成为一个动态有效的整体行动过程,过程和动态是其基本特点。

①Thesaurus,Wordpower Guide[M]. Oxford university press,2001(2):676.
②张静.农村公共资源治理机制研究[D].石河子:石河子大学博士学位论文,2016(9):73.
③李彦西.欠发达省区高等教育资源整合机制研究[D].武汉:武汉理工大学博士学位论文,2010(12):31—32.
④邵峰.转型时期山东沿海农村城市化模式及整合机制研究[D].天津:天津大学博士学位论文,2009(1):8.
⑤孙选中.服务型政府及其服务行政机制研究[D].北京:中国政法大学博士学位论文,2008(4):107—108.
⑥曲洪志,谭延敏.文化建设与社会整合[J].马克思主义与现实,2009(1):193—195.

由此可见,整合在不同的学科领域由着不同的理解。在社会运行机制语境下,整合是协调各方利益,使其成为一个有机的整体。在运行机制系统中,整合是在系统中各因素彼此独立,通过调整要素的功能、地位以及时空特征,进而构建一个结构合理的组织,在这个组织中各要是关系清晰,位序明朗,以确保组织内各要素功能实现最大化[①]。最大化功能的实现依赖于两个或两个以上事物的协同程度。因此,从整合的过程来看,整合是对事物组成系统的优化过程,通过整合这一手段实现系统的整体合力,通过系统各要素之间的紧密联系,发挥出单要素运行时所能达到的最大收益。同时,整合的过程也是系统内部要素重新排列组合的过程,通过重新排列加强要素之间的联系,最终实现"整体大于部分之和"。

(二) 整合机制

学者们在"整合"词义理解上的差异导致了对整合机制的理解也存在着区别。在不同的学科领域,根据研究对象和研究目标的需要,对整合机制的理解呈现出多样性的特点。张静(2016)在管理学领域对农村公共资源进行整合机制研究时认为"整合机制是通过对参与者之间相互关系的梳理,形成全新的多边谈判路径以加强对共同的承诺维持,对降低风险和信息不对称,形成新型竞合环境"[②]。李彦西(2010)从在产业经济学背景下对高校教育资源整合分析时认为"高等教育资源整合机制就是要通过组织制度安排,把高等教育资源内部彼此相关但却彼此分类的机制,把参与高等教育资源分配的各方利益整合成一个共生共融的组织系统"[③]。黄玉捷(1997)认为"社会整合机制一般通过制度性整合、功能性整合、认同性整合等方式,分别从不同的维度实现对社会的整合"[④]。

[①]雷振东,刘家平.整合与重构——陕西关中乡村聚落转型研究[J].时代建筑,2007(4):22—27.
[②]张静.农村公共资源治理机制研究[D].石河子大学博士学位论文,2016(9):73.
[③]李彦西.欠发达省区高等教育资源整合机制研究[D].武汉理工大学博士学位论文,2010(12):31—32.
[④]黄玉捷.社区整合:社会整合的重要方面[J].河南社会科学,1997(4):71—74.

一般而言,体医融合整合机制是指影响体医融合诸因素相互联系及其作用机理实现的总和。体医融合整合机制是整个运行机制中的重要组成部分,整合机制构成了一个内部要素复杂且关系严密的系统,在系统内各个要素相互作用、互相联系,为完成共同目标而按照一定的方式运行的工作原理或方式的集合。在整合机制中既包括静态的结构要素,也包括动态的运行过程;既包括内在的关系要素,也包括外在的运行条件;既包括显性的整合形态,也包括隐性的整合原则。

二、整合机制本质及与其他机制的关系

(一) 体医融合整合机制的本质剖析

对体医融合整合机制的本质进行分析是从宏观上认识整合机制的前提性问题,有利于我们在根本上深入认识整合机制的基本内涵。

1. 协调各方利益是体医融合整合机制的逻辑起点

利益意为好处,是指能满足人们物质或精神需要的各类事物。马克思主义理论认为利益是社会发展的前提、基础和根本动力,社会的变革和更新归根结底是重新调整人们的利益关系,人类所进行的一切活动都与利益相关,利益是人类活动的根本性目的[1]。利益问题是社会发展的根本性问题,从利益的角度考察社会运行,利益便是社会运行的逻辑起点。在构建和谐社会的过程中,利益整合是构建和谐社会的关键[2]。体医融合机制运行是社会运行机制的缩影,可见,利益也是体医融合整合机制运行的逻辑起点。

在保障机制分析中,我们已经对体医融合利益相关者进行了详细分析。具体而言,体医融合利益相关者分为三类:主导型利益相关者(政府部门和组织)、接受型利益相关者(个体、基层组织、家庭、社区、各级医院等)、间接型利益相关者(志愿者组织、媒体组织、科研机

①李长健,胡纯,朱汉明. 利益视角下农村资源环境可持续利用与保护机制体系研究[J].河南教育学院学报(哲学社会科学版),2009.28(2):90—93.
②李清华.利益整合:构建和谐社会的关键[J].中共石家庄市委党校学报,2005(3):47.

构等)。这样的分类是基于利益相关者对体医融合机制运行的效益贡献的角度进行的。但从各利益相关者的利益类型、利益表达、利益诉求、利益偏好等方面来看,体医融合各利益主体之间还存在着较大的差异。

从利益类型来看,体医融合利益相关者包括个人利益和集体利益。在个人利益服从集体利益的价值理念引导下,集体利益(国家)通过整合、协调、控制,尽可能地在个人之间形成利益均等,尤其对具有准公共产品性质的体医融合而言更是如此。但是从集体利益的分配来看,利益整合是利益均等化分配的基础。从利益表达来看,由于各利益相关者在体医融合机制运行过程中所处的地位不同,它们的利益表达机制存在着较大的差异,诸如主导型利益相关者的利益表达机制相对于接受型利益相关者的利益表达机制就要通畅得多。利益表达机制越通畅越能满足自身的利益诉求。对利益诉求内容而言,各利益相关者有着不同的利益类型诉求,有的偏重于物质利益,而有的又注重精神利益。从利益偏好来看,对于中央政府部门和地方政府部门之间可能存在着"公益人"和"经济人"之间的博弈,这种博弈的过程可能会导致利益偏好的存在。

各利益相关者之间在利益类型、利益表达、利益诉求和利益偏好上的差异,这就要求协同各方利益。协同是基础,通过整合机制让各方利益形成合力,驱动体医融合机制的良性运行。此外,从社会运行机制理论来看,整合机制在整个社会运行机制中所赋予的功能定位同样也是协同各方利益。可见,协同各方利益是体医融合整合机制的逻辑起点。

2. 资源整合是体医融合整合机制的主要内容

资源泛指一切人力、物力和财力等各种要素的总和。在整合机制中,资源和利益形成一种对立统一的关系。这不仅是因为资源本身是利益的象征,而且还体现在资源与利益的矛盾运动上。在整合过程中,资源的多寡决定着利益的大小,资源是利益的前提和基础。资源是整合过程中的外在表现,而利益则是资源整合的内在本质。

从整合研究的一般范式看,说到整合一般均指向于对资源的整合。尤其是在研究企业内部整合问题时体现得尤为明显。在资源整合机制运行过程中,根据研究对象的不同,资源的具体指代也存在着差异。体医融合资源整合实质上是指围绕体医融合服务而展开的各种要素的整合。具体而言是指体医融合保障机制内容中的各要素,即组织整合、经济整合、法律法规整合、服务要素整合,而服务要素中又包括了人力资源整合、场地器材整合、技术整合和信息整合。通过对体医融合各子机制的分析不难发现,整合中的各要素与各子机制间存在着千丝万缕的联系。这种联系既体现了体医融合机制的整体性,同时也反映出整合机制与其他机制之间的内在关系。

(二) 体医融合整合机制与其他机制的关系梳理

在社会运行机制理论下,整合机制与动力机制、激励机制、保障机制、控制机制构成了体医融合机制的完整结构。各子机制在体医融合机制中功能各异,作用不同,形成一种整体和部分之间的关系。就整合机制而言,在整个机制中的作用是协同各方利益,使其形成有机整体;动力机制则是为机制运行提供适宜的动力;激励机制是通过激励手段激发体医融合机制活力;控制机制则是维护好机制内部各要素之间的秩序,控制其方向和进程;保障机制是满足机制运行的基本条件,维护体医融合机制的安全、良性运行。可见,体医融合各子机制彼此之间相互联系从而实现功能上的耦合。体医融合机制的良性运行不仅依赖于各子机制的有效运作,还与各子机制形成的强联系有一定的关系。

对于整合机制和动力机制而言,通过对机制内部结构要素的整合能产生适宜的主动力,并能有效抑制逆动力,进而始终确保体医融合发展过程中保有合适的动力支持。对于整合机制和激励机制而言,激励机制是激发体医融合实践主体的行为动机,以能激发体医融合运行的活力。在激励过程中，以激发行为主体的利益为导向，这与整合机制具有一致性，整合各行为主体的利益关系便能产生更好的激励效果。对于整合机制和保障机制而言，整合机制本质上是对保障机制中的内容要素的整合，体现出了整合机制与保障机制之间的内在关系。对于整合机制和控制机制来说，协同各方利益既能产生良好的整合效果不仅能提供适宜的发展动力，更能确保内部要素之间的良好秩序，达到控制方向和进程的效果。

社会运行机制理论认为，判断机制的优良可以从机制对于事物内部的组织和要素有较强的整合效力进行考察①。整合效力的体现主要通过体医融合整合机制来实现，这充分说明保障机制在体医融合机制中的地位与作用。

第二节　体医融合整合机制运行理论分析框架

整合机制目标是指向于整合体医融合机制内部各要素，使其成为一个在目标引领下的整体。所有的整合机制研究总是围绕如何整合而展开，围绕着如何整合的前提性问题便是谁来整合，怎样整合以及整合什么等系列问题。当然，体医融合整合机制也不例外。为更为清晰地弄清体医融合整合机制的内部结构要素及相互关系，我们从整合主体、整合方式、整合内容和整合的具体维度四个方面进行分析（图 5-1）。四个方面构成了整合机制运行的完整过程。

整合机制运行的完整过程可以表述为整合主体在整合目标的指引下采取恰当的整合方式，对整合内容进行整合，整合结果指向于整合维度，最后反馈给整合主体，从而形成一个循环闭路。毋庸置疑的是，体医融合整合机制的目标是厘清机制各要素之间的关系，以期产生部

①冯海龙.社会运行机制的优化及其途径[J].太原大学学报,2005.6(4):78—80.

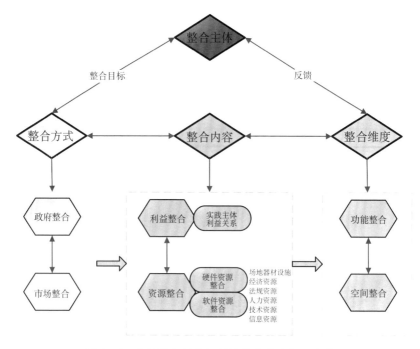

图 5-1　体医融合整合机制结构要素及相互关系

分之和大于整体的功效。

　　整合主体回答的是谁来整合,具体而言是指政府和市场两个整合主体。整合方式即反映体医融合整合的具体办法和形式。通过前面的分析得知,体医融合属于准公共服务范畴,在准公共服务范畴中政府利用政府职能的宏观调控机制,市场利用市场机制完成对体医融合整合机制中内容的整合。利益整合和资源整合构成整合机制的具体内容。前述,利益整合和资源整合存在着对立统一的关系,分别指代不同的具体事物。利益整合指向于不同利益相关者的利益诉求,资源整合指向影响体医融合实施的各项资源,具体包括组织资源、人力资源、场地器材资源、技术资源和信息资源等。利益整合和资源整合的结果最终通过整合的两个维度来实现,功能整合和空间整合。功能整合主要是根据体医融合实践组织机构所具有的本质功能和在体医融合要求下提出的延伸功能的整合。空间整合是指体医融合实施地理空间位置的整合。

一、整合方式：政府整合与市场整合的双向互补

前述，政府是一个宽泛、抽象的概念，并不是指具体哪一级政府，而是代表政府行使体医融合管理职责的各级政府部门组织。市场同样是一样抽象的概念，是指进行体医融合服务或产品交换的场域。政府整合和市场整合是体医融合整合的两种不同的方式。在行政管理领域，政府整合是指政府与社会之间、中央与地方之间的动态协调过程，应本着既有中央集权，又有地方自治的根本原则，创造适合于当时社会经济形势的中央—地方关系①。在体医融合整合机制下，政府整合即利用政府宏观调控手段在体医融合中发挥整合作用。在经济学领域，市场整合是一种商品的价格（在扣除运输费之后）在其中趋于一致的那个领域②。显然这里的市场整合是研究经济问题和经济现象的专业概念。我们所探讨的市场整合是利用市场"无形之手"的调控作用对体医融合利益和资源进行的整合。

政府整合和市场整合双向互补共同完成对体医融合利益和资源的整合。然而在这个双向互补的过程中，政府整合占据着主导地位，而市场整合则起着辅助和补充的作用。政府整合之所以处于主导地位是因为：其一，体医融合是一种自上而下的健康促进的新理念，在体医融合实践初期，政府起着至关重要的作用；其二，体医融合的对象是全体民众，指向于人们健康，全民健康是"健康中国"国家发展战略的根本内涵，政府是"健康中国"建设的主体；其三，从体医融合服务性质来看，属于准公共服务范畴，根据公共服务理论，政府在准公共服务中扮演着"安排者"的角色，是社会公共利益的表达者；其四，从体医融合市场构成来看，虽然体医融合具有规模庞大的消费者，但是对于生产者（服务提供者）而言数量明显不足，也就是说现阶段体医融合市场规模并未成

①唐祖爱.浅析我国政府整合的缺失及重建途径[J].地方政府管理，1997(9)：12—14.
②胡鹏.清代中期华北粮食市场整合研究[D].北京：中国农业大学博士学位论文，2017(5)：2.

型,这就需要发挥政府对市场的积极引导作用。

(一) 政府整合是体医融合整合机制中的主要方式

政府整合之于体医融合的本质是要揭示政府与体医融合整合机制之间的关系,是政府行使公共管理职能的具体表现。在政府整合与体医融合关系中,政府整合是主要方式,体医融合是政府整合的对象。

1. 政府整合在体医融合整合机制中的作用

政府整合在体医融合整合机制中的作用体现于政府在体医融合机制运行中所起扮演的角色,这与政府的层级管理体系有着紧密的关系。

政府在体医融合机制中扮演的角色主要有:1)政府是体医融合倡导者。在中央政府层面,2016 年中共中央国务院印发《"健康中国2030"规划纲要》中明确提出:"推动形成体医融合的疾病管理与健康服务模式,发挥全民科学健身在健康促进、慢性病预防和康复等方面的积极作用"[①]。在地方政府层面,受"健康中国"建设的影响,各省纷纷探索体医融合的发展路径。如广西省采用"体医融合"模式,推广个性化的"运动处方",探索医保卡余额用于健身的试点建设;深圳市发布体医融合专项政策,借助医院和社区开展体医融合实践。2)政府是体医融合组织者。倡导者不一定是组织者,组织者是按照一定的组织目标、任务和形式,对参与体医融合的相关人员进行整编以便形成工作秩序。如果说中央政府更多地承担着倡导者的角色的话,那么基层政府则更多地承担着组织者的角色。组织者其实质也是安排者。政府根据社区、医院、各级机构等体医融合实践机构的功能与性质,对体医融合服务进行安排。3)政府是体医融合管理者。组织者不一定是管理者,管理者是参与和帮助他人完成体医融合具体工作的人或人群的集合。政府行使对体医融合管理是政府管理职能的具体表现。政府对体医融合

①中华人民共和国中央人民政府. 中共中央国务院印发《"健康中国 2030"规划纲要》[EB/OL]. http://www. gov. cn/xinwen/2016—10/25/content_5124174. htm. [2018—12—22](2016—10—25).

行使着宏观管理职能,表现为不仅对其发展速度和规模进行了控制,而且还对体医融合内部事物进行管控。政府在体医融合机制中承担着多重角色,足可见政府地位的重要性。

从管理层级的角度看,政府整合依赖于行政集权①,而政府在体医融合管理中形成了具有明确分工的三级分层管理模式。这一模式由代表国家最高级别的管理层——中央政府,主要工作内容有:行使决策职能、制定政策法规、制定工作标准、分配具体工作、划分职能边界、确立考核标准等。中间层为地方政府职能部门,主要工作内容是履行最高管理层的工作内容指示、根据本地实际情况制定相应的规章制度、对区域内的工作内容进行管理、检查、监督。最底层为基层执行层,根据高层和中层的精神指示执行具体工作任务。诸如社区是政府的基层代表,在社区管辖范围内,利用社区资源开展实践活动是当前体医融合实践的常见形式。

三级政府整合机制呈现出以下特点:第一,权利的分化。底层政府对体医融合的管理职能来自于上层部门的赋予,并对职权边界进行了严格的规定,底层政府权力对上级部门负责。这种职权分明,等级森严,整体划一的权力流动是实现高层政府权力集中的表现。第二,职能边界清晰。中层政府和底层政府所具有的职能边界是高层政府的赋予,其执行范畴不能超过上级政府的允许。第三,组织结构的封闭性。这种封闭性主要表现在行政命令的上传下达是政府部门开展各项工作的重要方式,而这种行政命令并不完全是上级政府和下级政府协商交流的结果,同时也把其他社会组织排除在外,形成了相对封闭的单向信息流动。这样的政府管理体制能在短时间内形成对体医融合利益和资源进行有效管理,并能确保体医融合整合机制运行始终保持在国家需要的正确路线上。

---

①胡伟.经济转型中的政府整合:政治体制改革的维度[J].社会科学战线,1995(2):1—8.

2.政府整合在体医融合整合机制中的弊端

政府整合虽然是体医融合整合机制中的主要方式,但是政府整合也不是万能的,在运用过程中如果整合不当,也将产出一定的弊端。主要表现为:其一,纵向的权力下放,当政府整合不力时,容易产生地方各自为政的局面。其二,如果政府层级之间缺乏有效的信息沟通与反馈,容易形成政府整合的机械执行主义倾向,使整个体医融合机制运行失去活力。其三,政府整合边界范围的不确定性,容易形成"什么都管,但什么都管不好"的局面。

(二)市场整合是体医融合整合机制中的补充方式

市场整合是政府整合的有效补充。在对资源和利益进行整合的过程中,市场整合不仅表现于是政府整合的补充,而且市场整合在一定程度上受到了政府整合的影响和制约,政府通过许可经营、企业重组等形式实现对市场的有效控制,以免由于人为操控形成利益和资源的垄断现象。

1."优胜劣汰"是市场整合在体医融合整合中的具体表现

在体医融合资源整合中,市场机制的优势在于对资源的有效配置,通过市场供求的规律,在"无形手"的指导下,能够使得资源的利用和需求的满足达到有效的结合[1]。在市场机制中遵循着"优胜劣汰,适者生存"的天然法则。通过这一法则实现体医融合利益和资源的有效整合。

然而,政府在准公共服务中的整合边界是有限的,应当发挥市场机制的整合效应。在政府放权,改革政府机制的前提下,研究表明行业协会对于市场整合具有至关重要的地位,这是因为当政府整合力度放松,行业协会为保持整个行业的规范发展,避免市场张力的过度膨胀,行业协会通过有效的整合措施能够让整个行业发展保持在预定的方向和轨道上[2]。

---

①宁泽群.微观经济学[M].北京:中国电力出版社,2012(9):150.
②应瑞瑶,赵永清,李胜军.行业协会、国内市场整合与对华反倾销[J].国际贸易问题,2004(8):25—28.

2. 市场整合在体医融合整合机制中的局限

市场整合与政府整合不同的是,市场整合是一种事后整合和自发性整合。如果市场机制失灵,在利益驱动下,体医融合供需难以保持平衡,在信息不对称的情况下,甚至会出现资源的垄断,造成群体对体医融合的信任危机,对体医融合机制运行起到极大的破坏作用。正如我国学者胡鞍钢所言,"市场机制是有效的经营机制,其作用有限,政府应起更积极的作用"①。

二、整合内容:利益整合与资源整合之间的统一

在体医融合整合机制中利益和资源是对立统一的关系。这种关系的存在既与体医融合准公共产品性质有关也与利益与资源地位性质有关。对于利益而言,总是相对于人的主体性而客观存在的事物,而对于资源而言,虽然也包括了主体的人的要素,但是还包括其他的对象性的客观存在物,诸如场地器材、媒体信息等。在谁拥有资源多谁将获得更多利益的驱使下,利益和资源总是处于不断的博弈当中。博弈的过程也是关系调整的过程。就利益整合而言,协调利益相关者之间的利益关系,以缓和利益相关者之间的利益冲突,形成合理的利益分配的过程②。就资源整合而言,是指在现有资源的基础上,通过消化吸收外部资源,优化内部资源,并将内外部资源进行优化整合的过程③。

(一) 利益整合的关键是协调体医融合利益相关者之间的利益
关系

在激励机制分析中,我们对体医融合利益相关者分为三种类群:即

①李秀英. 医疗卫生服务的市场调节与政府作用的界定[J]. 中国卫生经济,2000. 19(11):16—17.
②李清华. 社会转型时期中国共产党利益整合方式研究[D]. 北京:中共中央党校博士学位论文,2005(5):1.
③赵丹丹. 上海医疗资源纵向整合研究[D]. 上海:上海复旦大学博士学位论文,2008(10):23.

主导型利益相关者、接受型利益相关者和间接型利益相关者。其中对体医融合效益起主导作用的各级政府及政府职能部门,它们属于主导型利益相关者;接受型利益相关者是指在接受政府部门领导的过程中从体医融合实践中接受直接利益的个人或群体,主要指体医融合实践主体;间接型利益相关者是指那些体医融合实践过程中不直接获利的个人或群体,一般指在体医融合机制运行中起支撑作用的组织机构。诸如银行、科研机构、体育民间组织等。三种类型的利益相关者在体医融合发展过程中对于利益的诉求存在着差异性。利益整合的目的是把各利益主体的利益整合到与体医融合整体利益相一致的轨道上来。各利益主体之间的利益分化、利益表达、利益诉求上的差异为利益整合提供了逻辑起点。

1. 主导型利益相关者利益诉求

主导性利益相关者的利益诉求是指政府及政府职能部门在体医融合机制运行过程中所期望获取的利益。从整体政府的视角看,主导型利益相关者是政府作为体医融合的监管主体在履行政府职责的过程中获取的政府利益。前述,体医融合的整合主体包括体育部门、医疗卫生部门和教育部门。这三个部门在履行体医融合监管职责的过程中其利益诉求也表现出差异,这就涉及到主导型利益相关者中的部门利益问题。此外,由于体育部门、医疗卫生部门、教育部门由中央到地方的层级结构设置,还牵涉到纵向同系统内的利益诉求问题。各部门内部由个体的工作人员组成,他们在行使体育融合具体职责的过程中对体医融合的利益呈现出明显的"理性经济人"的色彩,他们的利益又属于个人利益的范畴。由此可见,主导型利益相关者的利益诉求可以分为横向与纵向两个维度,整体政府利益、政府职能部门利益以及部门内部工作人员个体利益三个内容。

整体政府利益表现为政府在管理体医融合事务过程中的公共利益。这是由体医融合所具有的准公共事务性质决定的。政府代表人民群众行使公共管理的职能,行使公共管理的权利。在政府职能改革的过程中,公共利益是服务型政府职能的具体表现,建立服务型政府是实现政府利益与公共利益最大化的基础①。公共利益实现的最大化最能表现出政府执政为民的利益诉求,从而树立政府在管理公共事务中的绝对权威。在健康中国持续推进过程中,要始终坚持中国共产党领导下的各级政府在体医融合机制运行中的绝对领导地位。

政府职能部门的利益既是整体政府利益的落脚点也是职能部门工作人员利益诉求的平台。在体医融合利益整合过程中,体育部门和医疗卫生部门出于管理边界上的差异,他们的利益种类可能存在差异。整体而言,它们都有促进人民健康的利益诉求,这种利益诉求是整体政府赋予职能部门的具体职责的体现。也正因为管理职责上的差异,在整合机制运行过程中极易形成部门间利益的"条块分割"。从纵向的政府职能部门利益诉求来看,上下级的关系使得下级政府职能部门有职责范围、职责认可的利益诉求,具体表现为对体医融合具体事务管理的事权、人权和财权的利益分配。

政府职能部门工作人员在体医融合利益整合中的利益诉求存在着相似性。在利益内容诉求上,表现为物质利益和精神利益并存,在利益维度上表现为近期利益和长远利益并存。

2. 接受型利益相关者利益诉求

接受型利益相关者的利益诉求主要指实践主体间的利益诉求。接受型利益相关者的利益诉求表现出纵向的对政府的利益诉求以及横向的实践主体内部本身的利益诉求。从纵向维度看,实践主体不论是个体还是组织机构均有对政府完整履行公共管理职责的利益诉求,以便在实践中更好地完成体医融合促进健康的目标。从横向维度看,不论是社区、医院还是学校均具有公共事务的属性,他们的利益诉求与政府一样具有公共利益的诉求,以确保实践组织在体医融合健康促进中的话语分量。但是对于社会体医融合俱乐部而言,它们受市场经济的影

①王琳琳.试论公共管理中的公共利益与政府利益[J].管理研究,2016(2):24.

响,它们的健康话语分量诉求转化为对经济利益、良性市场环境的诉求。对于家庭和人体而言,在体医融合实践中最主要的利益诉求是体医融合对健康促进的有效性、经济性、可及性等方面。

3. 间接型利益相关者利益诉求

间接性利益相关者的利益诉求主要指对体医融合机制运行起支撑作用的个人和组织。诸如慈善家、银行、体医融合器材生产厂家、志愿者组织以及科研机构等。在体医融合整合机制中,他们的利益诉求表现为体医融合的参与诉求。通过体医融合实践活动的参与,以维护自己的个人形象和履行组织机构在公共事务管理中的角色扮演。

(二) 资源整合是体医融合整合机制的核心内容

资源的内涵相对丰富,在不同的学科研究中对资源内涵的理解也不尽相同。在社会学研究领域中,资源可理解为组成、支持或参与组织或系统各种要素的总和[①]。此外,资源依赖理论认为,资源无处不在,事物的产生与发展均离不开资源的支撑与保障作用;资源种类繁多,各资源间直接或间接地产生着联系;资源关系纷繁复杂,资源关系的处理影响着事物发展的方向与速度;事物本身就属于资源的范畴[②]。

根据资源依赖理论,体医融合资源整合是一个内部要素多样、关系复杂的动态变化过程。在纷繁多样的资源中,对不同来源、不同结构、不同层次、不同种类、不同性质的资源进行激活、选择、配置、融合,使得资源在体医融合机制运行中体现资源的系统性、条理性和价值性[③],最终形成体医融合核心资源。形成体医融合核心资源是体医融合整合机制运行的关键。

---

① 李彦西. 欠发达省区高等教育资源整合机制研究[D]. 武汉:武汉理工大学博士学位论文,2010(12):25.

② 姜晓丽. 高技术虚拟产业集群资源整合即信息平台研究[D]. 哈尔滨:哈尔滨理工大学博士学位论文,2012(6):20.

③ 董保宝,葛宝山,王侃. 资源整合过程、动态能力与竞争优势:机理与路径[J]. 管理世界(月刊),2011(3):92—101.

核心资源体系的确定必然与其他资源产生着联系,联系的紧密程度决定了资源整合的有效度。因此,资源整合的一般逻辑是:核心资源体系的确定,资源存在的空间分布,资源所有者整合的意向程度。这是因为,资源的多寡与质量并不能像预料中那样为体医融合实践主体间进行资源整合提供条件,相反,资源的多寡与质量能够在主体间形成难以调和的内在张力,化解张力有利于资源整合的顺利进行。

　　其实,我们在保障机制的分析中,已经确定了体医融合核心资源的范围,即是组织资源、经济资源、法律法规资源和服务资源(人力资源、场地器材资源、技术资源和信息资源)。显然,这些资源属于体医融合实践主体的内部核心资源。根据资源的相互联系性,实践主体的内部核心资源必然与其他外部资源产生联系,进而可以推断出体医融合资源整合包括两个维度:其一,实践主体内部核心资源的整合;其二,内部核心资源与社会可资利用的外部资源的整合。(图 5 - 2)为更清晰的了解体医融合资源整合的类型,我们把核心资源分为硬件资源和软件资源两个层面展开讨论。

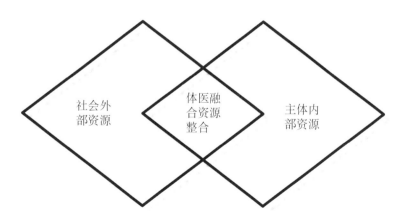

社会外部资源

体医融合资源整合

主体内部资源

图 5 - 2　体医融合资源整合维度及其关系

1. 物质基础:体医融合硬件资源整合

体医融合实践活动开展的物质基础是那些以硬件形式呈现出来的场地器材设备设施的总称。体医融合实践活动的开展离不开这些物质条件。在保障机制分析中发现,体医融合的硬件资源主要分散在群众体育和医疗卫生系统内,丰富的群众体育和医疗卫生硬件资源为体医融合实践活动开展提供了保障。但是,这种分散不同系统的硬件资源不进行有机的整合难以发挥其实践效用。因为,体医融合对硬件资源有较高的要求,如专门针对慢性疾病的器材设施。另外,在体医融合实践主体内部也分散着大量的硬件设施,如医院就有大量的针对具体疾病的康复医疗器械,高校为培养专业人才建立的多功能实验室等。我们把这些资源成为主体内部资源。体医融合硬件资源整合可分为社会性外部硬件资源整合和实践主体内部硬件资源整合两个方面。

社会性外部资源整合就是充分利用社会外部资源的丰富性,以体医融合健康促进为整合目标,将分散在不同场域内的硬件资源为体医融合所用。如前面讲到我国有全民健身路径 98.02 万条。在全民健身路径规划与建设过程中就可以根据居民健身锻炼的实际需要增加一些体医融合专项器材,以借助全民健身路径开展体医融合实践活动。

主体性内部资源就是充分利用实践主体内大量的体医融合专项器材设施,以体医融合健康促进为整合目标,实现实践主体内资源的共享共用。家庭、社区、医院、学校内均有大量的体医融合专项设施,体医融合专项设施形成了“公中有私、私中有公,公私混合”的分布局面。这就要求实践主体要以体医融合健康促进为共同目标,采用就近、便捷、合理的原则构建新的体医融合共同体模式。诸如三甲医院与社区医院组建医疗合作共同体,实现硬件资源的共建共享;医院和高校间组建体医融合人才培养的共同体,实现资源共享共用。

2. 主体支撑:体医融合软件资源整合

软件资源是那些以非物质形态为表现形式的资源类集,具体而言是指体医融合经济资源、法律法规资源、人力资源、技术资源和信息资源等。如果说硬件资源的整合为体医融合发展提供基础作用的话,那么软件资源的整合便为体医融合发展提供了主体支撑作用。基础是否扎实,支柱是否牢靠决定了体医融合机制运行是否顺畅。

1）经济资源整合。经济整合是将分散的经济数量集中于体医融合运行机制中，为体医融合机制良性运行提供充裕的经济支撑。在保障机制分析中，我国的国内生产总值呈上升趋势，人均可支配收入和人均消费支出与国内生产总值呈正比关系。这为体医融合实践活动开展提供了经济支撑。此外，体育系统和医疗卫生系统通过财政拨款、彩票公益金的再分配等方式为体医融合实践活动的开展提供了直接的经济来源。由此可见，体医融合经济资源整合也可以分为外部性经济资源整合和内部性经济资源整合两个方面。外部性经济资源整合主要是通过国家经济发展不断提升国民经济水平，为体医融合提供更充足的经济储备。体医融合经济资源整合主要指内部性经济资源的整合。即通过体育系统和医疗卫生系统现有的发展资金，通过合理的途径分配给体医融合，通过建立体医融合专项资金的形式保障体医融合机制的良性运行。虽然目前实施起来难度大，但随着体医融合健康促进的效应日渐显现，通过财政拨款、彩票公益金分利、个人和企事业单位的捐助，体医融合专项发展基金很快便会出现。近年来，为缓解利用体育活动促进健康的经济不足，很多地方政府正在采取灵活多变的形式整合资金。早在 2006 年江苏省苏州市和宿迁市就利用个人医保卡余额来支付健身消费，开创了医保卡余额支付健康消费的先河[①]。随后深圳市（2015 年）、南京市（2016 年）、重庆市（2017 年）等十多个城市加入医保卡余额支付健身消费的行列[②]。2021 年医政医管局发布《关于加快推进康复医疗工作发展的意见》，2022 年将新增 25 项康复项目纳入医保支付范围，全国共有 70 项康复项目能够医保报销[③]。在此背景下，体

①杜长东.对苏州市定点健身俱乐部"刷医保卡健身"的调查研究[D].昆明:云南师范大学硕士学位论文,2017(6):23.

②张裕.我国医疗保险账户(医保卡)支付健身服务现状及发展对策研究[J].河南大学硕士学位论文[D].2017(6):29.

③中华人民共和国中央人民政府.关于印发加快推进康复医疗工作发展意见的通知[EB/OL]. https://www.gov.cn/gongbao/content/2021/content_5633458.htm.[2021—06—08](2022—12—22)

医融合经济整合的途径和形式越来越多样。

2）法律法规资源整合。法律法规资源整合就是以体医融合机制良性运行为目标，充分利用现有法律法规资源关于体医融合的条款内容，将条款内容的法律法规效力集中到体医融合机制良性运行中去。法律法规整合的目的是为体医融合机制良性提供适宜的法律效力。在保障机制分析中，现阶段国家层面颁布的体医融合相关政策条款越来越清晰，尤其是一些地方政府还出台了体医融合专项政策，这为体医融合提供了政策法规保障。体医融合法律法规资源整合也可以通过两条途径加以实现，其一是利用体育系统、医疗卫生系统以及健康中国建设相关的政策文件融入体医融合具体条款，使体医融合获得更高的法规效力；其二是尽快出台体医融合专项政策，使体医融合获得专属的法规效力。通过外围的相关政策融入和体医融合专项政策制定是体医融合法律法规资源整合的具体表现。

3）人力资源整合。人力资源整合就是充分发挥人的主观能动性，让更多的人参与到体医融合机制良性运行中。人力资源整合的目的是确保体医融合运行机制良性运行的人的数量和质量。因为事物的发展人是最活跃的要素，只有激发人积极参与的主动性和能动性，体医融合机制才有可能良性运行。体医融合人力资源整合同样包括两个方面：其一是外围的没有参与到体医融合实践中的人的集合；其二是体医融合实践组织机构内部人力资源的整合。虽然外围的人群对体医融合实践不起直接的推动作用，但是他们对体医融合的认知与态度对体医融合机制良性运行也起到了推动作用。从数量上来看，外围人群数比直接参与人群数要庞大得多。所以，这部分人也是体医融合人力资源的重要组成部分。要想发挥外围人群的推动作用，需要对他们进行体医融合价值与作用的教育，这就体现出体医融合实践过程中信息传递的重要性。体医融合实践组织机构内部人力资源的整合可以通过体医融合专业人才的培养和不同系统内人力资源的合理流动得以实现。如在医院与学校间，通过共育共培实现教师资源的合理流动，在医院和家庭之间通过建立"家庭医生"制度实现医生在医院与普通家庭之间的合理流动。

4）技术资源整合。这里的技术是一个宽泛的概念,不仅仅指向体医融合专项技术,还泛指有效的解决某个领域内问题的规则的全部。技术资源整合是指为实现体医融合机制良性运行,将各个领域内的技术合理、科学地融入到体医融合实践中,为体医融合机制良性运行提供技术支撑。在保障机制分析中,体医融合技术可分为共性技术和专项技术。我们将共性技术的整合理解为社会性外在技术资源,专项技术理解为体医融合内部技术资源。从社会性外在技术而言,技术无处不在,这就决定了外在性技术整合的难度。但是,能够被体医融合实践所用,能够推动体医融合机制良性运行的技术都是技术整合的对象。如通过5G网络信息技术信息传递快的特点,利用该技术进行体医融合信息的传递。对于体医融合内部技术资源而言,又可能分为体育系统内的技术和医疗卫生系统内的技术。在体育系统内的竞技体育领域,针对高水平运动员积累了大量的运动损伤康复、慢性病防控与治疗等技术。在医疗卫生领域,针对不同病情的诊断、治疗、康复技术。这些技术通过合理转化便成为了体医融合所需的关键技术。对体医融合专项技术而言,指向于运动处方技术。运动处方技术是体医融合技术代表,它通过针对不同病情以处方的形式规定运动时间、运动强度、运动方式、运动量、运动注意事项等内容对病情进行预防与控制。不同个体,不同病情的运动处方具有较大的差异。这就需要根据不同病情建立运动处方库。目前国家层面已经出台了相关政策,着手建立运动处方库的建设。

5）信息资源整合。信息资源整合是以体医融合机制良性运行为目标,利用信息传递特性,对高低价值进行有效甄别,以确保有效信息在人群中合理传递。信息资源整合的目的是有效信息的及时传递,以形成良性的体医融合氛围。信息资源整合也存在着外部性信息资源整合和内部性信息资源整合两个方面。就外部性信息资源而言,就是使原本离散的、多样的各类信息通过逻辑的或物理的方式编织成一个整体，以便对信息进行管理、编辑、利用和流通①。如国家层面发布的各类政策，零散着体医融合的相关条款，通过文本整理将体医融合相关的条款内容整合在一起，便形成了体医融合相关的政策信息。就内部信息而言，主要指实践主体内部个人资料信息、体育知识和医疗卫生知识、体医融合新闻和资讯等。诸如在三甲医院和社区医院间进行病情信息的共享以实现病人会诊的目的；利用新闻资讯对体医融合进行宣传报道以形成良性的体医融合范围。在信息化时代，国家十分重视信息平台的构建。构建体医融合信息共享平台是体医融合信息资源整合的具体表现。

三、整合维度：体医融合整合机制的具体表征

（一）功能整合及其表现

功能（Function）的内涵相当丰富，在不同的学科领域，其内涵存在着差异。《汉语大辞典》中对功能的解释分为三种：功用效能，功夫本领，同结构相对②。在医学研究中，功能是指与系统及环境交互作用的功效与能力，是系统的属性与外部环境交互作用的动态体现，表现为系统对外界环境的适应、改变与贡献③。在社会学研究领域，功能被界定为"系统内部各要素之间以及系统与特定的外部环境以一定的方式相互作用时表现出来的特性与能力"④。在系统论中，功能是系统的结构与要素之间以及系统与其环境之间相互关联、相互作用后的必然结果⑤。系统的结构与要素具有稳定性的特点，有什么样的结构与要素

①苏新宁，章成志，卫平.论信息资源整合[J].现代图书情报技术，2005(9)：54—61.

②韩语大辞典编纂处.汉语大辞典[M].上海：上海辞书出版社，2020(1)：243.

③医学百科.功能[EB/OL].https://www.wiki8.cn/gongneng_119143/.[2022—02—20](2023—03—04).

④李茂平.民间组织的道德整合功能研究[D].武汉：华中师范大学博士学位论文，2008(04)：56.

⑤程诗玮.产学研协同创新视角下大雪功能整合研究[D].武汉：武汉理工大学硕士学位论文，2016(4)：13.

就会有什么样的功能,功能是客观的范畴,它具有相对稳定的特性,诸如事物的本质功能。然而,系统与环境的交互作用是一个动态变化的过程,这就决定了功能的产生与演变也是一个动态变化的过程,功能具有多变性的特性,诸如事物的延伸功能。

体医融合整合机制的运行指向于功能的整合,是指在体医融合机制良性运行的驱动下,通过政府整合和市场整合的方式将体医融合主体间的利益和资源集中到体医融合实践效果的过程。具体而言,就是协调主体的本质功能与延伸功能,使其功能聚焦到体医融合实践效果中。在保障机制分析中,体医融合主体有政府与市场的保障主体,有医院、社区、学校等实践主体,还有银行、学术组织、自愿者组织等支持主体。鉴于体医融合主体的多元化,需对各主体功能整合进行综合分析。

1. 政府功能整合及其表现

政府功能是政府的组织机构设置与社会事务关系处理中表现出来的特性与能力。政府功能一般又称为政府行政职能,是指政府作为行政主体依法对国家政治、经济、文化以及社会公共事务进行管理时应承担的职责和所应具备的功能[1]。在政府职能演变过程中,对于政府所具有的功能认识也存在着差异,姚尚建(2007)认为政府的功能包括政策制订、利益表达、社会动员、遴选功能[2]。一般而言,政府功能可以分为政治功能、文化功能、经济功能、外交功能、公共服务供给功能、军事保卫功能、推进生态文明建设功能、公共设施管理功能、市场监督功能等。前述,体医融合具有准公共事务的性质。在整体政府功能中,体医融合实践效果的发挥依赖于政府公共服务供给能力和管理功能的实现。鉴于我国政府的上下层级结构设置,体医融合政府功能整合表现为横向的政府部门功能整合和纵向的层级政府功能整合两个方面。

---

①蔡长昆.政府职能转变的制度逻辑[M].北京:社会科学文献出版社,2018(12):5.
②姚尚建.政党政府的结构与功能[J].重庆社会科学,2017(12):95—99.

横向的政府部门功能整合就是政府系统内横向同一层次、各部门之间功能的整合①。具体而言,是关于体医融合中央政府部门和地方政府部门间围绕体医融合实践效果显现的部门功能整合,是政府部门公共服务供给和管理功能的具体表现。体医融合涉及的政府部门主要包括卫健委、国家体育总局和教育部三大组织机构。根据 2019 年 7 月国务院发布的《关于成立健康中国行动推进委员会的通知》内容,健康中国推进委员会除了卫健委、国家体育总局、教育部等组织机构外,还涉及到宣传部、科技部、民政部、公安部、财政部、农业部、医保局、药监局、扶贫办、总工会等 30 多个政府部门。体医融合是健康中国建设的有效途径,体医融合政府部门功能整合同样涉及到以上 30 多个政府部门。可见,横向的政府部门功能整合就是打破原本政府部门"条块分割"的局限②③,将各部门的功能指向于体医融合实践效果的显现。其具体表现为:(1)加强体医融合公共事务属性的统一领导;(2)建立条块分明,关系紧密的协调关系;(3)合理界定政府职能部门之间在体医融合实践中的边界;(4)建立体医融合部门间联席工作机制。

纵向的政府部门功能整合就是上下级政府内不同层次、相同部门之间功能的整合。这种功能整合相对于横向政府部门功能整合要简单的多。它们之间"条块分割"的利益关系已经打破,形成了上下级的关系。其具体表现通常是"下放职权、事权和财权"的形式进行职能部门功能的整合。

2. 市场功能整合及其表现

市场功能是指市场内部各要素之间与外部环境环境相互作用时表现出来的特性与能力。确切地说,市场功能是市场机制所表现出来的客观功能。市场内部构成要素通常由市场体系、市场机制和市场秩序

---

①曹任何,王晓燕,何超. 政府整合功能初探[J]. 社会科学动态,2018(05):35—36.

②闫蓓,张薇平. 从空间整合到功能整合—论天津滨海新区行政管理体制改革的深化与完善[J]. 天津职业院校联合学报,2012(7):53—58.

③胡家勇. 政府职能转变与政府治理转型[M]. 广州:广东经济出版社,2015(10):6.

三部分组成。市场体系是市场功能产生与发展的载体,而市场机制则又由市场价格、供需关系与竞争等要素组成。而市场机制包含的要素是市场良性秩序发挥的必要条件。可见,市场功能是市场机制运行结果的表现。一般意义上的市场功能包括:(1)统一联系功能;(2)信息引导功能;(3)市场调节功能;(4)收入分配功能;(5)优胜劣汰功能;(6)价格形成功能①。概括而言,市场功能的体现是市场机制调节功能的具体表现。这种调节功能概括起来具有以下方面:(1)联系功能;(2)产品选择功能;(3)收入分配功能;(4)信息传导功能;(5)刺激功能;(6)结构调整功能;(7)技术进步的促进功能;(8)总量平衡功能;(9)提高政府调节效率功能;(10)促进经济发展功能;(11)发展对外贸易的功能等②。体医融合市场已经出现,在市场机制运行中,体医融合市场功能整合的目的不仅是保证体医融合实践效应的显现,而且还有保障体医融合市场良性运行,杜防市场失灵。

体医融合市场功能的发挥依赖于市场自身的条件和市场所处的外部环境。就市场内部条件而言,市场功能的发挥则取决于是否有健全的市场体系,是否有完善的市场机制,是否有良好规范的市场秩序。体医融合市场本质上是服务市场,由服务市场形成了囊括人力资本劳动力、技术服务、器械设备生产、房地产、信息服务等在内产业体系。体医融合完善的市场机制则是利用价格对供需关系做出的调整,形成有效的竞争市场,从而实现资源的合理配置。有效的市场竞争则需要有规范的市场秩序,市场混乱和无序市场是市场功能失灵的具体表现。规范的市场秩序包括了规范的市场准入秩序、合理的市场交易秩序和规范的市场竞争秩序三个方面。现阶段,尽然体医融合市场已经初步形成,但是体医融合市场功能还处于失灵状态。这是因为:其一,体医融合市场准入门槛标准较低,这是市场中大量出现体医融合相关实体经

---

①百度百科.市场功能[EB/OL]. https://baike. baidu. com/item/市场功能/5320 296?fr=ge_ala.[2023—044—23](2023—10—10).

②卫兴华.市场功能与政府功能组合论[M].北京:经济科学出版社,1999(10):159—167.

营的具体表现;其二,体医融合服务价值秩序并没有形成,市场中的体医融合服务定价处于随意的状态;其三,体医融合市场功能发挥主要依赖市场天然形成的竞争秩序在发挥"优胜劣汰"的作用,表现为市场中体医融合实体经营生命周期较短。就体医融合市场所处的外部环境而言,主要是指体医融合服务供需平衡的关系。如果体医融合供应大于需求则会出现生产过剩的情况,如果体医融合需求大于供应则出现供应不足的情况。这两种情况均为市场功能实现失灵的表现。

现阶段,我国体医综合市场处于需求大于供应的状况。这就需要加强对市场功能的整合。具体表现为:(1)发挥政府在市场机制中的调节作用,利用政府的强制性调节功能平衡供需矛盾。(2)建立完善的市场准入标准,提高体医融合市场进入门槛,以保证体医融合服务质量。(3)采取合理的体医融合服务定价机制,采取市场定价与政府补贴等形式使体医融合价格被更多人接受,从而实现体医融合的累加效应。

3. 实践主体功能整合及其表现

体医融合实践主体涉及家庭、医院、社区、学校等实践组织。体医融合各实践组织功能均具有独立性,体医融合实践主体功能整合就是利用各实践主体内部结构或要素与体医融合实践相互联系,互相作用后产生的结果。这一结果直接指向于体医融合实践效果的显现。

对于家庭体医融合实践而言,家庭的功能大致有生理功能、心理功能、经济功能、教育功能、娱乐功能、文化功能等[1]。生理功能为代际赡养提供了可能;心理功能为利用体医融合提升家人心理健康、情感慰藉提供了可能;经济功能为体医融合消费提供了可能;教育功能为体医融合健康理念的教育提供了可能;娱乐功能为体医融合选择与具体实施提供了可能;文化功能为体医融合健康理念、中国传统文化传承提供了可能。对于医院体医融合实践而言,医院的本质功能体现在救死扶伤的健康促进功能,围绕这一功能还包括提供医疗服务的功能、维系社会

①李斌.社会学[M].武汉:武汉大学出版社,2009(7):112—113.

稳定安全团结的功能、发展医疗技术和培养医疗人才的功能、维护医疗卫生服务市场规范运行的功能等①。医院提供医疗服务为医院开展体医融合实践活动提供了理想的平台;维系社会稳定安全团结为体医融合实践提供了良好的外部环境;发展医疗技术和人才培养为体医融合实践提供了技术和人才资源的支撑;维护医疗卫生服务市场规范运行为体医融合实践市场化多元主体实践提供了可能。对于社区体医融合实践而言,社区是政府的基层"代言人",体现着政府公共事务管理职能,因此,社区具有政治功能、经济功能、社会参与及民主功能、社会控制与稳定功能等②。社区的政治功能体现于社区对上级政府发布的政策法规的上传下达的中介功能;社区的经济功能为社区体医融合实践提供了经济保障;社区的社会参与及民主功能确保了社区居民有参与体医融合实践活动的权利,体现着体医融合公共事务属性;社区的社会控制与稳定功能是政府管理职能的具体体现,这也为体医融合实践提供了外部环境。学校是接受教育的场所,其本质功能为党育人为国育才,肩负着培养"德智体美劳"全面发展的社会主义建设者与保卫者的使命。学校的功能大致有教学功能、教育功能、管理功能、社会化功能、研究功能、文化传承功能等③。学校的教学功能为体医融合知识传授提供了有效途径;学校的教育功能为体医融合健康促进理念教育提供了可能;学校的管理功能有助于体医融合知识体系的系统传授,学校体医融合实践活动顺利开展;学校的社会化功能为学生体医融合实践行为的习惯养成创造了条件;学校的研究功能为体医融合内涵理解、技术创新、模式实践提供了学术支撑;学校的文化传承功能为优秀的体医融合传统文化传承创造了条件。体医融合实践主体不仅仅只是局限在以上实践场域内,在健康中国持续推进中,体医融合是有效的健康促进手段,肩负社会稳定安全、经济、文化、公共服务等多种功能。这些功能

---

①雷海潮.公立医院社会功能及价值探讨[J].中华医院管理杂志,2009(7):433—435.
②徐永祥.社区发展论[M].上海:华东理工大学出版社,2000(12):121—125.
③劳凯声.重新界定学校的功能[J].教育研究,2000(8):3—5.

依托于体医融合实践主体而得以实现。体医融合实践主体功能整合表现为体医融合实践中应去中心化、去碎片化，以体医融合实践效应显现为目标，以能在实践层面形成广泛的体医融合健康促进效应，从而为体医融合机制良性运行提供适宜动力。

4. 支撑主体功能整合及其表现

支撑主体功能整合是体医融合系统内部要素与外部环境相互作用、互相联系时表现出来的特性与能力。银行、体医融合设施设备生产厂家、自愿者组织、科研机构等并不直接参与到体医融合实践中，支撑主体功能整合本质上是发挥支撑主体本质功能，让它们的本质功能在体医融合实践效应上得以体现。诸如银行是金融机构，基本功能有信用中介功能、支付中介功能、信用创造功能和金融服务功能。充分发挥银行的金融服务功能能为体医融合实践提供经济支撑。设施设备生产厂家具有生产功能、技术创新功能等，这为体医融合实践提供了技术和设施设备支撑。自愿者组织能为体医融合实践活动提供人力资源。科研机构能为体医融合提供知识传递与交流、技术创新与发展等方面的支持。支撑主体涉及不同类型的组织机构，其功能整合表现为发挥组织机构的本质功能，与体医融合实践产生联系，让体医融合实践效应体现更具体更充分。

（二）空间整合及其表现

1. 体医融合空间整合的内涵

空间是一个相对概念，相对于时间而言，是构成事物的抽象概念。在汉语词典中，空间有三层含义：其一，物质存在的一种客观形式，由长度、宽度和高度表现出来；其二，泛指宇宙空间；其三，数学上指质点可以存在的处所[1]。空间整合中的空间指的是体医融合实践承载的地域基础，是区域要素在区域上的投影，这种区域投影可以是有形的物质也

---

[1] 陆大道. 关于"点—轴"空间结构系统的形成机理分析[J]. 地理科学, 2002(1): 1—6.

可以是无形的领域划分。对体医融合空间整合内涵的把握可以在空间结构理论中得到启示。佩鲁的增长极理论和陆大道的点轴开发理论都是是基于经济空间而建立的产业经济理论,该理论认为在区域经济发展过程中,依赖于各级居民聚居区,该聚居区称为"点","轴"则是各个"点"连接起来的"基础设施束",大部分的经济要素都集中在点轴上,通过一定的通道向附近区域扩散,形成推动区域经济发展的动力[①]。1966 年,美国学者费里德曼于提出了"中心—外围"理论,该理论认为,通过连续的积累与创新发展过程,区域发展得以实现,该区域被称为"变革中心"[②]。区域变革与发展向周边区域扩散,使依附于"中心"的区域获得发展的机会。发展过程中中心与外围通过内部要素的不断交流,使中心的优势不断强化。在空间结构理论中,空间整合既可以从传统意义上的区域地理空间也可以从虚拟的经济、文化空间,这就给体医融合空间整体提供了思路。体医融合空间整合可以分为实体的区域空间的整合和虚拟的领域空间整合两个维度。空间整合的本质是积极调整区域/领域内各构成要素与环境之间的关系,克服发展过程中游离于系统与环境之外的不协调因素,以实现新的发展秩序。

2. 区域空间整合及其表现

我国地大物博,人口众多,体医融合实践发展的深度与广度绝不是同步的。区域空间整合的目的是实现在不同区域空间内体医融合实践均表现出欣欣向荣的状态,不存在区域空间差异。显然在体医融合实践初期,这种状态很难实现。但是,随着体医融合实践在不同区域内实施的不断深入,体医融合实践效应凸显更为显著,体医融合"去中心化"现象越来越明显,区域空间整合达到理论状态。可见,区域空间整合是一个长期的渐进的过程。从区域空间整合包含的范畴来看,包括了城

---

①李书亭.黑龙江省垦地区域空间整合发展研究[D].哈尔滨:哈尔滨工业大学,2018(6):30.

②张博野.武汉城市圈空间结构演化与空间整合研究[D].武汉:华中师范大学博士学位论文,2015(9):16.

乡地理空间整合和实践场所区域空间整合两个方面。

在城乡地理空间整合中主要是长期以来我国形成的"城乡二元结构"造成的。表面上看,城乡二元结构是社会化生产为主要特点的城市经济和小农生产的农村经济并存的经济结构。其背后隐含的则是城市和农村两个区域在场地设施建设、人均收入与消费支出水平、教育水平、人口数量和区域范围等诸多方面存在着显著性差异。虽然 2021 年将稳妥推进城镇化建设写进了政府工作报告,但是长期以来形成的城乡二元结构并没有得以消除。体医融合是人们满足基本需要之后,对自身健康需求追求的结果,是一种自我实现需要。这种需要与个人的健康观念、健康知识、健康行为习惯有关,还与设施设备、支付能力与习惯、群体效应与氛围相关。农村地区与城市地区在以上方面的差异,在一定程度上制约了体医融合实践的整体发展。从人口数量上来看,2022 年国家统计局数据显示,农村总人口为 9 亿,农村常住人口 7.97 亿。占据比例更大的农村人口健康是影响健康中国持续推进中的重要变量。因此,城市、农村体医融合协调发展是体医融合地理区域整合的具体表现。根据"中心—外围"区域发展理论,城乡区域整合的理想状态是以城市体医融合为中心,逐步辐散到农村地区,形成城乡协调发展的局面。

实践场域区域空间整合是指在实践主体所处的空间位置基于体医融合实践效果凸显的空间整合。诸如医院、社区、学校都有自己的独立地理空间。基于体医融合实践效应,打破原本独立的空间地理位置,形成空间位置上的交叉。诸如医院和社区的整合而建立的社区医院,社区与学校的整合建成的老年大学,学校与医院的整合建立的医学院校都是实践场域区域空间整合的具体表现。在体医融合实践的初级阶段,实践场域空间整合至关重要。这不仅是体医融合"去中心化"的需要也是体医融合实践主体多元化的需要。

3. 领域空间整合及其表现

如果说区域空间整合指向于实体空间整合的话,那么领域空间整合则指向于抽象空间的整合。领域空间研究在计算机科学和建筑学研究中较常见,在社会学研究中鲜有对抽象的空间领域进行研究,这是因为在社会学研究中领域划分的标准很难做到统一。领域的本义有三种:一种为国家行使主权的区域,二种为社会活动的范围,三种为思想、学术的范围。国家行使体医融合主权的区域可以理解成部门领域;体医融合本身属于社会活动的范围,其涉及的领域可以理解成活动领域;体医融合思想、学术范围可以理解为学科领域。故此,体医融合领域空间整合可以从部门领域、活动领域和学科领域三个维度进行分析。

部门领域整合在政府功能整合中进行过论述。在体医融合实践中部门领域整合指向于职能部门间功能的整合。活动领域整合是体医融合实践活动效果的作用点。整体而言,体医融合实践活动指向于健康效应。但是健康又可分为身体健康、心理健康和社会适应健康三维方面。那些体医融合实践活动有助于身体健康,尤其是慢性病的预防与康复治疗并没有完全挖掘。这就需要对体医融合活动领域进行整合。体医融合实践活动是借助医学知识以运动处方的形式进行,运动处方中的运动强度、运动量、运动频率与时间、注意事项就像医学处方中的药剂量,而药剂量的不同必然对健康的影响存在着差异。对体医融合实践活动领域对健康的干预将是今后体医融合研究的一个重要方向。在学科领域,体医融合是体育学科与医疗卫生学科的交融,是体育知识与医疗卫生知识的融合。运动医学、运动康复等专业的兴起与发展正是两学科领域融合的印证。

第三节　体医融合整合机制运行实践分析

在体医融合整合机制静态分析中,整合机制系统至少包括了六大类主体,两大类方式,两大类内容集中指向于两个整合维度。但是在这些整合机制的要素中还缺乏动态的耦合关系分析,而这恰好是整合机制运行应回答的问题。整合机制运行是体医融合整合机制内部各要素之间相互联系以及作用机理体现的具体表现，解决的核心问题是"如何运作整合"的问题。根据社会运行机制理论，如何协调各方利益，使利益相关者之间形成有机整体是整合机制运行的根本性问题。

从体医融合整合机制运行实践过程来看，即整合主体采取合理的整合方式对整合内容进行有效整合的过程。有效整合体现于利益相关者的利益均衡以及实现资源整合的有效合力。从体医融合整合机制的静态分析来看，整合主体的多元化、整合方式的多样化、整合内容的丰富性以及整合指向的多维性决定了整合机制运行的复杂性。动态的、复杂性的整合机制运行实践要求我们从宏观的角度进行分析较符合研究目标。为此，我们从整合机制运行实践原则、整合机制运行实践路径、整合机制运行实践阻力和整合机制运行实践策略四个方面进行分析。

一、体医融合整合机制运行实践原则

（一）目标导向性原则

目标导向性原则是指体医融合整合机制运行应紧紧围绕整合机制的目标而进行，充分体现体医融合整合机制的目标性和目的性。虽然体医融合整合机制运行的目标性存在着阶段性差异，但是体医融合整合机制运行的目的是有效整合各方利益和资源，为体医融合机制的良性运行提供保障性动力。体医融合整合机制的运行实践总是一个不断变化的动态过程，在运行过程中总是围绕特定的目标，并及时协调整合机制内部的各组成要素，进而推动构成要素运行的结果与目标保持高度的一致性。目标的导向性，不仅规定了各要素的运行定位，也规定了各要素在整合体医融合机制中的功能定位。因此，形成了整合机制内部构成要素与整合目标之间的关系以及内部构成要素与整合体医融合各子机制运行之间的关系。故此，目标导向是体医融合整合机制运行的出发点和最终归宿。这就要求整合机制各要素的运行方向应统一于体医融合机制运行的大方向，并在具体的运行过程中不断调整和修正，以能与机制总目标保持高度的一致性。任何偏离了方向、偏离了目标的整合均是徒劳的也是低效的。

（二） 强制性与自愿性相结合原则

强制性整合主要是针对政府整合方式而言，是指政府通过政府权威对体医融合利益和资源进行整合的过程。强制性整合的具体表现大致有以下几种情况：其一，政府通过新机构的建立或旧机构改组，调整政府部门机构的利益和资源数量；其二，政府通过颁布法令、法规的形式，强制性地对体医融合实践组织机构的利益和资源进行整合。

自愿性整合是体医融合实践组织机构根据自身发展的需要，积极能动性地对体医融合利益和资源进行整合的过程。自愿性整合的关键是充分调动实践组织机构的主观能动性，尤其是各实践组织机构领导的整合意识。自愿性整合的具体表现也大致有以下几种情况：其一，受外部环境的影响，通过自身内部改革的方式对各种资源进行有效整合；其二，利用市场机制，对社会中体医融合资源进行整合。

在体医融合发展的初级阶段，要体现出政府宏观调控作用的发展，这时就应该采取强制性整合，以能在较短的时间内形成较广泛的影响效应。同时，还应该充分利用实践组织机构的主观能动性和潜在的市场机制，形成强制性整合为主，自愿性整合为辅的双向整合局面。

（三） 互利性和互动性相结合原则

所谓互利性，是指在整合过程中应体现出整合主体双方的利益诉求也应使双方在整合过程中获得利益满足。主体双方利益得以满足能更有效地激发双方的整合动机，有利于推动整合机制的运行。所谓互动性，是指在整合过程中应充分发挥双方的主观能动性，形成双方良性的互动与交流，这样可及时发现整合过程中所出现的问题，并及时做出调整和纠正。由此可见，互利与互动是整合机制运行的两个方面，互动中体现着互利，互利中彰显着互动。

从整合的范围来看,体医融合整合不仅涉及实践组织机构的内部系统的整合还涉及到内部系统和外部系统的整合。整合本身具有双边性的特征,互利性体现了利益整合的整合机制运行的内在规律,互动性表现为资源整合的整合机制运行的外部表现。也就是说资源在整合主体间的流动其实质上也代表着双边的利益流动。这种内部与外部的关系要求体医融合整合机制运行必须遵循互利性和互动性相结合的原则。

二、体医融合整合机制运行实践路径分析

路径分析作为一种研究范式,在具体的研究过程中其含义十分广泛,大多数学者均把路径分析作为事物发展的途径和办法进行理解,显然这是一种广义的路径理解。路径是指相对于场景进行运动时所经由的线路①。故此,这里的整合机制运行实践路径是指整合机制内部构成要素之间相互联系、相互作用所形成的运行实践路线。整合机制的内部构成要素是复杂多样的,其单个要素的运动也呈现出自身的规律。在整合机制系统下,各要素间彼此联系,相互运动所形成的运行线路却呈现出一定的规律性。内在规律的运动形成了两条不同的运行实践线路,其一是纵向运动形成的纵向运行实践线路;其二是横向运动形成的横向运行实践线路。两条线路彼此独立又相互联系共同构成了体医融合整合机制运行实践的整体。

(一) 纵向运行路径及其实践表现

1. 纵向运行实践的一般逻辑

体医融合整合机制纵向运行实践是以政府或代表政府的组织机构为整合主体,应用政府整合方式,对体医融合利益进行调整,对资源进行整合的过程。纵向整合路径体现为一种自上而下的线路形式,本质

---

①韩大伟."路径"含义的词汇化模式[J].东北师大学报(哲学社会科学版),2007(3):155—159.

上是一种利益与资源的异质化整合。其运行的一般性逻辑表现为：高层政府运用权力制定下发相关法律、法规、政策，中层政府对发布的政策文件进行细化，然后交由底层政府落实、执行细化政策信息，底层政策将细化的政策信息作用于整合对象。在具体的实践中，不同层级政府之间的地位和关系是相对清晰的，但不论哪个层级的政府均突出了政府指令对于整合的重要性。

纵向整合真正体现了政府的"整合工具"属性。这种属性的存在是由政府在体医融合机制运行实践中所扮演的角色所决定的。从利益整合的角度看，政府是体医融合需求的代表者，可以通过自己的理论纲领和政策方针，使体医融合利益相关者之间的利于诉求集中化、政治化、明确化，从而使利益相关者的利益统一到"健康中国"建设的政治意志上来；从资源整合的角度看，在政治化的利益驱使下，政府可以在短时间内将社会中大量的、分散的各类资源汇聚成一个整体。这是市场整合方式无法做到的，从而体现出政府整合的优势。

2. 纵向运行的具体实践表现

从纵向整合的一般逻辑可以看出，根据整合主体的不同可以分为两种不同的具体操作形式：其一是政府作为整合主体的直接实施者；其二是整合对象作为整合主体所形成的内部纵向整合，如不同等级医院之间的整合。

与企业的纵向整合以利益以及利益最大化为基础有所区别的是，体医融合所具有的准公共服务的性质，这就决定了在纵向整合中政府所起的地位和作用。从整体政府的角度看，政府是体医融合服务的提供者和安排者，这就要求政府在政策和提供公共服务的过程中，采取交互的、协作的和一体化的管理方式与技术，促进体医融合实践主体在共同的管理活动中协调一致，实现功能整合和空间整合，消除排斥的政策情境，有效利用现有资源为提供体医融合服务。在此情形下，政府作为整合的直接实施者表现为两种最为常见的纵向整合表现实践形式：其一是政府购买服务；其二是许可经营。诸如在 2019 年国务院发布的

《关于推进养老服务发展的意见》中就多次提到"政府购买服务"和"许可经营",意见中明确指出"将养老服务内容政府购买服务指导性目录,以省为单位制定政府购买养老服务标准";"坚持公办养老机构公益属性,允许床位向社会开放,研制收费指标标准……、允许社区居家养老空置设施免费提供给社会力量,供其提供养老服务"①。在医疗卫生领域,1998 年实施的城镇职工医疗保险改革,以及 2003 年实行的农村合作医疗也是政府购买服务的表现。那么在群众体育领域,各级政府同样存在着政府购买体育公共服务的行为,为此还出台了系列政策。诸如 2014 年温州市发布《关于政府向社会理论购买服务实施的意见》,2018 年温州市就出台了《温州市政府职能向社会组织转移清单》,2023 年温州市体育局将 12 批 5 项承办工作向社会力量购买服务。

在纵向整合中,以整合对象为整合主体是另外一种表现形式。在前面的分析中,体医融合实践主体是多元的,总体而言分属于二个系统,即体育系统、医疗卫生系统。以医疗卫生系统为例,不同级别之间的医院之间进行的整合便是一种典型的纵向整合形式。2015 年国务院办公厅颁布《关于全面推广县级公立医院综合改革的实施意见》和《关于城市公立医院综合改革实践的指导意见》两个重要文件均明确指出"鼓励有条件的地区探索对医疗资源进行整合、重组和改制,优化资源配置,扩大卫生服务提供"②。根据指导意见精神,上海市制定了《上海市公立医院改革试点实施方案》、《上海市公立医院体制机制改革重点任务实施方案》、《上海市郊区 4 家新建三级医院公立医院改革试点实施方案》等文件③。以上海瑞金医疗集团、上海市第六人民医院医疗

---

① 中华人民共和国中央人民政府. 国务院办公厅关于推进养老服务发展的意见[EB/OL]. http://www. gov. cn/zhengce/content/2019—04/16/content_5383270. htm. [2019—05—10](2022—04—16).

② 林闽钢,张瑞利. 医疗服务体系的纵向整合模式及其选择[J]. 苏州大学学报(哲学社会科学版),2014(4):15—20.

③ 赵丹丹. 上海医疗资源纵向整合研究[D]. 上海:复旦大学博士学位论文,2008(10):42.

联合体为代表，并逐渐形成了"1＋1＋1"(1家社区医院、1家区级医院、1家市级医院)的纵向整合模式。对服务也实现了"基层首诊、双向转诊、急慢分治、上下联动"的服务模式。2016年上海市10个区驱动这种纵向整合模式，其中受益超过20万人[1]。

然而这种自上而下的纵向整合路径并不是万能的，从整合的内在逻辑不难看出，高层政策的指令是纵向整合的起点，中层政府的政策解读与细化是整合运行实践的中介，底层政府的政策落实是整合运行实践的终点。当中层整合或底层政府出现整合懈怠时，纵向的整合便出现壅塞。可见，在纵向整合机制运行中，政策指令至关重要的同时，还需充分调动中层政府的衔接作用以及基层政府的实践落实作用。

(二) 横向运行路径及其实践表现

与纵向运行实践路径不同的是，横向运行实践路径体现的是同质主体间的整合，也就是整合主体之间不存在上下级关系，在整合过程中地位相等。如上文提到的社区与社会福利院之间、社区与企事业单位之间在资源上的整合。如果说纵向整合体现的是对利益和资源的垂直管理的话，横向整合则是体现整合主体之间的利益和资源共享、协作配合的程度。鉴于社区、医院、学校均具有公共服务性质，因此，在这些实践主体间进行横向整合的基本逻辑为：政府相关政策的引导，整合对象间的整合意愿，整合意愿付诸实践最终实现整合。在具体的整合实践过程中，横向整合对政策的引导要求并没有纵向整合那么高，因此，整合机制的横向运行更加强调的是整合主体间的整合意愿与整合行为。对于社会体医融合实践组织而言，其整合逻辑完全受市场机制的支配，体现的是利益和资源之间的优胜劣汰，适者生存的天然法则。从横向实践路径的具体表现形式来看，资源共享和合资并购是典型的两种典型的横向整合机制运行形式。

---

①凤凰资讯. 沪加大推进社区医疗"1＋1＋1"组合签约试点力度[EB/OL]. http://news. ifeng. com/a/20160713/49345761_0. shtml. [2018—08—28](2022—11—11).

横向路径的运行强调整合主体间整合意愿,在"理性经济人"的支配下,整合主体间并不能表现出天然的整合意志,这就要求整合主体尤其是主体间的领导层要加强沟通与协商,为横向整合创造条件,以避免"公地悲剧"的发生。

三、体医融合整合机制运行实践困境剖析

体医融合整合机制运行是调整体医融合系统内部要素间的结构,厘清要素之间的关系,使其更好地产生适宜的推动力。在体医融合整合机制运行实践中,不论是纵向整合还是横向整合均存在着一定的难度。整合困难一方面与体医融合实践处于初级发展阶段有关,同时还与体医融合整合机制运行环境有一定的关系。诸如政府部门监管职责的发挥、部门间的利益保护主义、实践主体间的整合惰性等都给体医融合整合机制运行实践带来了阻碍。

(一)体医融合政策力体现不足

政策的发布与实施是政府职能部门监管体医融合实践的手段。在纵向整合与横向整合实践分析中均表明政策对体医融合整合机制运行的指导作用。从政策融入的角度看,中央层面发布的体育政策和医疗卫生政策均没有对体医融合具体操作进行条款说明,而健康中国建设的相关政策文件中也没有将体医融合纳入到具体实施工作中。这就使得体医融合实践缺乏国家层间的政策引导,体医融合整合机制运行目的不强、方向不明。从体医融合专项政策制定的角度看,虽然地方政府制定了体医融合专项政策,在健康中国持续推进中,地方政府也成立了健康中国联席会议制度,但是专项政策对体医融合机制运行目的定位不精准,缺乏足够的实践调研,工作内容与部门职责分工也不够明确。专项政策在体医融合整合中的政策力体现不足。这就导致纵向与横向的利益与资源整合尚处于一种自发的状态。这显然违背了体医融合整合机制运行原则,体医融合整合机制运行效果欠佳。

（二）利益保护下的整合困境

在对我国心血管病专家胡大一教授进行访问时他提到"体医融合实践效应的突显就是要打破大城市中超级医院资源垄断形成的利益格局"。现如今，在不同级别医院间为争夺医疗资源不择手段，在大医院中有先进的医疗设备，丰厚的医疗人力资源，它们把握着绝对的医疗话语权。而对于民办医院、单科医院而言，受到病人数量、医疗资源的限制，其健康话语显著降低。在医院间"马太效应"体现明显。在利益保护主义下，医院作为单个实体存在，在医院间进行资源、利益整合难度大。体医融合涉及体育与医疗卫生两大部门，同性质的医疗卫生部门整合难度大更不用说在体育与医疗卫生部门间进行资源与利益的整合。对体育体系而言，其促进健康的原理是借助运动负荷刺激，引起机体的生理反应，从而实现健康促进的目的。其技术含量与医疗卫生相比要低得多。医疗卫生系统把控着健康的绝对话语权，在利益驱使下，即便知晓体育对于健康促进的作用与价值，他们也不愿意放弃已得的利益。体医融合实践不仅涉及到体育与医疗卫生两大部门，还有社区、学校、社会中体医融合俱乐部等实践主体。各实践主体的价值诉求与价值表达各不相同。体医融合整合机制运行的理想状态是协调各实践主体间的利益，打破原来的利益分配格局。显然在医疗卫生系统占据健康话语的当下，体医融合利益与资源整合难度增加。在实践层面，各大医院（尤其是三甲医院）已经开始了体医融合实践，但相对于借助医疗技术干预健康比体医融合要简便得多。这也是在医院实施体医融合的难题所在。实践主体分享健康话语，整合利益与资源是体医融合整合机制运行的关键表现。

（三）实践主体的整合意识淡薄

不论是政府的强制性整合还是实践主体的自发性整合均依赖于整合意识的强弱。在保障机制分析中，现阶段有大量的各类体医融合资源,这就为整合创造了先天条件。在实践主体内,领导影响着整合行为。通过调查发现,不论是医院还是社区和学校领导都对资源整合存在本能的抵触心理。这是因为:其一,整合是一个漫长的过程,涉及到繁琐的整合过程,如果整合不到位,难以负责整合不利造成的后果。其二,领导本身处于保护组织机构利益考虑,他们缺乏整合行为的主动性。其三,在长期的条块分割下,各实践主体不愿意打破现有的利益格局,同时他们也缺乏利益、资源整合的经验。

四、体医融合整合机制运行实践策略

(一) 整体政府治理机制

政府在体医融合公共服务引导、供给、监管等方面发挥着重要作用。现阶段,体育、医疗卫生二个职能部门共同行使着对体医融合的政府职能。现实情况却是,由于部门之间的协同联系不够紧密,使得政府对体医融合的职能效果发挥甚微。这就要求应加强政府部门之间的协作,发挥整体政府在体医融合公共服务中的应然作用。

所谓整体政府,就是采用制度化和跨界合作的方式增进公共价值的治理,是通过纵向和横向协调思想与行动以实现预期利益的整合治理模式①。从整体政府所涉及的范围来看,既包括政府中的某一个具体机构也包括政府机构中的所有层级,更包括政府外的各类组织;从所涉及的内容来看,包括纵向维度的政府部门层级,政府机构与委托代理机构之间的合作,同一层级政府不同部门之间的合作,政府与其他非政府组织在公共服务供给时的合作等诸多内容。通过前面的综合分析,体医融合整合机制结构要素以及机制运行实践路径所出现的问题,均与整体政府治理保持着高度的逻辑一致性。故此,在体医融合整合机制运行过程中,应充分重视整体政府治理效果的发挥,其建议性具体措施如下:

---

①陈曦.中国跨部门合作问题研究[D].长春:吉林大学博士学位论文,2016(6):46.

第一，通过等级式或协商式进行体医融合政府职能部门的组织设计或组织机构重组。如国家体育总局的群众体育司、卫健委之间开展协商式合作或成立自上而下的体医融合联合小组。协商式合作加强了政府职能部门之间的有机联系，联合小组的成立改变了现有政府组织机构的职能结构，使体医融合治理职能更加集中。

第二，设置整体化、战略性体医融合发展目标。体医融合整合机制运行涉及众多的利益相关者，从而为整合实践、监控和评估带来了难度。在整体化、战略性发展目标的指引下，把利益整合和资源整合集中指向到目标实现之上，并根据整合情况及时调整目标内容和具体工作安排进度。

第三，加强对整合主体成员共同的整合文化理念的培养。整体政府能够为整合主体成员提供统一共识的价值规范体系，培养相互信任、相互尊重、积极参与的文化氛围。整体政府通过文化意识的熏陶能让整合主体成员形成共同的价值体系和行为标准，有效推进整合主体间整合行为的顺利开展。

第四，理顺政府协调与利益伙伴之间的逻辑关系。整体政府要敏锐地洞察外部环境变化对体医融合整合机制运行带来的可能影响，并具有及时调整的能力。在政府提供公共服务多样性、复杂性、交叉性的时局下，整体政府不仅要理顺政府的具体职责还应重视对合作组织机构的积极引导，要根据发展需要适当地将体医融合服务让渡给非政府组织，并发挥非政府组织在体医融合中的优势和特长，以克服体医融合服务供给"碎片化"的局面，为满足多元化、个性化的体医融合需求提供条件。

（二）实践组织联席会议机制

联席会议是由某个组织或团体发起，成员自愿参与，通过成员间平等协商解决问题的一种会议形式。始于上世纪 90 年代的联席会议制度为解决公共治理矛盾发挥着重要作用。经过几十年的发展，联席会议制度已经广泛应用与公共治理各个领域,是一种整体性整合的实践形式。首先,整体政府质量机制为实践组织联席会议的创立创造了条件。联席会议制度在政府部门间为解决公共问题碎片化、分散化问题时使用较多。体医融合涉及体育系统与医疗卫生系统多个部门,联席会议制度正好可以有效解决双边或多边部门协调配合不佳的问题。其次,现阶段,政府对体医融合的监管还处于真空状态,这就给实践组织创立联席会议制度预留了时间。再者,实践组织的多重属性在应对体医融合实践组织间资源要素整合不佳时也表现明显的制度惰性和主观惰性,这也为实践主体创立联席会议制度提供了空间。

体医融合实践组织联席会议机制的运行需要考虑三个问题:组织间的价值问题、组织参与问题和会议制度问题。其一,明确组织间相同的价值追求。不论是政府监管下的医院、社区等实践组织还是受市场机制调控的公司类、会所类实践组织,他们共同的价值追求是体医融合之于健康促进效应的突显。政府监管下的医院或社区有利用体医融合实现全民健康的时代价值追求,市场机制调控下的公司类和会所类有体医融合实践效果对于经济利益的现实追求。两种追求都是基于体医融合之于健康促进的实践效应。因此,体医融合实践组织间较容易形成共同的价值取向。其二,放宽组织参与的条件。不论是政府监管下的实践组织还是市场调控下的实践主体,应采取平等、互惠、自愿的原则确定组织参与的数量。在牵头组织的选择上,既可以是卫健委官方牵头,也可以是具有官方背景的医院或社区牵头。当然,市场机制调控下的体医融合组织要重点考虑数量和种类,以发挥公司类、会所类等实践组织的议事权利,确保组织间整合的最优化。其三,制定与执行联席会议制度。首先要制定合适的、可行的联席会议制度。确定联席会议执行主席制度、联席会议办公室制度、联席会议秘书制度、联席会议召开实践制度、联席会议议题提议协商制度、议题组织调研制度、议题后续跟踪检测制度等。

相较于政府职能部门间的联席会议,实践组织间的联席会议更具有可操作性。体医融合联席制度通过议题协商、解决、调研跟进与评估可以实现体医融合资源在实践主体内部有效整合。

（三）实践共同体构建机制

实践共同体就是以实践组织为主体，基于体医融合健康促进的有效性目标，整合实践主体间的各类资源要素，构建一个体医融合干预健康的实体组织。鉴于体医融合实践组织的多样性，现阶段在政府主导下的实践组织较易构建体医融合共同体。市场主导下实践组织以实体经验为模式，在利益驱使下共同体的构建难度较大。在健康中国持续推进中，"医共体"的出现能够为体医融合实践共同体提供构建经验。只是体医融合共同体会涉及政府主导下不同性质的实践主体，但是通过政府行政手段的调控，为医院、社区、学校建立体医融合实践共同体创造了天然条件。

现阶段，体医融合共同体的构建还应以卫健委牵头，协同政府相关职能部门成立共同体构建领导小组。领导小组对体医融合共同体的筹备、运行、评价等事项进行监管。体医融合共同体的构建需处理好三个问题：共同体参与的主体问题、共同体开展体医融合的形式问题以及共同体与其他实践主体的关系问题。第一，确定共同体参与的主体。现阶段，社区、医院、学校都可能是共同体参与的主体。此类实践主体内有丰富的体医融合资源，共同体的构建正是将分散的体医融合资源整合到共同体中。第二，明确共同体实施体医融合的具体形式。认为以中青年人慢性病或职业病为切入点较为合适。这是因为，以老年人慢性病为突破口涉及到老年人健康促进的观念问题，可能会出现对体医融合健康干预的抵抗情绪；同时，体医融合对老年人健康促进的安全性问题尚未得到很好的解决。然而，中青年职业病与慢性病有着密切的联系，他们对待体医融合健康干预的接受程度比老年人要强。第三，处理好共同体其他实践主体之间的关系。这种关系涉及到技术整合、人力资源整合、制度整合、利益整合、健康话语整合、信息资源整合等诸多方面。实现体医融合实践自主、制度独立、技术合作、人员流动、信息通畅、话语巩固的共同体需通过进一步的实证检验。

（四）信息化整合平台构建机制

网络信息的广泛应用,为信息化整合平台建设创造了条件。前述,不论是中央还是地方政府职能部门均十分重视信息化平台建设。信息化平台建设涉及到社会生活的方方面面,给人民生产生活带来便利的同时,也易出现"信息孤岛"现象①。所谓"信息孤岛"就是各信息平台缺乏有效的信息共享机制,信息仅仅停留在单个平台中。诸如2019年4月国务院办公厅发布的《关于推进养老服务发展的意见》中第二十一条就明确规定:实施"互联网＋养老",要求加快建设国家养老服务管理信息系统,推进户籍、医疗、社会保险、社会救助等信息资源对接,责令工业和信息化部、民政部、发改委、卫健委按职责分工负责②。2021年,为解决人民群众急需解决的重点问题和难点问题,住房和城乡建设部就推动建设"住房和城乡建设部财物资产综合管理平台",践行为民初心,推动为群众办实事。此外,地方政府也纷纷开展信息平台建设,2019年黑龙江绥化市打造"互联网＋"平台,努力提升公共服务信息化水平;内蒙古乌海市推动"互联网＋政府服务"信息化平台建设,为人民办实事。在5G时代背景下,信息化平台建设层出不穷,这为实现体医融合信息资源共享提供了条件。要想实现体医融合信息资源共享加速信息化平台整合是关键。

信息化整合平台的建立不仅仅是对体医融合资源整合中的信息进行整合,也是对涉及场地器材、人力、技术、组织机构等资源的综合性整合过程。2022年8月1日国家网信办就出台并实施了《强化互联网用

---

①金芳.数字化社区建设中平台整合问题研究—以温州学习网为例[J].智能计算机与应用,2013.3(5);87—90.

②中华人民共和国中央人民政府.国务院办公厅关于推进养老服务发展的意见[EB/OL]. http://www.gov.cn/zhengce/content/2019—04/16/content_5383270.htm.[2019—05—10](2022—05—18).

户账号信息管理》，早在 2019 年就有群众给总理网络留言要"优化医院信息管理，实现信息资源共享"。可见，不论是国家还是民众都是信息化整合平台给予了关注。信息化整合平台建设可以从以下方面进行考虑：其一，国家层面出台信息化整合平台建设实施方案，对整合信息进行有效甄别，以免出现"信息危机"。第二，利用现有信息平台资源，通过信息数据标准采集、加工与处理，实现体医融合信息资源在主要信息平台上共享。其三，统筹规划，分类实施，甄别体医融合相关信息，建立体医融合专用信息化平台。

（五）建立有效的控制机制

体医融合整合机制聚焦体医融合实践活动条件的开展，条件因素的多样性给体医融合整合带来了难度。故此，体医融合整合机制的良性运行还需借助有效的体医融合控制机制来实现。体医融合控制机制运行实践将在下一章（第六章）进行系统论述。

本章小结

整合机制是体医融合机制的重要组成部分，是影响体医融合诸因素相互联系及作用机理实现的总和。体医融合整合机制是协调体医融合各方利益，以便使个体或群体组成一个有机整体。故此，协调各方利益是整合机制的逻辑起点，而对体医融合资源进行整合则是主要内容。整合机制与保障机制联系最为密切，整合的方式为政府整合和市场整合。政府整合和市场整合是一种双向互补的整合方式，利用整合方式对内容进行整合后的结果指向为体医融合功能整合和空间整合两个维度。结合现阶段体医融合的实践现状，体医融合整合机制运行实践过程中应遵循目标导向原则、强制性与自愿性相结合的原则、互利性与互动性相结合的原则。体医融合的整合实践路径分为纵向和横向两条。

现阶段,体医融合整合机制运行主要存在着缺乏政策法规的积极引导、制度壁垒的利益保护主义、整合主体意识淡薄等突出问题。体医融合整合机制的良性运行实践可以从整体政府治理机制、实践组织联席会议机制、实践共同体构建机制、信息化整合平台构建机制、建立有效的控制机制等方面进行思考。

第六章 体医融合控制机制

控制机制是体医融合运行机制的重要组成部分,它在整个体医融合机制中扮演着稳定器的角色。这个角色的诠释主要体现于为体医融合机制运行过程提供方向与速度上的保障。

在健康中国持续推进中,体医融合如何控制?怎样控制?是解决体医融合机制运行的关键性问题。为此,本章解决的核心问题主要有以下几个:其一,什么是体医融合控制机制,尤其是在控制对象特定而又复杂的情况下,它的内涵是什么?呈现出怎样的个性化特点?而纷繁复杂的控制理论能够给体医融合控制提供怎样的启示?其二,体医融合控制机制的内部结构要素及其相互关系是怎样?厘清控制机制的内部结构要素及其关系有助于我们更深层次地认识体医融合控制机制本身,同时也能为体医融合控制机制的运行实践提供参考。其三,结合体医融合实践现状及存在的问题,需要对体医融合如何进行科学有效的控制进行思考。

第一节 体医融合控制机制解读

一、控制与控制机制

(一)"控制"释义

"控制"在汉语中的含义是"掌握住对象不使任意活动或超出范围,

或使其按控制者的意愿活动"。《魏书·太祖道武帝纪》:"昔朕远祖,总御幽都,控制遐国";《衡论上·重远》:"其地控制东南夷、氐、蛮最为要害,土之所产又极富"①。控制对应的英文单词为 control,意为"控制、管理、抑制"之意。"控制"一词的含义是十分复杂的,以至于控制理论奠基人维纳在 1950 年出版的《The human use of human being》一书中说到"直到现在,也没有一个符合这个复杂思想的词,为了用一个单词囊括整个流域,我不得不发明一个词——控制"。于是他选择了希腊文 Ελεγχος,意为"掌舵术"(领航者通过发号施令将偏离航线的船只重新引导到正常轨道上来),以便能与英文 Control 进行区分②。有学者认为控制一词包括操纵、管理之意③,正如亚里士多德所言"不论是国家还是船舶,都不能超越舵所能操持的范围"④。可见,控制一词含有操纵、管理之意。

20 世纪 40 年代,随着系统论、控制论、信息论(三论)的兴起,在控制论的带动下,对"控制"一词的理解也呈现出学科差异。在控制论领域,苏联控制论学者列尔涅夫认为"控制是为了'改善'某个或某种现象的功能或发展,需要获得并使用信息,以这种信息为基础选出的加于该对象上的作用"⑤。在管理领域,控制被理解为"由管理人员对组织实际运行是否符合预定的目标而进行测定并采取措施以确保组织目标实现的过程";"控制就是事先规定的标准,监督检查各项活动,并根据偏差,或调整行为,或调整计划,使两者吻合的过程"⑥。在社会学领域,控制存在广义和狭义之分,广义的控制是指社会组织体系运用社会规

①百度百科. 控制[EB/OL]. https://baike.baidu.com/item/%E6%8E%A7%E5%88%B6/948703.[2017—04—23](2019—02—02).
②董旺远,何红英. 控制论基础[M]. 武汉:武汉大学出版社,2011(2):3.
③涂序彦. 智能与控制系列教材:大系统控制论[M]. 北京:北京邮电大学出版社,2005(8):93.
④曾昭磐. 工程控制论教程[M]. 厦门:厦门大学出版社,1991(3):3.
⑤周绿林. 我国医疗保险费用控制研究[D]. 镇江:江苏大学博士学位论文,2008(12):28.
⑥席佳蓓. 管理学[M]. 南京:东南大学出版社,2013(2):249.

范以及与之相应的手段和方式,对社会成员(包括社会个体、社会群体以及社会组织)的社会行为和价值观念进行指导和约束,对各类社会关系进行调节与制约的过程;狭义的控制则是指对社会越轨者施以社会惩罚和重新教育的过程①。在哲学领域,控制就是"从控制者系统到被控制客体进行有目的、有次序的作用的系统,目的是达到某种合乎目的的效果"②。

总体而言,"控制"一词的核心要义是为维持或达到目标而采取的行动。同时,对控制内涵的理解还要与控制对象紧密联系起来。

(二) 控制机制

受控制论的影响,国内以控制机制为研究主题的研究也成为热门研究领域。纵观这些研究,鲜有对"控制机制"一词给出确切的界定。国外学者 Caglio,Ditillo(2008)认为计划、具体信息系统或信息技术统称为控制机制③。Das,Teng(1998)将控制机制定义为组织设计的用以确定和影响组织成员行为的组织化安排。通过建立适当的控制机制,就可以使得组织期望目标的达成变得更加有把握,恰当的控制机制不论是通过组织活动惯例化(routinize)或促进非惯例化活动的开展,使得组织在实现目标并确保相应的结果的实现更有把握性(more predictable)④。

国内学者们对控制机制的界定具有明显的控制对象痕迹。毛军权(2008)在研究投资者行为时指出,为了实现对投资者行为有效监管的目标(即提倡行为得以激发或强化,而违规行为得以抑制或弱化),监管

① 郑杭生.社会学概论新修(修订本)[M].北京:中国人民大学出版社,1998(2):436.
② [苏]茹科夫.控制论的哲学原理[M].上海:译文出版社,1981(4):112.
③ Caglia A,Ditillo A. A review and discussion of management control in inter-firm relationships: Achievements and future directions[J]. Accounting, Organizations and Society, 2008,33(7):865—898.
④ Das T K,Teng B-S. Between Thrust and Control: Developing Confidence in Partner Cooperation in Alliances [J]. Academy of Management Review,1998,233(3):491—512.

者通过运用多种控制因素或手段与投资者相互作用、相互制约的结构、方式、关系及演变规律的总和①。在信息系统中,访问控制机制是指主体访问客体的权限或能力的限制,以及限制进入物理区域和限制使用计算机系统和计算机存储数据的过程②。会计控制机制是以保护财产的安全和确保会计信息的真实完整为目的,用于会计业务和汇集管理方面的方法、措施和程序。内部控制机制是单位内部各职能部门之间、各有关工作人员之间,在处理经济业务过程中相互联系、相互制约的一种管理制度③。

由此可见,国内外对"控制机制"一词的界定内涵并不明朗。但是从"控制机制"的词义组成来看,是由"控制"加"机制"的复合词。前面我们已经对两词的内涵进行了论述,故此,我们把控制机制界定为:控制主体为实现控制目标,所采取的各种控制因素与控制对象所形成的结构因素关系及相互作用的总和。该界定突破了以控制对象为中心的局限,是对一般性控制机制的普遍性概况。

二、体医融合控制机制的内涵

(一)体医融合控制机制实质是系统对系统的控制

从控制类型的角度看,常见的控制类型有三种,其一是物—物控制,其二是人—物控制,其三是人—人控制。物—物控制类型中,控制者是"物",诸如计算机、调节器、控制器等控制装置或控制设备,控制对象也是"物",诸如生产设备、交通运输设备等终端装置。物—物控制一般在机器生产的过程中应用较多,在体医融合设备生产过程中可能存在着物—物控制,但是这显然不是本研究讨论的范畴。在人—物控制类型中,控制者是人或类人的集合,诸如驾驶员、操作员、调度员、指挥

---

①毛军权. 投资者行为控制机制研究[M]. 上海:复旦大学出版社,2008(5):21.

②百度知道. 访问控制机制[EB/OL]. https://zhidao.baidu.com/question/94190165.html.[2022—12—22](2017—9—21).

③丁春维. 基于公司治理结构的内部会计控制机制[D]. 天津:天津大学硕士论文,2005(12):5.

人员等,控制对象则是各种机器、设备。这种人—物控制类型在体医融合具体实践操作中可能也较为常见,但是这也不是本研究探讨的范畴。在人—人控制类型中,控制者是人或类人的集合,而控制对象同样是人或类人的集合。这一控制类型在社会活动中较为常见,诸如社会团体、经济组织、行政机构中控制者是集团或组织,控制者则是被领导的人民群众。在体医融合实践中同样存在着人—人控制,诸如前面探讨的纵向的政府职能部门之间的控制本质上便是人—人控制。虽然在体医融合实践中,这种控制类型也较为常见,但是这只是体医融合控制中的一种特例。

在体医融合控制机制中,控制者是各具有控制管理职能的各级行政部门,而控制的对象则是体医融合。从体医融合控制管理现状来看,对体医融合并没有专门的单个控制管理部门,而是多个职能部门共同行使控制管理的职责,各个职能部门之间便构成了一个控制系统。从前面的分析可以看出,体医融合机制各要素间形成了一个有机的系统。由此可以看出,体医融合控制机制实质上是一种系统—系统控制类型。

(二) 控制机制是实现体医融合机制目标的稳定器

体医融合控制机制是整个体医融合机制的不可或缺的重要组成部分。控制机制是实现体医融合机制目标的稳定器,它是由控制机制在整个体医融合机制体系中的地位和作用决定的。

在体医融合机制运行系统中,控制机制直接指向于体医融合机制运行目标,同时也受机制运行目标的制约;而控制机制又把体医融合机制运行状态反馈给体医融合机制运行目标。控制机制控制着体医融合机制运行系统,以期确保体医融合机制运行能在预设的轨道上。

从控制机制与其他机制的关系来看,控制机制通过体医融合机制目标的中介作用实现着对其他机制的控制。激励、整合、保障本身就是一种控制,控制着动力机制提供适宜的运行动力,控制着激励机制运行活力的激发,控制着保障机制的稳定作用发挥,控制着整合机制结构要素的有效整合。可以说，控制机制与其他机制相互配合，实现着对体医融合机制运行进程和方向上的掌控。

（三）控制机制是对体医融合机制运行方向和进程上的控制

方向与进程上的控制是控制机制在整个体医融合机制运行中所具有的地位和作用所决定，是社会运行机制理论赋予控制机制的使命。与机械相对论不同的是，辩证唯物主义认为事物的发展并非线性的，而是一个多方向多维度的发展过程[①]。这是因为事物的发展是事物内部要素与外部要素相互作用的结果。前述，控制机制其实质是系统对系统的控制，两系统内部要素的多样性决定了要素间关系的复杂性，这就有可能对体医融合机制运行产生不同方向上的发展结果。整体而言，体医融合机制运行的良性状态是一种理想态（体医真正融合），然而并不排除中性运行和恶性运行。而利用控制机制对体医融合机制运行方向和进程上的把握，是实现良性运行的基础。要想实现正确方向和合理进程上的把握就应该对体医融合控制机制内部要素及其关系进行全面剖析。

三、控制理论对体医融合控制机制的启示

有学者认为控制论便是控制理论[②]，又有学者认为控制论与控制理论是两个完全不同的两个概念[③]。由于"论"是有系统的学说或主张，控制论便是控制理论的系统化，为了在众多控制理论中概况出对于体医融合控制机制的启示，因此我们认为控制论本身也是一种控制理论。

控制理论研究中一直认为，伯特·维纳（Norbert Wiener）是"控制

---

①黎永泰.简论发展的方向性[J].理论与改革,1988(1):35—39.
②董旺远,何红英.控制论基础[M].武汉:武汉大学出版社,2011(2):1.
③涂序彦,王枞,郭艳慧.智能与控制系列教材:大系统控制论[M].北京:北京邮电大学出版社,2008(8):92.

论之父"，他在 1948 年出版了《控制论—关于在动物和机器和通讯的科学》一书，在书中，维纳综合了经典控制理论、信息论、生物神经论以及萌芽的电子计算机等学科中的联系和共性，提出了完整的现代"控制论"理论，认为控制论是"关于在动物和机器中控制和通讯的科学"[①]。控制理论的提出被认为是继相对论和量子力学之后，现代科学所取得的又一项伟大的成就，不仅打破了科学领域中传统思维和研究方法的约束，而且揭示了横在科学技术、生命机体和社会科学之间共性的控制现象背后的规律。在控制论的影响下，经过近 70 年的发展，控制理论已经分化出了工程控制理论、生物控制理论、社会控制理论、管理控制理论、经济控制理论、人工智能控制理论、教育控制理论等多达 10 余种分支理论。结合本文的研究目标，重点对工程控制理论、生物控制理论和社会控制理论进行简要论述。

（一）工程控制理论及其启示

在工程技术领域，尤其是自动控制、计算机、通讯研究中提出了一个共同的问题：如何使机器的活动具有生物、尤其是人的某些活动的性质，而这恰恰是工程控制理论需要解决的问题[②]。可见，工程控制理论研究各种工程技术中的自动控制系统的分析与设计问题，直接为自动控制技术提供理论基础。我国科学家钱学森出版的专著《工程控制论》（Engineering Cybernetics）是在维纳的控制理论的影响下创立的一个重要分支控制理论。

工程控制论研究的是各种工程技术中的自动控制系统的分析与设计问题[③]。工程控制的发展大致经历了三个阶段，第一阶段，经典控制理论阶段。在此阶段主要研究对象是"单输出线性系统"，研究内容为

---

①刘正兴. 维纳与控制论的发展—纪念《控制论》出版 40 周年[J]. 玉溪师专学报（自然科学版），1988(2)：44—51.

②胡世华. 控制论的发展[J]. 科学通报，1965(10)：862—869.

③曾昭磐. 工程控制论教程[M]. 厦门：厦门大学出版社，1991(3)：5.

局部自动调节器,所采取的主要方法是频域法(状态空间法);第二阶段,现代控制理论。此阶段的研究对象为多输入和多输出系统的能控观性、最优控制、反馈控制、最优滤波和随机控制,研究的方法主要是视域法,研究手段主要借助计算机技术装置;第三阶段,大系统控制理论阶段。主要解决的是大型工程系统、社会经济系统、生物系统的控制问题,主要研究方式是视域法,研究内容集中于大系统的递阶控制、分散控制,借助于计算机和网络技术装置。涂序彦、王枞等人认为工程系统、社会系统、生物系统等系统之和便是"大系统",在 2005 年出版了《大系统控制论》[①],从控制理论的观点出发研究各大系统的控制原理、控制方法和控制技术等,以期能找出大系统的共同规律。

从工程控制理论的发展历程来看,"工程"的概念也从最初的工程技术发展到"大系统工程",这为体医融合控制机制的研究提供了新的视角。首先,对体医融合控制机制的考察应放置于社会大系统当中,找出系统内部各构成要素之间的内在关系;其次,考察体医融合控制机制应持有动态的眼光;再次,工程控制理论为我们理解体医融合控制机制提供了一般性的方法论指导,尤其是工程控制理论涉及的研究内容和方法。

(二) 生物控制理论及其启示

生物控制理论是把生物体作为一个完整的系统,研究系统内部中的控制和信息的接收、传递、存贮、处理和反馈的一种理论。生物控制不同于工程控制,这是由于生物系统内部结构对于在多数情况下属于"暗箱"或"灰箱"。这是由生物系统内部结构的特点所决定的,生物系统具有多级控制性、非线性和时变性等特点。多级性表现于生物系统内具有多层级的控制中心,高级控制中心可以自动修改和调节低级控制中心的活动;低级控制中心接收高级控制中心的刺激不能进行叠加;

---

①涂序彦,王枞,郭艳慧.智能与控制系列教材:大系统控制论[M].北京:北京邮电大学出版社,2008(8):18.

健康中国持续推进中体医融合运行机制的理论与实践研究

生物系统内各结构参数是随时变换着的。

在研究内容上,生物控制理论主要研究生物系统分析和神经控制两大部分[①]。生物系统主要应用系统辨识法和参数评估的方法计算出不易直接进行测定的生理参数,主要应用于临床医学和生理信号数字处理。而神经控制主要是研究生物神经系统中的信息交换和传递,围绕神经元模型、神经网络的信息处理以及人脑的功能[②]。在研究方法上主要采取定量化方法,测量生物系统相关的指标量,以揭示生物系统中信息和控制过程之间的定量规律,以期能建立起生物系统的数学模型或在计算机上进行模拟仿真。

生物控制理论继承了工程控制理论的信息接收、传递、存贮、处理和反馈的思维逻辑,这对体医融合控制机制是一种启示。通过前面的分析得知,体医融合是一个多主体共同参与的过程,在这个过程中同样涉及到人的因素,人作为生物体的存在,生物控制理论中的研究内容和研究方法为体医融合控制机制提供了新的视角。

(三) 社会控制理论及其启示

社会控制问题一直是社会学关注的问题,在各社会学专著中均有对"社会控制"的系统论述。社会控制理论的创始人罗斯在 1901 年出版了《社会控制》著作,开启了在社会学领域中进行社会控制研究的先河[③],这比维纳的控制理论还要早。现如今,在社会控制理论中形成了社会学的控制理论、控制论的社会控制理论、法学的社会控制理论和哲学的社会控制理论等多种理论形态[④]。由于本研究采用的理论基础是社会运行机制理论,社会学中的控制理论才是体医融合控制机制的主要理论来源,故对控制论中的社会控制理论作简要阐述。

---

①孙枫,孙尧. 生物控制论综述[J]. 自动化技术与应用,1990(2);1—6.
②黄秉宪,韩秀苓. 生物控制论基础[M]. 北京:北京理工大学出版社,1991(5);4.
③百度百科. 社会控制[EB/OL]. https://baike. baidu. com/item/%E7%A4%BE%E4%BC%9A%E6%8E%A7%E5%88%B6/3320421. [2019—01—20](2022—11—12)
④寇详强. 社会控制理论的主要形态[J]. 大理学院学报,2009.8(1);29—31.

1950年"控制论之父"维纳出版了《人有人的用处—控制论与社会》，并着重介绍了社会政策、法律和通信与控制论之间的关系。虽然在早期的控制理论用于社会控制还存在一定的困难，直到1978年在阿姆斯特丹的第四届国际控制论与系统大会上，社会控制论作为控制论的分支理论正式命名①。

社会控制理论认为人类社会是一个充满生机和活力的自适应和自组织系统，这个系统也是一个高度复杂的政治、经济、文化、生态等方面综合的多级递阶控制系统，同样存在着丰富的信息交流和反馈。认为社会政策和法律也是社会通讯的设备，"法律是对通讯和对作为一种通讯工具的语言在道德上的控制"②。在研究内容上，社会控制理论不仅可以从宏观上研究整个社会运行发展的内在规律，而且还可以剖析社会结构中的各种复杂的社会现象，诸如社会生产、交通运输、环境管理、城乡建设等几乎囊括了社会生产和生活的方方面面。在研究方法上，存在两套研究方法，其一是基于控制论和系统论的研究方法，包括：盖叶尔和佐文研究法（强调二阶控制，正反馈）、社会繁殖性研究法（强调自反性、二阶控制论和观察者对系统的分析）、生命系统理论研究法（聚焦社会结构、互动、行为和发展）；其二是复杂性研究法，主要包括：社会网络分析法（探讨复杂社会动态系统的动力学和结构）、计算社会学研究法（创立仿真计算机来模拟负责的社会结构系统）、鲁曼的社会控制论研究法（聚焦概念，强度社会学与二阶控制论以及复杂性科学相结合）③。

控制论中的社会控制理论试图采用仿真的、数字化的模型来解释复杂的社会系统，这为体医融合控制机制提供了新的研究视角，尤其是所应用到的研究方法对于我们研究体医融合控制问题提供了方法论上

①百度百科. 社会控制论[EB/OL]. https://baike. baidu. com/item/%E7%A4%BE%E4%BC%9A%E6%8E%A7%E5%88%B6%E8%AE%BA/8782772? fr=aladdin. [2016—11—20](2022—12—20).

②[美]维纳 著,陈步 译. 人有人的用处：控制论与社会[M]. 北京：北京大学出版社,2010(07)：20.

③万百五. 社会控制论及其进展[J]. 控制理论与应用,2012.29(1)：1—10.

的参考。需要特别指出的是社会控制理论中的涉及到的正负反馈、自驾驭、退馈、自反性、自繁性、社会熵等技术原理为我们诠释体医融合控制机制提供了丰富的理论支撑。

通过对上述三个分支控制理论的简要描述，之于体医融合控制机制的启示集中表现在以下几点：其一，三个分支理论均遵循信息→输入→存贮→处理→输出→信息的普遍性规律过程，在这个过程中既是控制的过程也是反馈的过程，而在反馈过程中要着重考虑正负反馈问题；其二，三个分支理论均强调了信息在控制过程中的重要性。信息既是控制的起点也是控制的终点，正如苏联学者列尔涅尔所概况的"任何控制都是从对控制作用进行选择的信息中得出的，即使控制本身也是根据控制指令中所包含的信息而达到的"；其三，对于控制对象的考察应从整体系统性的角度进行考察。而系统又是由若干的组织所构成，"可控的必要条件是该系统是有组织的，即存在着由它的组合元素以及相互之间的联结表述特点的结构"①。这也就说明了对于体医融合控制机制结构要素分析的重要性。

第二节　体医融合控制机制运行理论分析框架

虽然分支控制理论为我们理解体医融合控制机制提供了视角和方法论上的指导，但是我们也应该认识到，体医融合控制机制对象的客观性以及机制结构的复杂性决定了我们对于控制机制分析的难度。故此，厘清体医融合控制机制的结构要素以及相互关系是控制机制分析的前提性任务也是分析控制机制运行实践的关键。

正如控制论专家涂序彦教授所言，"在社会经济领域中，人民从事着大量的、各种各样的、有目的性的活动……建立人—人控制论系统、

---

①殷晓芳.信息控制与篇章构建[J].大连理工大学学报（社会科学版），2000（3）：58—63.

第六章　体医融合控制机制

279

人群—人群控制论系统以及系统分析和综合将是十分复杂而困难的问题"①。因此,体医融合控制机制的分析应在社会大系统运行控制之下进行,这样就可克服控制活动复杂性带来的控制困惑。但是,不管是工程控制、生物控制还是社会控制总之需要回答的是谁来控制—控制主体,控制谁—控制客体,如何控制—控制因素三个核心问题。基于这一逻辑,我们构建出体医融合控制机制运行的结构框架,并期望在社会控制(社会学中的社会控制)的理论指引下找出结构框架内要素之间的相互关系。(图6-1)

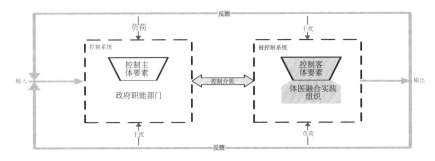

图6-1 体医融合控制机制结构要素关系及运行过程

从图中不难看出,体医融合控制机制的结构要素包括控制主体、控制客体和控制介体三个核心要素,还包括外在的负荷、干扰要素、控制主体的输入要素和控制客体的输出要素。控制系统在接收外界信号后进行信息存贮和对信息进行甄别处理,利用控制介体的中介作用,实施对被控制系统的控制,控制客体根据控制主体的意图调整自己的行为,最后把行为结果以信息输出的形式反馈给控制系统,从而形成一个控制—反馈的闭合通路。在这个闭合的通路中,控制主体是指各级控制、监管职能组织或部门,控制客体是体医融合实践(确切地说是体医融合各实践组织),负荷和干扰因素主要是指影响体医融合控制机制各因素的外界因素,输出主要是指体医融合机制运行方向和进程速度。

①涂序彦,王枞,郭艳慧.智能与控制系列教材:大系统控制论[M].北京:北京邮电大学出版社,2008(8):98.

系统对系统的控制还涉及到系统内部控制的问题。系统内部控制是系统控制的重要组成部分。对于控制系统而言,我国纵向的监管组织机构设置形成了上级监管组织对下级监管组织的控制。对于被控制系统而言,实践组织的多样性形成了多种多样的内部组织控制,如社区的控制、医院的控制、体医融合俱乐部的控制等。内部组织控制的多样性增加了体医融合控制机制结构要素及其关系分析的难度。但是内部组织控制同样需要回答控制主体、控制客体和控制介体三个核心问题。并且,从体医融合控制机制内部结构要素关系及运行过程来看,控制系统内部控制的结果通过控制介体的中介作用施加于控制客体,控制客体的内部控制也是控制主体控制效果实现的落脚点。基于以上分析,确定了体医融合控制机制的理论分析框架。

一、体医融合控制主体分析

控制主体决定着体医融合机制运行的方向与速度,也就是说控制主体对体医融合机制运行拥有绝对的话语权,这种话语权的体现可以通过政府法规、法令、政策等形式来影响体医融合行为。可见,体医融合控制主体是国家权力的象征。在社会控制(社会学)研究中,包括社会学的各个版本几乎很少见到对控制主体的论述。这是因为:其一,社会控制的广泛性和复杂性使得某些社会现象不需要控制主体来完成,诸如社会习惯、社会风气;其二,在研究中已经达成了一种学术共识,即社会控制的主体是政府或代表政府的职能部门。体医融合作为准公共事务的建设内容之一其控制主体理应也是代表政府利益的各职能部门。但是,根据我国政府部门职能机构设置,并没有专门管理体医融合职能部门。由于体医融合作为健康中国持续推进的重要抓手,还得在其业务相关的政府职能部门中进行探寻。

(一) 体医融合控制主体探寻的两条线索

通过前面的分析我们得知,体医融合主要是体育系统和医疗卫生系统的结合,是体医融合的实施对象。体医融合作为一种新理念,在健康中国建设进程中,具有体育事务、医疗卫生事务以及健康促进事务的多重属性。故此,这两条线索便是:体育管理系统、医疗卫生管理系统。

对于体育管理系统而言,国家体育总局代表国务院行使对体育事业发展的整体规划和控制。国家体医总局的职能由常设的 12 个职能部门承担,具体是办公厅、群众体育司、竞技体育司、体育经济司、政策法规司、人事司、对外联络司、科教司、宣传司、青少司、党委和离退局。常设职能部门又由 1 个临设部门"驻体育总局纪检监察组"实施监控管理职责。

对于医疗卫生管理系统而言,国家卫健委代表国务院行使对我国卫生、医疗事业的统筹规划和管理职责。国家卫健委由 23 个职能机构和 1 个临设机构组成,其中常设机构包括:办公厅、人事司、规划发展与信息化司、财务司、法规司、体制改革司、疾病预防控制局、医政医管局、基层卫生健康司、卫生应急办公室、科技教育司、综合监督局、药物政策与基本药物制度司、食品安全标准与检测评估司、老龄健康司、妇幼健康司、职业健康司、人口检测与家庭发展司、宣传司、国家合作司、保健局、机关党委、离退干部局。1 个临设机构是"驻委纪检监察组"。

国家体医总局和国家卫健委根据管理事务的需要分设若干个职能部门,各职能部门的主要职责围绕全年龄段人群健康而展开,诸如对儿童青少年健康、职业健康、老龄健康。体医融合是人们享有基本健康权利的活动方式,故此,在控制主体的选择上,国家体育总局和国家卫健委是两个最为主要的控制主体。

前面探讨政府在体医融合中的职能定位中谈到,国家体育总局和国家卫健委均代表国家行使对国家体育事业和医疗卫生事业的管理发展事务。在整体政府的思维中,中央政府的下设部委之间是相互联系的,也就是说,虽然体医融合控制主体是国家体育总局和国家卫健委,但是在具体事务开展过程中必然涉及到其他职能部门,诸如对学生体医融合实施控制,这时教育部便是控制主体之一;对体医融合经济实施控制,这时财政部便是控制主体之一;对改革和发展进程实施控制,这时国家发改委便是控制主体之一。只是,在体医融合实施的初级阶段,国家体育总局和国家卫健委是体医融合控制的两大主力,其他部门在具体事务中从中协助。

(二) 体医融合二元控制主体及其关系

体医融合控制主体是机构职能部门,通过对国家体育总局、卫健委的机构设置分析,与体医融合事务相关的部门才是真实的控制主体。为此,根据各机构部门职责的划分,国家体育总局中的群众体育司,卫健委中各厅司组织是体医融合控制主体。同时,国家体育总局和国家卫健委又受各机构机关党委的内部控制和中央纪委派驻纪检组的外部控制。(图 6 - 2)

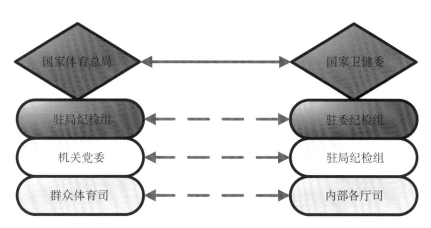

图 6 - 2　体医融合控制主体及内部关系

二元控制主体的实现与各职能部门相对应的职责相关。群众体育司代表国家体育总局的具体职责是:(1)拟订群众体育工作的有关方针规划和政策;(2)推行全民健身计划;(3)推动建立和完善全民健身服务体系,指导群众体育组织建设、健身场地设施建设,指导协调开展群众性体育活动;(4)协助有关部门举办全国性群众体育运动会;(5)指导和推动各类人群的全民健身工作,协调推动全民健身志愿服务工作;

(6)指导和推动农村体育、城市体育及其他社会体育的发展;(7)负责推行社会体育指导员和国民体质监测制度,指导国家体育锻炼标准实施工作;(8)组织开展全国群众体育奖励表彰工作;(9)负责拟订总局本级彩票公益金用于实施全民健身计划部分的规划和使用计划;(10)承办总局交办的其他事项①。

国家卫健委是代表国家行使与履行国家对卫生健康工作的统一领导与部署。具体而言,国家卫健委内设机构及具体职责如下②:表6-1。

表6-1 国家卫健委内设机构及具体职责

序号	机构名称	具体职责
1	办公厅	负责机关日常运转,承担安全、保密、信访、政务公开等工作。
2	人事司	拟订卫生健康人才发展政策,承担机关和直属单位的人事管理、机构编制和队伍建设等工作,负责卫生健康专业技术人员资格管理。
3	规划发展与信息化司	承担健康中国战略协调推进工作,组织拟订卫生健康事业发展中长期规划,指导卫生健康服务体系及信息化建设,组织开展爱国卫生运动和卫生健康统计工作。承担《烟草控制框架公约》牵头履约工作。
4	财务司	承担机关和预算管理单位预决算、财务、资产管理和内部审计工作。
5	法规司	组织起草法律法规草案、规章和标准,承担规范性文件的合法性审查工作,承担行政复议、行政应诉等工作。
6	体制改革司	承担深化医药卫生体制改革具体工作,研究提出深化医药卫生体制改革重大方针、政策、措施的建议,承担组织推进公立医院综合改革工作。

序号	机构名称	具体职责
7	疾病预防控制局	拟订重大疾病防治规划、国家免疫规划、严重危害人民健康公共卫生问题的干预措施并组织实施，完善疾病预防控制体系，承担传染病疫情信息发布工作。
8	医政医管局	拟订医疗机构及医务人员、医疗技术应用、医疗质量和安全、医疗服务、采供血机构管理以及行风建设等行业管理政策规范、标准并监督实施，承担推进护理、康复事业发展工作。拟订公立医院运行监管、绩效评价和考核制度。
9	基层卫生健康司	拟订基层卫生健康政策、标准和规范并组织实施，指导基层卫生健康服务体系建设和乡村医生相关管理工作。
10	卫生应急办公室	承担卫生应急和紧急医学救援工作，组织编制专项预案，承担预案演练的组织实施和指导监督工作。指导卫生应急体系和能力建设。发布突发公共卫生事件应急处置信息。
11	科技教育司	拟订卫生健康科技发展规划及相关政策并组织实施。承担实验室生物安全监督工作。组织开展住院医师、专科医师培训等毕业后医学教育和继续教育工作，协同指导医学院校教育。
12	综合监督局	承担公共卫生、医疗卫生等监督工作，查处医疗服务市场违法行为。组织开展学校卫生、公共场所卫生、饮用水卫生、传染病防治监督检查。完善综合监督体系，指导规范执法行为。
13	药物政策与基本药物制度司	完善国家基本药物制度，组织拟订国家药物政策和基本药物目录。开展药品使用监测、临床综合评价和短缺药品预警。提出药品价格政策和国家基本药物目录内药品生产鼓励扶持政策的建议。
14	食品安全标准与监测评估司	组织拟订食品安全国家标准，开展食品安全风险监测、评估和交流，承担新食品原料、食品添加剂新品种、食品相关产品新品种的安全性审查。

序号	机构名称	具体职责
15	老龄健康司	组织拟订并协调落实应对老龄化的政策措施。组织拟订医养结合的政策、标准和规范,建立和完善老年健康服务体系。承担全国老龄工作委员会的具体工作。
16	妇幼健康司	拟订妇幼卫生健康政策、标准和规范,推进妇幼健康服务体系建设,指导妇幼卫生、出生缺陷防治、婴幼儿早期发展、人类辅助生殖技术管理和生育技术服务工作。
17	职业健康司	拟订职业卫生、放射卫生相关政策、标准并组织实施。开展重点职业病监测、专项调查、职业健康风险评估和职业人群健康管理工作。协调开展职业病防治工作。
18	人口监测与家庭发展司	承担人口监测预警工作并提出人口与家庭发展相关政策建议,完善生育政策并组织实施,建立和完善计划生育特殊家庭扶助制度。
19	宣传司	组织开展卫生健康宣传、健康教育、健康促进活动,承担卫生健康科学普及、新闻和信息发布工作。
20	国际合作司（港澳台办公室）	组织指导卫生健康工作领域的国际交流与合作、对外宣传、援外工作,开展与港澳台地区的交流与合作,承担机关和直属单位外事管理工作。
21	保健局	负责中央保健对象的医疗保健工作、中央部门有关干部医疗管理工作,以及党和国家重要会议与重大活动的医疗卫生保障工作。
22	机关党委	负责机关和在京直属单位的党群工作。

　　从二元控制主体的具体职责来看,控制主体主要通过政策、法规、标准和规范等控制手段对控制客体方向和发展进程上的整体控制。体医融合是个复杂的系统,几乎牵涉到社会事物的方方面面,尤其是随着体医融合实践进程的不断深入,对于控制主体间的契合度要求会越来越强,同时也会对各控制部门提出更高的职责要求。

二、体医融合控制介体分析

控制介体是连接控制主体和控制对象的中介,集中回答"如何控制"和"怎样控制"等问题。从各控制理论对控制方法的描述来看,不论是工程控制理论中的视域法,生物控制中的定量化研究方法还是社会控制(控制论)理论中的复杂性研究方法,虽然可以为我们提供方法论上的指导,但是对于具体的控制方法还需在社会控制(社会学)理论中根据体医融合特定控制对象进行挖掘。与管理学教材中对控制方法避而不谈(管理学教材中一般用控制过程来替代控制方法、手段方式等控制介体)不同的是,社会学中对控制介体的认识也存在着差异。杨佳华(2009)[①]认为社会控制的手段或方式是硬控制(法律、制度)和软控制(道德、教育、舆论);吴增基(2014)[②]则认为社会控制的构成因素是控制主体、控制手段和控制客体。奚从清(2012)[③]又从社会控制的形式上分析了控制主体与控制客体之间的关系。而在社会控制的研究中,学者们也很少对"控制方法"进行论述,谢琰(2016)[④]在研究《大学生资助在新媒体视角下的社会控制方法》一文中认为:新媒体构建的社区网络化、规范化的网络平台和建立科学化的社会体系是大学生资助在新媒体视角下的社会控制具体方法。显然这是控制的思路而不是社会控制的具体方法。郑杭生(2003)认为广义的社会控制是指社会组织体系运用社会规范以及与之相应的手段和方式,对社会成员的社会行为及价值观念进行指导和约束,对各类社会关系进行调节和制约的过程[⑤]。在此概念中,控制的手段和方式是连接控制主体和控制对象的中介。基于以上分析,在体医融合控制介体分析中,我们主要从控制的手段和

[①]杨佳华.转型社会控制论[M].北京:北京师范大学出版社,2009(6):148.

[②]吴增基.现代社会学(第5版)[M].上海:上海人民出版社,2014(2):329.

[③]奚从清.现代社会学导论 第2版[M].浙江:浙江大学出版社,2012(11):322.

[④]谢琰.大学生资助在新媒体视角下的社会控制方法[J].当代教育实践与教学研究[J].2016(6):237.

[⑤]郑杭生.社会学概论新修(第3版)[M].北京:中国人民大学出版社,2003(01):401.

方式两个维度进行分析。

（一）体医融合控制手段

在控制手段研究的过程中，对控制手段的认识存在着两种观点，一种观点认为控制手段就是信息，而另一种观点认为控制手段是社会能量。认为控制手段是信息的在工程控制、内部管理控制应用比较多；认为控制手段是社会能量的在哲学社会学中应用较多。在一般社会学研究中，关于控制手段的认识也存在着差异，学者们对控制手段、控制方式、控制方法、控制形式等存着混用的现象。手段具有方法和措施的含义，为了避免造成认识上的混乱，我们认为控制手段是在控制过程中控制主体对控制对象实施控制所采取的具体方法或措施。

在体医融合二元控制主体的职能分析中，我们发现，政策、规范、标准、规划是二个控制主体共同采用的控制手段。而从控制过程的一般性规律中我们也不难发现，社会道德、社会风气、社会舆论、社会传媒同样也是控制的手段。学者们一般把政策、法规、法律等控制手段的集合称之为硬控制手段，社会道德、风气、舆论、传媒称之为软控制手段。

所谓硬控制就是控制对象必须无条件服从控制主体的控制，否则就会受到应有的惩罚。硬控制是以政权、法律、制度、纪律为基础的控制，其中最具代表性的便是法律法规，是一种强制性的控制手段。虽然国家层面并没有针对体医融合的专项法律法规，但是从各控制主体系统来看，均形成了以法律为主干，以行政法、部门性法规为重要内容的法律法规体系，诸如体育系统内的《中华人民共和国体育法》、《全民健身条例》等；在医疗卫生系统内有《中华人民共和国传染病防治法》、《处方管理办法》、《中华人民共和国执业医师法》等；在民政系统内有《中华人民共和国妇幼权益保障法》、《中华人民共和国老年人权益保障法》、《志愿者服务条例》、《社会团体登记管理条例》等。这些法律法规均与体医融合相关，为形成具体的"体医融合"相关法律法规条款将提供依据。

所谓软控制就是控制主体对控制客体的控制采取的是非强制性手段,诸如思想政治工作、社会舆论、大众传媒、伦理道德等。对体医融合采取思想政治上的控制就是要始终保持体医融合发展方向与社会主义初级阶段发展方向保持高度的一致,能为社会主义建设服务提供力量。社会舆论是社会上或者是一个组织团体内许多人的共同意见,因此对个人、集体的思想和行为将产生重要的作用[1]。在体医融合机制运行的初级的阶段,要善于利用社会舆论的积极效应为体医融合造势,要杜防社会舆论对体医融合产生的消极效应,积极正确地引导体医融合良性社会舆论的形成。良性社会舆论的形成离不开大众传统的宣传作用,大众传媒是一种具有强大社会控制力的软控制工具[2]。伦理道德是人们在长期的社会生活中形成的较为稳定的心理价值规范体系。与法律法规相比,道德对人们行为的控制作用比法律要宽泛,法律管不到的地方,道德可以管,并且道德是不需要监督的[3]。因此,在体医融合进行控制的过程中要充分发挥道德对实践主体的控制作用。

(二) 体医融合控制方式

控制方式是控制主体对控制对象实施控制的过程中所采用的具体机制和方法[4]。体医融合控制手段的多样性决定了控制方式选择的丰富性。整体而言,体医融合控制方式遵循一般社会学控制方式的划分。谭玉林(1989)认为社会控制的方式主要有:(1)负反馈和正反馈相结合的方式;(2)刚性控制和弹性控制相结合的方式、静态控制和动态控制相结合的方式、他控和自控相结合的方式,等[5]。奚从清(2012)认为社

---

[1]吴增基.现代社会学(第5版)[M].上海:上海人民出版社,2014(2):337.

[2]周明侠.构建和谐社会的社会控制模式转型与社会控制手段选择[J].求索,2006(12):137—139.

[3]潘允康.试论社会控制手段的多样性和综合性[J].杭州师范学院学报(社会科学版),2002(6):59—62+47.

[4]李长印,李翠荣.试论社会的制度化控制[J].求索,1998(6):50—51.

[5]谭玉林.试论社会控制的模式、手段和方式[J].上海师范大学学报,1989(2):154—156.

会控制的形式包括社会的政治控制、社会的思想控制、社会的经济控制和社会的心理控制[①]。吴增基(2014)认为根据不同的分类标准可以划分出不同的社会控制方式:(1)按照社会控制的性质可以分为社会控制、政治控制和思想控制;(2)根据社会控制的层次可以分为对社会组织控制和社会成员控制;(3)按照控制的手段可以分为硬控制和软控制;(4)按照控制的实现途径可以分为积极的控制和消极的控制;(5)按照具体表现形式可以分为外在控制和内在控制;(6)根据控制时间的不同可以分为反馈控制、同期控制和前馈控制[②]。陈力丹(2017)认为传播的社会控制方式是政治控制,经济控制,软化的文化控制、信息接受者控制和传播技术控制[③]。仇军(2010)在研究体育社会问题的社会控制时认为社会控制包括了外在控制和内在控制,根据施加外在强制力的组织的不同性质分为正式控制和非正式控制[④]。

从学者对控制方式类型分类来看,不论是对宏观的社会控制还是针对具体问题的控制,在控制方式上还存在着认识上差异。这种认识上的差异既是对控制方式认识深刻的表现,但同时也给厘清控制介体的内在关系增加了难度。体医融合控制手段分为硬控制的法律、法规、政策等手段和软控制的社会舆论、理论道德、大众传媒等手段。体医融合控制对象是体医融合实践本身,这种控制的类型方式是外在控制。故此,外在控制中的正式控制和非正式控制两种具体方式中探讨控制方式和手段之间的内在关系是一种分析思路。(图 6-3)

所谓正式控制是借助国家政权、法律、制度、纪律等手段对体医融合实施控制。正式控制的实施依赖于完善的政策法规体系。虽然在三个系统中各自均有较为健全的法律法规体系,但在这些法规体系中对于体医融合相关的条款还较少见。缺乏有法可依的相应条款,致使正

①奚从清. 现代社会学导论 第 2 版[M].浙江:浙江大学出版社,2012(11):322—330.
②吴增基. 现代社会学(第 5 版)[M].上海:上海人民出版社,2014(2):332.
③陈力丹. 传播的社会控制方式[J].东南传播,2017(5):38—41.
④仇军,王永红. 论体育社会问题的社会控制[J].首都体育学院学报,2010.22(3):1—4.

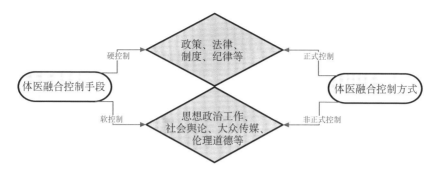

图 6 - 3　体医融合控制介体要素(手段、方式)及其相互关系

式控制效果大打折扣。

所谓非正式控制思想政治工作、社会舆论、大众传媒、伦理道德等手段对体医融合实施控制。非正式控制方式较之于正式控制的优势在于其执行成本较低,但是非正式控制的效果较为隐蔽,其形成效果的周期也较长,控制效果的范围较大也较深刻。

三、体医融合控制输出分析

体医融合控制机制是一个由输入和输出环节相连的闭合式结构,其中输入的信息主要来自于输出环节的反馈。而输出环节是在控制主体的控制意识作用下体医融合机制的总体性运行结果,运行结果的外在表现为体医整合、体医结合、体医融合三种不同的一体化状态。而三种结果状态则通过两个维度来实现:其一是方向维度,其二是进程维度。

(一) 控制方向维度分析

方向代表着人生的理想和追求的目标[①]。在体医融合控制主体中,代表中国共产党领导的驻机构纪检组织以及各机构的党委组织为体医融合机制运行能在正确的方向上提供了保障。

[①]百科百科.方向[EB/OL]. https://baike.baidu.com/item/%E6%96%B9%E5%90%91/4631? fr=aladdin.[不详](2018—12—22).

1. 坚持中国共产党领导下的中国特色社会主义方向

中国特色社会主义发展方向是改革开放以来中国历代领导人在结合中国发展基本情况和面临的现实问题做出的历时性论断。现阶段，中国特色社会主义发展方向就是要以习近平总书记为中心的中国共产党领导下，立足基本国情，以经济建设为中心，坚持四项基本原则，坚持改革开放，解放和发展社会生产力，建设中国特色社会主义市场经济、社会主义民主政治、社会主义先进文化、社会主义和谐社会、社会主义生态文明，促进人的全面发展，逐步实现全体人民共同富裕，建设富强民主文明和谐美丽的社会主义现代化强国[①]。中国特色社会主义发展方向是科学社会主义理论逻辑和中国发展的历史逻辑的辩证统一，是中国共产党领导的全中国人民理性选择，是实现健康中国战略目标，全面建设小康社会的正确指向。

习近平总书记指出"党和国家事业发生历史性变革，我国发展站到了新的历史起点上，中国特色社会主义进入新的发展阶段"[②]。体医融合理念的提出是中国特色社会主义发展进入新的发展阶段处理问题以及健康问题的新举措。虽然体医融合机制运行尚处于起步阶段，还面临各式各样的问题，这就要求我们在推进体医融合机制运行进程中要牢固树立中国特色社会主义的道路自信、理论自信、制度自信和文化自信，加快体医融合理论研究和实践探索，确保体医融合机制运行始终与中国特色社会主义发展方向保持高度的一致。

2. 坚持中国特色社会主义初级阶段的公共服务方向

党的十三大报告中明确提出了"我国社会主义社会处于初级阶段"的论述[③]，这是对我国社会主义建设历史和现实经验的高度概括

①百度百科. 中国特色社会主义[EB/OL]. https://baike. baidu. com/item/%E4%B8%AD%E5%9B%BD%E7%89%B9%E8%89%B2%E7%A4%BE%E4%BC%9A%E4%B8%BB%E4%B9%89/929612? fr=aladdin. [2017—10—18](2022—12—22).
②朱继东. 始终坚持中国特色社会主义的正确前进方向[N]. 重庆日报,2017(8):28.
③程恩富. 落实科学发展观要深刻认识社会主义初级阶段的理论[J]. 河南社会科学,2008.16(3):1—5.

和总结。随后在各大政府工作报告中均对"社会主义初级阶段"进行了系统的论述。2017 年的十九大报告中对我国社会主义初级阶段的主要矛盾转变进行了论述,同时也道出了新时期社会主义初级阶段的具体表现:虽然我国已经成为了第二大经济体,但是人均生产总值只相当于世界平均水平的 80％左右,发展不平衡不充分的一些突出问题尚未解决;在发展质量、创新能力、公共服务、生态保护等方面还任重道远;民生领域还有不少短板;社会文明水平尚需提高;国家治理体系和治理能力有待加强;一些改革不熟和重大政策措施需要进一步落实①。2022 年 10 月,习近平主席在党的二十大报告中也指出:"我国是一个发展中大国,仍处于社会主义初级阶段"②;在公共服务方面,习主席在二十大报告中多次提到健全公共服务体系、提供公共服务水平、公共服务均等化、统筹乡村基础设施和公共服务布局。

　　体医融合机制建设和完善属于民生领域中的公共服务领域范畴。体医融合公共服务是以政府为主导,以提供基本的而又保障体医融合公共产品为首要任务,并以全体民众共同分享公共产品为主要目标。通过政府的力量有效优化配置现有体医融合公共资源,从而克服单纯依靠市场经济进行配置的局限。由于我们是计划经济和市场经济并存的经济体制,仅仅依靠政府的控制力量不能很好地实现公共服务资源优化配置。因此,在学术界就出现了"政府购买公共服务""公共服务民营化""公共服务外包""公共服务私有化"的探讨。同时,在体医融合实践过程中,体医融合具有巨大的市场潜力,各社会资本纷纷介入,想在体医融合机制运行中分一杯羹。在体医融合机制运行的初级阶段,代表政府利益的控制主体就应该牢牢把控住体医融合社会公共服务的发

---

①中共中央党史研究室理论研究中心.牢牢把握社会主义初级阶段的基本国情[J].党政干部参考,2017(24):5—7.

②习近平.高举中国特色社会主义伟大旗帜为全面建设社会主义现代化国家而团结奋斗——在中国共产党二十次全国代表大会上的报告[M].北京:人民出版社,2022(10):18.

展方向,避免陷入过度市场化引发的混乱。

3. 坚持健康中国持续推进进程中的全民健身与全民健康方向

健康中国建设是我国的基本国策,全民健身为全面健康服务,全民健身是健康中国建设的重要内容。习主席在二十大报告中明确指出"广泛开展全民健身活动"。在国家现代化建设中,全民健身是现代化程度的重要标志之一。这是因为体育运动的开展与普及是社会发展、国家综合实力提升、人类社会文明与进步的重要表现。体育运动在推动人民身体素质发展和健康水平的提升具有不可替代的作用。2016年习主席在全国卫生与健康大会上讲到:"要倡导健康文明的生活方式,树立大卫生、大健康的观念,把以治病为中心转变为为人民健康为中心,建立健全健康教育体系,提升全民健康素养,推动全民健身和全民健康深度融合"①。实现人的全面发展是全民健身与全民健康深度融合的逻辑起点,我们党历来将人的全面发展作为人类社会发展的最高价值追求。在健康中国建设进程中,健康不仅是广大人民群众的个人追求,是促进人的全面发展的必然要求,更是中国共产党的初心和使命②。

全民健身与全民健康深度融合的内在要求体育系统与医疗卫生系统深度融合。体医融合是一种新型的健康促进方式,它要求改变两个系统相对封闭的发展模式。两个系统应以全民健康为导向,打破行业壁垒,形成一体化设计,一体化推进的发展新格局③。当前,全民健身公共服务的宽度与深度拓展还存在瓶颈;在医疗卫生领域依然存在着医疗卫生服务供给不足与人民医疗服务需求日益增加之间

①环球网.习近平:推动全民健身和全民健身深度融合[EB/OL]. https://baijiahao.baidu.com/s? id=1740561515381538692&wfr=spider&for=pc. [2022—08—08](2023—10—28).

②陆书建,李艳,高敏. 新时代背景下的体育功能优化与价值拓展[J].体育与科学,2023.44(01):30—35,106.

③金超,汪键.全民健身与全民健康深度融合的内在逻辑、现实价值与实现路径[J].体育与科学,2023.44(04):45—52.

的矛盾；而体医融合之于健康的有效性、持续性、可及性等方面存在着问题。这就要求体医融合需要把握全民健身和全民健康深度融合的契合点，与全民健身和全民健康保持方向上的一致性，为健康中国持续推进助力。

（二）控制进程维度分析

对体医融合机制运行速度进程的控制也是控制机制的本质功能之一。如果说方向上的控制能保证体医融合机制运行始终处于正确的轨道上的话，那么对速度进程的控制主要是针对体医融合规模上的把握。体医融合虽然是国家力推的健康促进新理念，但是在发展进程中很难在短时间全面铺开，从"全面健身计划"实施的历史经验中发现，控制其发展规模，采取稳步推进的方式对于体医融合发展是正确的战略选择。故此，控制体医融合发展进程需综合考虑以下几个因素：其一，人口规模的地域差异；其二，体医融合需要紧迫性；其三，地区间经济发展的差异；其四，体医融合实践开展所具备的现实条件。

1. 坚持城镇地区向农村地区推进

首次，根据《中国城乡生活状况调查报告（2022）》数据显示，随着我国城镇化建设的不断推进，2022 年我国城镇人口占总人口的52.0％[①]，较之于 2016 年的 26.3％提高了近 26 个百分点。城镇人口规模的扩大使得城镇健康问题日渐尖锐。其次，由于长期的城乡二元经济结构造成的城镇在收入水平、受教育程度、体育锻炼意识、健康意识等方面较之于农村存在普遍性差距，城镇地区不论是在体医融合开展的硬件设施还是软件条件上均要好于农村地区。再者，从 1995 年开始实施的"全民健身计划"进程及取得的成效来看，在体医融合实施的早期，以城镇社区为突破口是一条正确的推进策略。

---

①中国老龄化人口报告. 老龄蓝皮书：中国城乡生活状况调查报告［EB/OL］. http：//baijiahao. baidu. com/s？id=1601680043763778266&wfr=spider&for=pc. ［2022—05—28］（2022—12—22）.

2. 坚持发达地区向欠发达地区推进

发达地区和欠发达地区既是一个"地理空间范围"的相对概念,又是一个基于历史纵向比较的、动态变化发展的范畴[①]。根据不同的区域范围以及不同的划分指标对于发达地区和欠发达地区的理解也存在着差异。在传统的区域划分中,认为东部沿海地区是发达地区,而中西部尤其是西部地区是欠发达地区,这一划分标准采用的是 GNP 或GDP,这也是国际划分的惯用指标。通过前面的分析我们发现,体医融合需要是一种"自我实现"的需要,这种需要的实现离不开所在地区整个经济发展水平的支撑。只有经济发展达到一定程度后,政府部门才有足够的财力来支撑和扶持体医融合事业的发展;只有政府支撑和扶持体医融合事业的发展,才能真正享受到体医融合带来的益处;只有真正享受到了益处,体医融合机制运行才有可能顺畅。故此,在无法短时间改变经济发展地域差异的前提下,从发达地区向欠发达地区稳步推进是体医融合发展过程中的必然选择。

3. 坚持典型区域向非典型区域推进

经济发展虽然在整个社会事物发展过程中起着决定性作用,但是这种决定性作用的发挥也是相对的。这是因为,体医融合发展还受到了健康意识、体医融合行为习惯、地方政府的重视程度等多因素的影响。从现阶段体医融合实践的基本情况来看,既有上海杨浦四社区体医融合,杭州体医融合俱乐部,也有位于辽东半岛腹地的本溪县政府与县中医院成立的"体医融合运动康复门诊"等典型性实践尝试。由此可见,体医融合发展除受经济发展整体水平影响外还与地方政府的重视程度等因素存在着线性关系。控制主体抓住典型区域的先进经验,利用舆论造势、大众媒体等控制手段稳步向非典型地区进行渗透同样符合体医融合机制运行的客观规律。

---

①林勇,张宗毅,杨先斌.欠发达地区类型界定及其制备体系应用分析[J].重庆大学学报(自然科学版),2007.30(12):119—124.

第三节 体医融合控制机制运行实践分析

通过前面的理论探讨,我们基本明确了体医融合控制机制内部结构要素以及要素之间的相互作用和关系。但是这些要素如何在实践运行过程中真正发挥其应有的价值和功效,也就是说体医融合控制机制是如何运行的以及在运行过程中存在着哪些较为主要的问题并如何规避这些问题,是接下来需要重点解决的问题。

通过体医融合控制机制的静态分析我们发现,体医融合控制机制的运行存在着三条线索:其一,被控制系统内部组织的控制;其二,控制系统内部组织控制;其三,控制系统对被控制系统的控制,也即组织对组织的控制。根据研究目标的需要,下面重点分析控制系统对被控制系统的控制机制运行问题。

一、体医融合控制机制运行实践原则

控制机制运行原则是体医融合控制机制在运行过程中必须遵循的基本准则,是对体医融合控制机制运行过程客观规律的反映。保障机制运行原则是保障机制功能实现的内在性要求。可见,对控制机制运行原则的探讨不仅是要揭示运行过程中遵循的基本准则而且还可以深刻认识控制机制的运行过程和基本规律。

(一) 主动控制与被动控制相结合

所谓主动控制是控制主体积极主动地采取控制手段和方式对控制对象实施的控制过程。主动控制运行的基本流程是:控制主体预先分析机制运行目标偏离的可能性,并制定和采取详尽的防范措施,以保证运行目标在正确的方向和轨道上。可见,主动控制运行的前提条件是控制主体能对可能影响到运行目标的各个因素有全面的考虑,并能制

定完备的应对计划。故此,主动控制也可叫做事前控制或前馈控制①。

所谓被动控制是控制主体根据输出环节的结果与运行目标之间的偏差,为纠正偏差而采取相应的控制手段和方式的控制过程。被动控制并不是控制主体的消极被动地实施控制,它本质上也是一种积极控制。被动控制运行的基本流程是:控制主体积极主动分析运行结果与运行目标之间的偏差,并根据偏差制定克服偏差的补充计划。可见,被动控制运行的前提条件是控制主体能积极主动地分析运行结果,并根据运行偏差制定详细的应对计划。故此,被动控制也可以叫做事中控制或后馈控制②。

从体医融合控制机制内部要素来看,以输入环节为起点的控制便是主动控制,在输出环节开始的控制便是被动控制。实践表明,只有主动控制可能会出现偏差结果的累积效应;只有被动控制则可能出现控制结果的时滞影响③。主动控制和被动控制相结合才是能较好地实现控制目标。鉴于主动控制的效果要好于被动控制,这就要求在体医融合控制机制运行过程中要注重以主动控制为主被动控制为辅的运行思路。

从主动控制和被动控制运行的基本流程来看,控制主体的控制意识和完善的实施计划是主动控制和被动控制顺利运行的关键所在。纵观现阶段体医融合实践现状,控制主体的控制意识缺乏和体医融合实施计划的缺失是影响控制机制运行的关键因素。

(二)外在控制与内在控制相结合

所谓外在控制是指控制主体利用法律法规政策、习俗、教育、环境等外在力量进行的控制过程④。对于控制对象而言,外在控制是一种

①刘国玉.工程监理中的主动控制与被动控制[J].内蒙古科技与经济,2001(6):57.
②索清.工程质量主动控制与被动控制的关系[J].山西建筑,2005.31(1):132—133.
③李四辈.浅谈主动控制与被动控制在安全管理中的应用[J].2005(5):81.
④曹凤月.由外在社会控制到内在社会控制的转换机制[J].中国工运学院学报,1991(3):62—65.

不自觉地消极接受控制的过程①。但是外在控制相比于内在控制能够起到更好的控制效果。前面所分析体医融合控制机制结构要素就是一定典型的外部控制机制。之所以仅仅分析外在控制其原因在于：其一，根据研究目标，是为体医融合的顶层设计提供参考，这时的控制主体便是代表国家的各级政府组织；其二，体医融合实践主体的多样性给控制过程增加了难度。这其中既涉及到个人控制又涉及到组织控制，组织控制既涉及到政府组织又涉及到非政府组织。而各个组织的控制机制运行存在着较大的差异，很难找一个概而全的控制模式与之相适应。

所谓内在控制是指控制对象作为控制主体采取恰当的控制手段和方式内化自身的意识和行为的过程。从体医融合控制机制运行过程来看，外在控制是前提，内在控制是结果，外在控制终究要通过内在控制的内化过程来实现控制目标。内在控制与外在控制的本质区别在于控制主体的不同。在体医融合外在控制机制中，代表政府的体育部门、医疗卫生部门是控制主体，体医融合实践组织是控制客体；在内在控制机制中，体医融合实践组织既是控制主体也是控制客体。内在控制是一种典型的自控形式。

可见，体医融合控制机制运行过程要求外在控制和内在控制相结合，以利于控制目标的实现。同时，从外在控制主体来看，"有限政府"理论认为，不仅政府的权力、能力、规模和责任是有限的，而且政府的职能也是有限的。从体医融合控制主体部门的职责来看，并不能囊括所有体医融合事务的所有内容。尤其是体医融合机制运行还处于起步阶段的情况下，政府职能部门对体医融合机制运行的复杂性、动态性可能会出现估计不足，或者由于反馈信息的滞后性使得不可控性难度增大。这时就应该发挥体医融合内部控制的力量以维持机制的正常运行。

综上所述，外在控制和内在控制相结合要求我们要认清体医融合

①李海玉.试论社会控制与构建和谐社会[J].毛泽东思想研究，2007.34(6)：106—108.

实践的实情,现阶段的控制机制运行要以外在控制为主内在控制为辅的机制运行思路。

(三) 适时控制与适度控制相结合

适时控制是对体医融合控制机制运行在时间维度上提出的要求。所谓适时控制就是控制主体根据控制客体的具体结果状态及时主动地采取相应的控制措施的行为。对于体医融合控制机制运行而言,适时控制有两种运行过程,其一,运行过程中的适时控制,即对体医融合机制运行过程中出现的各种问题进行及时控制。对于外在控制而言,这样的控制过程成本较高,难度较大。其二,运行结果的适时控制,即对体医融合机制运行结果与目标进行比较,找出结果与目标之间的偏差,进而及时采取相应的控制措施使偏差控制在允许范围内。对于外在控制而言,这是一种经济有效的控制过程。在体医融合机制运行的初步阶段,适时控制对于确保机制运行在正确的方向和预定轨道上具有重要的操作意义。

适度控制是对体医融合控制机制在空间范围、程度、频率维度上提出的要求。所谓适度控制就是控制主体对控制客体的控制既不能过度也不能欠度,而是一种"恰到好处"的运行状态。实践表明,过度的控制将会打击控制客体的创造力和积极性;欠度的控制将会使控制客体的发展偏离预定的方向和轨道。总之,不管是过度控制还是欠度控制均不利于控制目标的实现。对于刚刚起步体医融合机制运行而言,实现适度控制其难度是很大的。为此,实现适度的控制可以从以下三个方面进行考虑:其一,控制目标适度。控制主体应根据体医融合的客观现实条件制定适宜的发展目标。其二,控制手段适宜。既要采用法规、政策、指令等硬控制手段,也要考虑采取思想教育工作、社会舆论、大众传媒、伦理道德等软控制手段。其三,控制方式适度。既要采取官方的正式控制,也要采取非官方的非正式控制。从体医融合机制发展现状来看,在控制手段和方式的选择上宜采取硬控制手段和正式控制方式为主,这样便有利于尽快形成体医融合良好的行为模式和舆论氛围。

(四) 把握关键控制点原则

马克思主义辩证唯物主义认为"矛盾是事物发展的源泉和动力,矛盾存在于一切事物之中,存在于一切事物发展过程的始终"[①]。体医融合保障机制的运行其实质是控制体医融合发展过程中矛盾的激发和恶化。事物发展矛盾的普遍性要求我们对事物发展的控制应抓住事物发展的主要矛盾。对于体医融合控制机制运行而言就应该把握住关键的控制点。同时,体医融合机制内部要素的复杂性也不可能在短时间内实现要素的全控制。抓住关键控制点不仅可以大大节约控制成本,而且针对性更强,能起到事半功倍的控制效果。

决定事物发展的主要矛盾并不是一成不变的,而是伴随着事物发展的不同阶段或状态而发生改变。就现阶段体医融合机制运行而言,内部要素及其关系的复杂性决定了对关键控制点的把握应从机制运行的整体性上进行,也即从其他四个二级机制运行过程中存在的典型性问题中去探寻。通过前面的分析我们发现,在动力机制运行中存在的主要问题是动力机制运行不畅,内生动力在动力机制运行中作用体现不足;激励机制运行过程中存在的主要问题是外在激励的强势和内在激励的疲软以及激励效果指向的分散;在保障机制运行中存在的主要问题是保障机制运行过程具有较大的依附性和保障效果的分散性;整合机制运行过程中存在的主要问题是缺乏政策的积极引导、制度壁垒下的利益保护主义给整合机制运行造成一定的难度、整合主体的整合意识淡薄。虽然四个二级机制在运行过程中存在的主要问题呈现出特殊性的一面,但是溯本求源我们发现,明确控制主体间的责权分工是目前体医融合机制运行的关键控制点。

现阶段,尽快明确控制主体间的责权分工便会尽快完善体医融合

---

①曹阳."和谐"与"矛盾"并不矛盾[J].思想政治课教学,2008(4):35—37.

第六章 体医融合控制机制

法规政策体系,并能快制定体医融合具体实施方案或计划,这样确保二级机制运行的相对通畅,基本能解决二级机制运行中存在的代表性问题。

二、体医融合控制机制运行实践存在问题

(一)二元控制主体职责指向分散

体医融合的本质属性决定了其控制主体主要是国家体育总局、卫健委。通过对二元控制主体的具体职责的划分我们发现,在二元系统内各控制主体的具体职责是明确的。但是现存的具体职责只是基于在体育系统、医疗卫生系统内部,各职责自成体系,彼此独立,互不干涉。

二元控制主体职责指向分散表现为对体医融合控制职责模糊,不集中。从国家体育总局群众体育司共涉及到 10 个具体的职责,重点包括:群众体育政策、规划、方针的制定、全民健身计划的实施以及全民健身服务体系的建立和完善、协助与指导相关部门开展群众性体育活动、指导推动自愿者服务工作开展、国民体质监测、彩票公益金的使用等。职责指向于群众体育活动的协助、指导、监管、控制、评价、保障等职能。从卫健委的具体职责来看,作为新组建的职能部门,共涉及到 13 方面具体职责,包括:(1)起草、拟定、制定、实施国民健康草案、政策、规划;(2)深入推进并协调医药医疗卫生体系改革;(3)制定并落实人民健康卫生公共问题的干预措施,应对突发公共卫生事件;(4)制定和落实老龄健康政策,并推进老年健康服务体系;(5)制定和落实国家药物政策和管理制度,制定食品安全标准;(6)负责职业卫生、环境卫生、学校卫生等场域卫生的监督管理,健全卫生健康综合监督体系;(7)建立医疗服务评价体系和医疗服务行业管理体系;(8)研究与制定计划生育管理服务体系;(9)指导地方卫生健康工作开展;(10)负责党和国家重要会议和重大活动的医疗卫生保障工作;(11)管理中国老龄学会和国家中医药管理局;(12)完成国家和党中央交办的其他任务;(13)职能转型。由上可见,二控制主体的具体职责与体医融合控制机制运行呈现出一

种朦胧状态。缺乏对体医融合具体职责的针对性描述是产生这种朦胧状态的外在表现。

（二）控制机制运行实践过程不畅

体医融合控制机制运行是一个由输入和输入环节构成的循环闭合整体。要想实现循环闭合整体的运行通畅，就必须保证每个运行环节之间形成强联系。从控制主体要素来看，正如自主治理理论代表人埃莉诺·奥斯特罗姆所言"解决公共事务困境应满足制度设计边界清晰性、一致性的要求"①。上述，体医融合三控制主体针对体医融合职责表述的缺失，使得控制边界模糊，即应该谁来控制，如何控制没有达成一致。控制主体的职责缺失带来一系列的连锁反应：法规政治制定的缺失、服务保障体系的脆弱、保障介体失去应然的落脚点，保障客体对体医融合实践的随意性，实践结果的输出无法通过回传通路反馈给确切的控制主体。

三、体医融合控制机制运行实践策略

（一）多元主体控制机制

国家职能部门的条块管理能有效地实现对本领域管理的系统性、集中性和高效性，但是这种条块管理必然给跨部门事务管理带来难度。体医融合性质决定了要体育部门、医疗卫生部门多方参与控制。从二元控制主体的具体职责来看，国家体育总局群众体育司负责群众体育活动开展的协助、指导、监管、控制、评价、保障等职能；新成立的卫健委老龄健康司负责健康监管、控制、实施等职能。体医融合理念的提出是在健康中国建设进程中，促进健康的有效手段。因此，新成立的卫健委应承担起体医融合控制的主体职责。形成以卫健委为主，国家体育总局、教育部、财政部、发改委为辅的多元控制体系。

①张克忠.公共治理之道：埃莉诺·奥斯特罗姆理论述评[J].政治学研究,2009(6):83—93.

（二）体医融合工作融入机制

将体医融合具体工作融入到健康中国建设进程中与国家发展战略保持高度一致。党的十八届五中全会将"健康中国"上升到国家战略高度，随后国家卫生和计划委员会（国家卫健委）编制《"十三五"健康中国建设规划》，相信在"十四五"、"十五五"乃至相当长的一段时间内，"健康中国"建设仍然是国家建设的重点内容之一。体医融合是健康中国建设的重要手段，尤其是在"大健康观"的影响下，体医融合在健康中国建设进程中将发挥巨大的效用和价值。

2019 年 7 月国务院发布《关于实施健康中国行动的意见》，文件对行动背景、总体要求、总体目标、主要任务等方面作了较为详细的规定和说明。尤其是在"维护全生命周期健康"中对妇幼健康、中小学生健康、职业健康以及老年健康的促进行动进行了详细说明。更为重要的是在"组织实施"中，成立健康中国行动推进委员会以及颁布实施《健康中国行动（2019—2030 年）》。从成立的健康中国行动推进委员会组成人员来看，国家卫健委、国家体育总局和教育部各负责人名列前三位，再次说明了国家卫健委在体医融合控制机制中的主体地位。

从颁布的《健康中国行动（2019—2030 年）》具体内容来看，对体医融合的表述仅为"构建科学健身体系。建立针对不同人群、不同环境、不同身体状况的运动促进健康指导方法，推动形成'体医融合'的疾病管理与健康服务模式"[1]。而关于如何进行体医融合，如何进行体医融合疾病管理，如何进行体医融合健康服务模式在文件中并没有提及。

随着健康中国行动的不断深入，相信在今后的政策文件中，必然有对体医融合具体操作的指导性说明。故此，应将体医融合尽快写入健康中国建设工作方案中，这样将尽可能提升体医融合速度，发挥体医融合在健康中国建设中的应然价值和作用。

---

[1] 中华人民共和国中央人民政府. 健康中国行动（2019—2030 年）[EB/OL]. http://www. gov. cn/xinwen/2019—07/15/content_5409694. htm[2019—7—15]（2020—8—12）.

（三）体医融合工作纳入机制

体医融合工作纳入机制是将体医融合具体工作纳入到医养结合、中西医结合工作体系中。2015 年 11 月，卫健委、民政部、发改委、财政部、人社部、住建部等 9 部委联合发布《关于推进医疗卫生与养老服务相结合的指导意见》正式以文件形式提出"医养结合"概念。所谓医养结合是"以整体医疗和养老机构的服务功能为主要方式，以机构合作、服务衔接为表现形式，从需求出发，提供以专业、持续的医疗、护理、保健服务为特色的新型养老模式"①。从 2013 年至 2019 年间，国家发布关于医养结合的相关政策共 12 部，涉及到医养结合服务工作建设，医养结合服务体系构建，医养结合服务发展短期规划，民间资本、医疗机构、养老机构推进医养结合服务发展的具体指导意见，多批次医养结合试点单位公布等全方位、立体式的医养结合政策法规体系。2022 年 12 月国务院联防联控机制发布会上强调"坚持中西医结合、中西药并用，为群众做好医疗服务保障"②。中西医结合在我国抗战新冠疫情期间发挥了巨大的作用，形成了中西医结合工作体系。

将体医融合融入到医养结合、中西医结合工作体系中在逻辑上具有一致性。这种逻辑一致性体现于"结合"逻辑的一致性。体医融合主要是体医系统和医疗卫生系统的结合，而医养结合是医疗卫生系统和养老服务系统的结合，中西医结合是中医与西医在疾病防控中的结合。尤其是医养结合以老年人群为突破口，利用医养结合所取得的经验教训，能够为体医融合提供借鉴。

将体医融合融入到医养结合、中西医工作体系中对于控制机制的运行具有巨大的推动作用。表现为：明确了控制主体，现有的医养结合

---

① 耿爱生. 养老模式的变革取向："医养结合"及其实现[J]. 贵州社会科学，2015（9）：101—107.

② 中华人民共和国中央人民政府. 国务院联防联控机制发布会：做好中西医结合医疗服务保障［EB/OL］. https://www.gov.cn/xinwen/2022—12/11/content_5731324.htm.［2022—12—11］(2023—05—20).

和中西医结合法规政策体系为控制介体找到了落脚点,在医养结合实施机构中加入体医融合元素,在中西医结合干预健康的过程中加入体育元素实践效果更为突出,这样就强化了输出环节,输出环节通过反馈通路将实践信息反馈给控制主体,这样便形成了控制主体理性、控制中介工具和控制客体秩序三个方面共同构成了"三维一体"的现代性控制图式[①]。

(四) 域外经验借鉴机制

健康促进概念由西方发达国家提出,其健康促进的经验比我们要丰富。早在2007年美国运动医学会就提出了"运动是良医"的理念,随后在2009年又发起了"运动是良医高校行"健康促进全球推广项目。截止到2022年,"运动是良医高校行"全球共有280多个国家加入,我国的香港理工大学、香港公开大学、香港大学和香港城市大学也加入了该项目[②]。"运动是良医高校行"是体育运动、医学实践和高校教育三者结合的产物,其有完善的运行机制和丰富的推广经验。体医融合非医疗干预健康与运动是良医理念一致、本根同源。借鉴国外运动是良医的运行机制对我国体医融合运行机制的良性运行具有借鉴启示价值。

借鉴国外经验的过程中,我们要处理好机制运行在不同国家体质下的适应性问题,不能硬搬照抄,要综合考虑我国体医融合实践开展的实际情况针对性地取其精华去其糟粕。同时还要坚持中国共产党领导下的中国特色社会主义方向、坚持中国特色社会主义初级阶段的公共服务方向、坚持健康中国持续推进进程中的全民健身与全民健康方向。

---

①蒋炜.从主体性控制到主体间性控制—现代性的控制图式转换论纲[J].2007.(1):64—66.

②马勇,陆作生,黄明.美国"运动是良医高校行"推广机制与经验研究[J].武汉体育学院学报,2023.57(04):68—75.

本章小结

　　控制机制是体医融合运行机制中的重要组成部分。控制机制运行的目的是确保机制运行的正确方向和进程。体医融合控制机制内部要素结构关系的复杂性是由控制主体的二元结构、控制介体的多样复杂、控制客体性质多样所决定的。控制主体的二元结构为国家体育总局、卫健委。二元控制主体对于体医融合控制主体职责模糊，致使硬性、软性控制手段，正式、非正式控制方式无处落脚，控制客体实践结果无法正常反馈至控制主体。这种矛盾的恶性循环要求我们在控制机制运行中应遵循主动控制与被动控制相结合、外在控制与内在控制相结合、适时控制与适度控制相结合、把握关键控制点为运行原则。其中关键控制点为明确控制主体的具体职责。围绕关键控制点提出，体医融合控制机制的良性运行可以从多元主体控制机制、体医融合工作融入机制、体医融合工作纳入机制及域外经验借鉴机制等方面进行思考。

参考文献

一、书籍文献

[1] 郭芙蓉,张荣,王婷婷.逻辑学导论[M].哈尔滨:东北林业大学出版社,2008(2):16

[2] 王守田.卫生保健知识辞典[M].济南:济南出版社,1996(09):66.

[3] 叶万春.服务营销学[M].北京:高等教育出版社,2007(01):24.

[4] 涂序彦.大系统控制论[M].北京:国防工业出版社,1994(09):33.

[5] 段逸山.医古文—高等医药院校教材[M].上海:上海科技技术出版社,1984(06):224.

[6] 张奇酞校译.秦·吕不韦.吕氏春秋[M].上海:学林出版社,1984(4):740.

[7] 吴颢昕.灵枢经百话解读[M].长沙:湖南科学技术出版社,2010(05):24.

[8] 王琦,李炳文,邱德文,等.素问今释[M].贵阳:贵州人民出版社,1981(01):55.

[9] 孙思邈.备急千金要方[M].北京:人民卫生出版社,1955(01):78.

[10] 刘时觉.四库及续修四库医书总目—理虚元鉴第二卷[M].北京:中国中医药出版社出版,2005(3):231.

[11] 叶桂,薛雪(张志斌 整理).温热论湿热论[M].北京:人民卫生出版社,2007(7):224.

[12] 刘时觉.四库及续修四库医书总目—张氏通医第十六卷[M].北京:中

国中医药出版社出版,2005(3):667.

[13] 许慎. 说文解字[M]. 天津:天津古籍出版社,1991(06):442.

[14] 王琦,李炳文,邱德文,等. 素问今释[M]. 贵阳:贵州人民出版社,1981(01):244.

[15] 洪丕漠. 中国古代养生术[M]. 上海,上海人民出版社,1990(07):68.

[16] 宋·范晔. 后汉书[M]. 北京:中华书局,2009(04):126.

[17] 段逸山. 医古文[M]. 北京:中国中医药出版社,2007(07):367.

[18] 崔永乐. 中国民族传统体育学[M]. 北京:科学出版社,2018(06):34.

[19] 郑全. 葛洪研究[M]. 北京:宗教文化出版社,2010(12):125.

[20] 梁·陶弘景集,王家葵. 校注. 养性延命录校注[M]. 北京:中华书局,2014(11):38.

[21] 陈涤平,吕文亮,孙晓生,等. 中医治未病学概论[M]. 北京:中国中医药出版社,2017(1):271.

[22] 任继愈主编. 道藏提要[M]. 北京:中国社会科学出版社,1991(02):192—193.

[23] 卿希泰. 中国道教思想史纲 第二卷 隋唐五代北宋时期[M]. 成都:四川人民出版社,1985(09):668.

[24] 金宏柱. 推拿学基础[M]. 上海:上海中医药大学出版社,2000(10):68.

[25] 裴海泓. 体育[M]. 北京:人民卫生出版社,1998(08):114.

[26] 明·高濂著,王大淳等整理. 遵生八笺[M]. 北京:人民卫生出版社,2007(06):248.

[27] 卿希泰. 中国道教第1卷[M]. 北京:知识出版社,1994(01):23.

[28] 清·曹庭栋撰,崔为,崔仲平译. 老老恒言[M]. 北京:人民卫生出版社,2013(04):64—65.

[29] 徐永祥. 社区发展论[M]. 上海:华东理工大学出版社,2000(12):24.

[30] 李景元. 现代企业运行机制与科研开发创新:理论方法与实证分析[M]. 北京:中国经济出版社,2005(10):13.

[31] 刘守英,范欣,刘瑞明. 中国式现代化[M]. 北京:中国人民大学出版社,2022(09):14.

[32] 习近平. 习近平谈治国理政(第四卷)[M]. 北京:外文出版社,2022

(06):123.

　　[33] 穆向阳.信息的演化[M].南京:东南大学出版社,2016(5):3.

　　[34] 严彬.信息动力学导论[M].北京:北京邮电大学出版社,2014(5):8—9.

　　[35] 迈克尔·R·所罗门.消费消费者行为学[M].北京:中国人民大学出版社,2009(7):44.

　　[36] 段锦云.管理心理学[M].杭州:浙江大学出版社,2010(2):120.

　　[37] 张岗英.管理心理学[M].西安:陕西旅游出版社,1997(5):153.

　　[38] Hariold Koontz, Heinz Weihrich. Essentials of management:international and leadership perspective[M].北京:经济科学出版社,2011(11):24.

　　[39] 周雪光.组织社会学十讲[M].北京:社会科学文献出版社,2003(10):188.

　　[40] 斯蒂芬·P·罗宾斯.组织行为学[M].北京:中国人民大学出版社,1997(6):166.

　　[41] 詹姆斯·H·唐纳利.管理学基础[M].北京:中国人民大学出版社,1982(11):195.

　　[42] 苏东水.管理心理学(第5版)[M].上海:复旦大学出版社,2013(10):221.

　　[43] 周慧中.经济激励和经济改革,载汤敏,茅于轼.现代经济学前沿专题(第2集)[M].上海:商务印书馆,1993(10):128.

　　[44] 刘志远.现代企业激励机制[M].上海:上海人民出版社,1997(10):11.

　　[45] 侯光明,李存金.现代管理激励与约束机制(第一版)[M].北京:高等教育出版社,2003(1):26.

　　[46] 张春霖.企业组织与市场体系[M].上海:上海三联书店,上海人民出版社,1994(3):46.

　　[47] 广小利,李卫东.管理学[M].北京:北京理工大学出版社,2016(8):187.

　　[48] 席佳蓓.管理学[M].南京:东南大学出版社,2013(2):214.

　　[49] 余玲艳.员工情绪管理[M].北京:东方出版社,2007(1):23.

　　[50] 王明杰,郑一山.西方人力资本理论研究综述[M].北京:中国行政管理,2006(8):92—95.

　　[51] 弗里曼(著),王彦华,梁豪(译).战略管理:利益相关者方法[M].上海:

上海译文出版社,2006(6):46.

[52] 蔡世刚.管理学[M].南京:东南大学出版社,2016(1):200—202.

[53] 王亚丹.管理学[M].上海:上海财经大学出版社,2016(1):252—250.

[54] 廖胜辉.奖惩之道[M].北京:军事译文出版社,1993(5):258.

[55] 宗良纲.环境管理学[M].北京:中国农业出版社,2005(8):1.

[56] (宋)司马光.资治通鉴(全四册)[M].长沙:岳麓书社,2018(7):245.

[57] 高明.耕地可持续利用动力与政府激励[M].北京:经济管理出版社,2006(1):115.

[58] 熊川武.学校管理心理学[M].上海:华东师范大学出版社,1996(6):35.

[59] 孙多勇.公共管理学[M].长沙:湖南人民出版社,2005(1):17.

[60] 张钟汝.城市社会保障[M].上海:上海大学出版社,2002(2):43.

[61] 马孝扬,赵玲.政府行为学概论[M].沈阳:辽宁人民出版社,1995(11):23.

[62] 施雪华.政府权能理论[M].浙江:浙江人民出版社,1998(6):188.

[63] 阿奎那,著,马情槐,译.阿奎那.政治著作选[M].上海:商务印书馆,1963(6):187.

[64] 中国社会科学语言研究所.现代汉语词典(第7版)[M].北京:商务印书馆,2016(09):723.

[65] 廖泉文.人力资源管理(第三版)[M].北京:高等教育出版社,2018(5):5.

[66] 让一伊夫·戈菲.技术哲学[M].北京:商务印书馆,2000(6):22.

[67] 孙福全,彭春燕,等.产业共性技术研发组织与基地建设研究[M].北京:中国农业科学技术出版社,2008(5):22.

[68] 冯连世.运动处方[M].高等教育出版社,2020(10):15.

[69] 宁泽群.微观经济学[M].北京:中国电力出版社,2012(9):150.

[70] 蔡长昆.政府职能转变的制度逻辑[M].社会科学文献出版社,2018(12):5.

[71] 胡家勇.政府职能转变与政府治理转型[M].广州:广东经济出版社,2015(10):6.

[72] 卫兴华.市场功能与政府功能组合论[M].经济科学出版社,1999(10):

159—167.

[73] 李斌. 社会学[M]. 武汉:武汉大学出版社,2009(7):112—113.

[74] 徐永祥. 社区发展论[M]. 上海:华东理工大学出版社,2000(12):121—125.

[75] 董旺远,何红英. 控制论基础[M]. 武汉:武汉大学出版社,2011(2):3.

[76] 涂序彦. 智能与控制系列教材:大系统控制论[M]. 北京:北京邮电大学出版社,2005(8):93.

[77] 曾昭磐. 工程控制论教程[M]. 厦门:厦门大学出版社,1991(3):3.

[78] 郑杭生. 社会学概论新修(修订本)[M]. 北京:中国人民大学出版社,1998(2):436.

[79] [苏] 茹科夫. 控制论的哲学原理[M]. 上海:译文出版社,1981(4):112.

[80] 毛军权. 投资者行为控制机制研究[M]. 上海:复旦大学出版社,2008(5):21.

[81] 涂序彦,王枞,郭艳慧. 智能与控制系列教材:大系统控制论[M]. 北京:北京邮电大学出版社,2008(8):92.

[82] 曾昭磐. 工程控制论教程[M]. 厦门:厦门大学出版社,1991(3):5.

[83] 黄秉宪,韩秀苓. 生物控制论基础[M]. 北京:北京理工大学出版社,1991(5):4.

[84] [美] 维纳 著,陈步 译. 人有人的用处:控制论与社会[M]. 北京:北京大学出版社,2010(07):20.

[85] 杨佳华. 转型社会控制论[M]. 北京:北京师范大学出版社,2009(6):148.

[86] 吴增基. 现代社会学(第 5 版)[M]. 上海:上海人民出版社,2014(2):329.

[87] 奚从清. 现代社会学导论 第 2 版[M]. 浙江:浙江大学出版社,2012(11):322.

[88] 郑杭生. 社会学概论新修(第 3 版)[M]. 北京:中国人民大学出版社,2003(01):40.

[89] 习近平. 高举中国特色社会主义伟大旗帜为全面建设社会主义现代化国家而团结奋斗——在中国共产党二十次全国代表大会上的报告[M]. 2022

(10):18.

二、学位论文

[1] 田天亮.改革开放以来中国共产党对我国社会主要矛盾的认识[D].长春:东北师范大学博士学位论文,2020(6):18.

[2] 陈家旭.《黄帝内经》"治未病"理论研究[D].北京:中国中医科学院,2008(5):8.

[3] 陶朔秀.中华导引术的中医学生学研究[D].上海:上海体育学院博士学位论文,2015(06):60.

[4] 韩秀兰.迁村并居动力机制研究[D].杨林:西北农林科技大学博士学位论文,2014(5):28.

[5] 陈大龙.创造业企业自主创新知识型动力机制研究[D].哈尔滨:哈尔滨工程大学博士学位论文,2011(6):32.

[6] 张淑辉.山西省农业科技创新的动力机制研究[D].北京:北京林业大学博士论文,2014(6):32.

[7] 刘兴鹏.我国地方政府职能转变的动力机制研究[D].武汉:武汉大学博士论文,2014(4):28,35.

[8] 尹浩.汽车操作逆动力学的建构与仿真[D].南京:南京航空航天大学博士论文,2007(10):24.

[9] 郑伦仁.大学学术权力运行机制研究[D].重庆:西南大学博士论文,2012(4):28.

[10] 戴志鹏.居家养老服务视角下的体育运行机制研究[D].苏州:苏州大学博士学位论文,2015(3):89.

[11] 高泳.我国青少年体育参与动力机制研究——以河南省为例[D].北京:北京体育大学博士学位论文,2013(6):117—118.

[12] 高治.我国青少年校园篮球运动发展的动力机制研究[D].武汉:武汉体育学院博士学位论文,2016(6):77.

[13] 曹万林.生态现代化动力机制研究—基于区域视角[D].吉林:东北财经大学博士学位论文,2015(6):130.

[14] 周英.中国西部乡村—城镇转型的动力机制/模式及测度研究[D].西

安:西北大学,2014(6):33.

[15] 陈跃峰.利益动力论[D].北京:中共中央党校博士学位论文:2015
(5):35.

[16] 王丽丽.健康中国视阈下体医融合发展的法治保障研究[D].西安体育
学院硕士论文,2023(3):16.

[17] 彭贺.人为激励研究[D].上海:复旦大学博士学位论文,2004(5):14.

[18] 赵志坤.大学教师激励问题研究[D].南京:南京大学博士学位论文,
2015(11):20—21.

[19] 韩锦.大学生村官工作行为及激励机制研究——以陕西省为例[D].杨
凌:西北农林科技大学博士学位论文,2017(12):17.

[20] 王伟强.高新技术企业知识员工激励机制研究[D].杨凌:西北农林科技
大学博士学位论文,2008(1):17.

[21] 马跃如.高等学校教师激励研究[D].长沙:中南大学博士学位论文,
2006(12):14.

[22] 王哲.高校科技工作者激励机制理论研究[D].长春:吉林大学博士学位
论文,2010(6):16—17.

[23] 朱德友.高校教师激励机制研究[D].武汉:武汉大学博士学位论文,
2010(10):14.

[24] 宋广伟.义务教育阶段民办学校教师激励机制研究[D].西安:陕西师范
大学博士学位论文,2017(9):11.

[25] 邓玉林.知识型员工的激励机制研究[D].南京:东南大学博士学位论
文,2006(9):8.

[26] 余璐.现代公司激励机制研究[D].成都:四川大学博士学位论文,2003
(3):33.

[27] 邹苏.高校大学生激励方法研究[D].武汉:武汉理工大学硕士学位论
文,2004(5):28—45.

[28] 丁青青.乡镇公务员激励内容设计及体系研究—以晋江市为研究区域
[D].福州:福建农林大学硕士学位论文,2015(4):28.

[29] 刘美彦.激励视角下的政府绩效研究[D].北京:中央民族大学博士学位
论文,2007(2):84.

[30] 王晓丹.我国促进中小型外贸企业发展及保障机制研究[D].长春:东北师范大学博士学位论文,2016(6):82.

[31] 刘宓凝.西部农村家庭儿童人力资本投资及保障机制研究[D].杨凌:西北农林科技大学,2010(11):61.

[32] 彭永芳.基于利益相关者的建筑工程质量保障研究[D].天津:天津财经大学博士论文,2016(12):126—128.

[33] 钱侃侃.运动员权利保障机制研究[D].武汉:武汉大学博士学位论文,2014(6):61—118.

[34] 赵丹.我国新农村住宅建设投融资模式及保障机制研究[D].北京:北京交通大学博士学位论文,2014(9):91—105.

[35] 林婕.我国公立医院公益性保障机制研究[D].武汉:华中科技大学博士学位论文,2011(6):31—32.

[36] 李雨.农民工就业保障机制研究[D].杨凌:西北农林科技大学博士学位论文,2013(6):7.

[37] 仁恒.艾莉洛·埃斯特罗姆自主治理思想研究[D].长春:吉林大学,2019(6):125.

[38] 张静.农村公共资源治理机制研究[D].石河子:石河子大学博士学位论文,2016(9):73.

[39] 李彦西.欠发达省区高等教育资源整合机制研究[D].武汉理工大学博士学位论文,2010(12):31—32.

[40] 邵峰.转型时期山东沿海农村城市化模式及整合机制研究[D].天津:天津大学博士学位论文,2009(1):8.

[41] 孙选中.服务型政府及其服务行政机制研究[D].北京:中国政法大学博士学位论文,2008(4):107—108.

[42] 胡鹏.清代中期华北粮食市场整合研究[D].北京:中国农业大学博士学位论文,2017(5):2.

[43] 李清华.社会转型时期中国共产党利益整合方式研究[D].北京:中共中央党校博士学位论文,2005(5):1.

[44] 赵丹丹.上海医疗资源纵向整合研究[D].上海:上海复旦大学博士学位论文,2008(10):23.

[45] 姜晓丽.高技术虚拟产业集群资源整合即信息平台研究[D].哈尔滨:哈尔滨理工大学博士学位论文,2012(6):20.

[46] 杜长东.对苏州市定点健身俱乐部"刷医保卡健身"的调查研究[D].昆明:云南师范大学硕士学位论文,2017(6):23.

[47] 李茂平.民间组织的道德整合功能研究[D].武汉:华中师范大学博士学位论文,2008(04):56.

[48] 程诗玮.产学研协同创新视角下大雪功能整合研究[D].武汉:武汉理工大学硕士学位论文,2016(4):13.

[49] 李书亭.黑龙江省垦地区域空间整合发展研究[D].哈尔滨:哈尔滨工业大学,2018(6):30.

[50] 张博野.武汉城市圈空间结构演化与空间整合研究[D].武汉:华中师范大学博士学位论文,2015(9):16.

[51] 陈曦.中国跨部门合作问题研究[D].长春:吉林大学博士学位论文,2016(6):46.

[52] 周绿林.我国医疗保险费用控制研究[D].镇江:江苏大学博士学位论文,2008(12):28.

[53] 丁春维.基于公司治理结构的内部会计控制机制[D].天津:天津大学硕士论文,2005(12):5.

三、期刊文献

[1] 包学文.中国特色社会主义分配制度的演进逻辑—以"资源配置"转变为中心[J].南京林业大学学报(人文社会科学版),2022(6):60—69+114.

[2] 江源.中国特色社会主义对世界社会主义发展的贡献[J].濮阳职业技术学院学报,2023,36(6):61—64+104.

[3] 王一杰,王世强,李丹等.我国体医融合社区实践:典型模式、现实困境和发展路径[J].中国全科医学,2021,24(18):2260—2267.

[4] 王圣宝.漫画华佗体医融合[J].体育文史,1998(5):55—56+44.

[5] 赵仙丽,李之俊等.构建城市社区"体医融合"体育公共服务的创新模式[J].2011,32(4):58—63.

[6] 李明良,蔡建光.科学健身视阈下"体医融合"健身模式的驱动因素与提升

策略[J].湖北体育科技,2017,36(5):377—379.

[7] 梁丽珍.体医融合背景下民族传统体育产业的发展创新模式与路径选择[J].经济研究导刊,2017(28):53—54.

[8] 向宇宏,李承伟."体医融合"下我国学校体育的发展[J].体育学刊,2017,24(5):76—79.

[9] 李璟圆,梁辰,高璨,等.体医融合的内涵与路径研究—以运动处方门诊为例[J].体育科学,2019,39(7):23—32.

[10] 岳建军,王运良,龚俊丽等.后疫情时代体医融合新取向:健康储备[J].成都体育学院学报,2021,47(4):112—117.

[11] 胡杨.从体医分离到体医融合—对全民健身与全民健康深度融合的思考[J].体育科学,2018,39(6):24—30.

[12] 易建东.体育概念的梳理与厘清[J].成都体育学院学报,2019,45(5):17—21.

[13] 蓝毓营."治未病"源流述略[J].上海中医药杂志,2005,39(9):48—49.

[14] 张婧懿,丁雪梅,等.中医"治未病"源流探析与发展探讨[J].黑龙江中药,2017,34(02):44—45.

[15] 田景振,周长征.中医养生与保健[J].个人图书馆.2016,03,18:1—11.

[16] 班新能,王翔.中医"治未病"学术思想浅析及其现实意义[J].兵团医学,2009(3):22—28.

[17] 张明渊,李金田.从仲景方谈《伤寒论》治未病思想[J].甘肃中医学院学报,2011,(06):23—24.

[18] 刘永畅.《金匮要略》"治未病"学术思想浅析[J],实用中医药杂志,2004,20(7):394.

[19] 贾天奇,李娟,樊凤杰,等.传统体育疗法与未病学[J].体育与科学,2007,28(4):12—14+19.

[20] 王天芳,孙涛.亚健康与"治未病"的概念、范畴及其相互关系的探讨[J].中国中西医结合杂志,2009,29(10):929—933.

[21] 姜良铎.健康、亚健康、未病与治未病相关概念初探[J].中华中医药杂志,2010,25(2):167—170.

[22] 程秋雷,吴燕,黄岚等.中国古代体医融合思想的生成逻辑、历史进程及

当代价值意蕴[J].体育研究与教育,2022.37(6):93—96.

[23] 黄健.古代医学名著中的气功(十)—《杂病源流犀烛》中的"导引"与"运动"[J].2012(3):13—14.

[24] 郑杭生,郭星华.试论社会运行机制[J].社会科学战线,1993(1):125—129+149.

[25] 严家明.社会运行机制概论[J].社会科学,1990(8):52—55.

[26] 张建新.社会机制的涵义及其特征[J].人文杂志,1991(6):27—29+11.

[27] 郭湛,曹延莉.社会运行机制的特点及优化途径[J].河北学刊,2009.29(2):148—151.

[28] 郑伟建.社会运行机制与社会现代化[J].理论与改革,1991(2):32—36.

[29] 高千里,商勇,李承伟,等.供给侧改革视阈下体医融合健康服务供给研究[J].武汉体育学院学报,2021,40(4):1—7.

[30] 李彦龙,陈德明,聂应军,等.场域论视阈下我国体医融合的实然困境与应然进路[J].体育学研究,2021,35(1):36—43.

[31] 段昊,吴香芝,刘耀荣,等.大数据视角下我国体医融合案例分析与推进方案[J].沈阳体育学院学报,2023,42(1):73—78,122.

[32] 罗平汉.革命与利益[J].理论视野,2011(6):59—62.

[33] 郭湛,王洪波.改革、发展、稳定、和谐的动力机制[J].天津社会科学,2008(5):45.

[34] 王孝哲.所有矛盾都是事物变化发展的动力吗?[J].江汉论坛,1998(8):48—50.

[35] 徐丹阳.正确理解和解释"矛盾是事物发展的源泉和动力"[J].中学政治教学参考,2011(13):56—67.

[36] 张云飞.借助《矛盾论》深入理解新时期社会主要矛盾的变化[J].新视野,2018(2):19—23.

[37] 鲁鹏.对马克思主义哲学一个基本观点的再思考[J].山东社会科学,2005(5):5.

[38] 赵士发,张昊.《矛盾论》与新时期中国社会主要矛盾问题探析[J].湖南社会科学,2018(2):33—37.

[39] 孙欣然,孙金海,陈立富,等.健康需求特点与健康管理对策[J].中国老

年学杂志,2018.38(11):5364—5367.

[40] 张广利,瞿泉.城市高龄空巢特殊需要分析[J].华东理工大学学报(社会科学版),2011.26(1):8—17.

[41] 张琳.我国中健康需要实证研究——基于性别和城乡的分析[J].财经问题研究,2012(11):100—105.

[42] 辛红菊,张晓君,卢秋玲,等.合理情绪疗法在心血管疾病心理护理中的作用[J].中国老年学杂志,2008.28(6):604—605.

[43] 刘颂.近10年我国老年心理研究综述[J].人口与社会,2014.30(1):44—48.

[44] 李可.成寿寺空巢老人的社会支持及心理健康状况的关系[J].中国老年学杂志,2014.34(13):3718—3720.

[45] 王粤湘,邓小妮,张秀华.广西511名生活与健康需求的调查研究[J].现代预防医学,2008.35(23):4645—4647.

[46] 康文斌.社会改革在历史动力系统中的地位、作用和意义[J].晋阳学刊,1993(2):3—9.

[47] 田月秋.改革是社会主义社会发展的直接动力[J].云南社会科学,2000.增刊:31—33.

[48] 陆云彬."改革也是解放生产力"观点述评[J].实事求是,1992(6):62—64.

[49] 赵政.生产力发展是社会进步的决定理论[J].毛泽东思想研究,1998(S1):81—83.

[50] 陈常国.改革要有敢于[啃硬骨头]的精神[J].前进,2017(8):64.

[51] 易剑东.当前中国体育改革的批判性思考[J].体育学研究,2018(4):14—23.

[52] 李建明.加强体育理论创新,推动体育事业新发展[J].体育文化导刊,2019(2):1—3.

[53] 王家宏,鲍明晓,谭华,袁威.聚焦改革开放40年:中国体育改革与发展的思考[J].体育学研究,2018(6):64—73.

[54] 鲍明晓.以新时代改革开放,统领体育强国建设[J].体育科学,2019.39(3):13—18.

[55] 顾昕.政府转型与中国医疗服务体系的改革取向[J].学海,2009(2):38—46.

[56] 孔德斌.医疗卫生利于的政府职能转型[J].行政论坛,2007.79(1):78—82.

[57] 任苒.医学整合与卫生系统改革[J].医学与哲学(人文社会医学版),2009.30(11):11—13.

[58] 张录法,黄丞.医疗卫生体系改革的四种模式[J].经济社会体制比较,2015(1):75—80.

[59] 范阳东,王小丽,谢玉红.我国医疗卫生体制改革问题与原因的再思考[J].中国卫生事业管理,2016(5):295—297.

[60] 李满春.用全民健康标注全面小康[J].共产党员,2020(22):1.

[61] 华颖.健康中国建设:战略意义、当前形势与推进关键[J].国家行政学院学报,2017(6):105—112.

[62] 刘杰,张建峰,张祺.政府运行对信息公开的逆动力分析[J].公共管理学报,2012.9(4):20—28.

[63] 郑文范.科学技术本质的演化论解读[J].社会科学辑刊,2007(3):11—15.

[64] 张媛媛,袁飞.马克思关于科学技术本质的认识及其当代价值[J].大连民族大学学报,2016.18(6):596—599.

[65] 陈铁民.前进与后腿的辩证法[J].福建论坛,1983(2):62—66.

[66] 欧阳天然.事物内部结构初探[J].求索,1982(3):67—73.

[67] 邬焜.事物结构的系统分析[J].系统辩证学学报[J].1995.3(1):32—41.

[68] 谢存华.浅谈写作氛围的创设[J].新课程学习,2014(5):73.

[69] 姜治莹.论技术的社会氛围与效应[J].松辽学刊(哲学社会科学版),2000(5):49—52.

[70] 刘春仁.试论结构与物质、运动、时空的关系[J].江汉论坛,1981(4):62—67.

[71] 关西普,杜铠汉.体制、机制及其相互关系问题[J].科学学与科学技术管理,1992(1):5—9.

[72] 王浩斌.马克思主义中国化动力机制运行的基本规律[J].天水行政学院学报,2010(2):5—8.

[73] 陈荧.激励是现代管理的核心技巧[J].哈尔滨市委党校学报,2002(3):3—6.

[74] 邓小豹.绩效管理的核心功能在于激励[J].沧桑,2008(4):116—117.

[75] 李玉洁.和谐社会视域下基层组织激励机制的模式探究[J].领导科学,2013(09Z):47—48.

[76] 钱颖一.激励与约束[J].经济社会体制比较,1999(5):7—13.

[77] 徐武宁.浅析企业激励机制的基本特征[J].工业技术经济,1998.18(5):14—15.

[78] 陈杰.学校竞争的激励机制的基本特征[J].江西教育科研,1994(4):9—11.

[79] 肖文.企业激励机制的系统特征分析[J].成都大学学报,2005.24(3):210—213.

[80] 闫海燕,龚建立.论高校科技人才激励环境优化[J].科技管理研究,2001(2):60—61.

[81] 张爱卿.归因理论研究的新进展[J].教育研究与试验,2003(1):38—41.

[82] 胡韬.国外主要挫折理论及其教育启示[J].贵州教育学院学报,2009(2):13—16.

[83] 刘瑜.挫折理论与其在员工管理中的启示[J].社会心理科学,2010(5):23—26.

[84] 李森,崔友兴.论教师专业发展动力的系统构建和机制探析[J].教育理论与实践,2013.33(4):33—36.

[85] 李想.基于波特和劳勒综合型激励理论的高校教师激励措施研究[J].西部素质教育,2018(1):114—115.

[86] 张鑫,冯跃,李国昊.基于波特—劳勒综合性激励理论的高校激励机制[J].江苏高教,2005(2):94—96.

[87] 林娇.试析波特—劳勒综合型激励理论在高校管理中的应用[J].黑龙江生态工程职业学院学报,2009.22(6):80—82.

[88] 张宪丽,高奇琦.团队生产理论:公司社会责任的理论基础考辨[J].政法

论丛,2017(2):58—66.

[89] 王红霞.完善国企经营者激励约束机制的探讨—学习团队生产理论启示[J].沈阳大学学报,2002.14(3):24—26.

[90] 陈敏,杜才明.委托代理理论述评[J].中国农业银行武汉培训学院学报,2006(6):76—78.

[91] 焦磊.高等教育利益相关者理论研究的进路[J].高教发展与评估,2018.34(4):1—8.

[92] 赖婷婷.谁在阻挠单位改革推进:基于利益相关者视野的分析[J].领导科学,2019(4):9—12.

[93] 陈秋红.农村贫困治理中的问题与推进策略—基于利益相关者视角的分析[J].东岳论丛,2018.39(11):38—45.

[94] 阴进攻,汪应洛.高校教师激励因素及其相互关系研究[J].科学学研究,2004.22(2):179—182.

[95] 潘开灵.高校教师的激励因素研究[J].武汉科技大学学报(社会科学版),2002.(2):27—29.

[96] 刘淑霞.激励方法在护理管理中的应用[J].2006.20(7):1768—1769.

[97] 梁镇.知识型员工激励方法比较研究[J].2007(6):102—105.

[98] 吕万刚,侯富民.竞技体操创新激励机制类型与激励方法研究[J].武汉体育学院学报,2004.38(2):83—86.

[99] 李继先.世界成功企业激励方法[J].中国人力资源开发,2002(1):32—34.

[100] 李天鹰.激励方法在学校管理中的运用[J].黑龙江教育:综合版,2003(5):36—37.

[101] 丁如江.论图书馆科学管理的激励方法[J].晋图学刊,2008(5):18—19—26.

[102] 王勇,邓端.农村信用社员工激励方法略探[J].西南金融,2004(3):60.

[103] 张伟.基于绿色供应链的政府激励方式探讨[J].苏州市职业大学学报,2009.20(4):63—65.

[104] 余莉.研发人员个性特征与有效激励方法研究[J].中国铝业,2009.33(1):53—56.

[105] 袁瑛,卢文文.管理中的物质激励和精神激励[J].中国集体经济,2009(3):63—64.

[106] 张皓.高校学生教育激励环境的优化[J].社科纵横,2011.26(7):150—152.

[107] 孔波.我国古代激励文化方法及其运用[J].企业文化,2008(3):115—116.

[108] 马振耀.简论中国古代激励思想[J].周口师院学院学报,2005.22(4):102—104.

[109] 廖芝馨.从《孔子家语》谈孔子的政治思想[J].青年文学家,2009(23):2.

[110] 魏凤.中国古代激励思想花絮[J].中国人力资源开发,2004(7):68.

[111] 霍小军.中国古代激励思想的思考[J].学术交流,2006(12):49—52.

[112] 魏青松,吴耀明.漫谈古代富民观[J].党员之友(新疆),2019(5):1.

[113] 颜文垚.中国古代激励思想演变浅析[J].重庆科技学院学报(社会科学版),2008(4):94—95.

[114] 李锡元.中国古代激励思想举要[J].现代企业教育,2004(2):17—18.

[115] 陈国权,王柳.公职人员绩效评估的激励机制问题研究[J].学术研究,2005(07):73—77.

[116] 高铁生.正确认识政府与市场的关系[J].经济,2014(09):17.

[117] 宋丙涛,潘美薇.政府职能的结构与演化——基于公共产品供给的视角[J].河北大学学报(哲学社会科学版),2016.41(6):88—95.

[118] 杜俊飞.公正传播论(2):交往社会的来临[J].当代传播,2022(3):49—55.

[119] 黄艺羡.麦克利兰成就动机理论对高校辅导员队伍建设的启示[J].学校月刊,2006(18):24.

[120] 张文,陈志峰.我国绿色债券市场保障制度:现状、问题与政策建议[J].南方金融,2022(5):70—78.

[121] 钟全宏.试论我国体育产业的任务及组织保障[J].西安体育学院学报,2003.20(2):20—21+27.

[122] 李宏.我国经济社会发展综合评价指标体系研究[J].消费导刊·理论

版,2008(06):1—6.

[123] 王兴一,王建宇.我国体医融合政策特征及发展策略[J].体育文化导刊,2022(4):59—65.

[124] 段新芳,虞华强,潘海丽.国家标准、行业标准的立项与制定的程序和要求[J].中国人造板,2009(6):28—32.

[125] 刘长秋.作为软法的行业标准研究—以卫生行业标准为视角[J].北京理工大学学报(社会科学版),2013.15(2):108—116.

[126] 王峰,陶学荣.政府公共服务职能的界定、问题分析及对策[J].甘肃社会科学,2005(4):231—234.

[127] 王伯鲁.技术划界问题的一个广义优化解[J].科学技术与辩证法,2005.22(2):59—63.

[128] 刘重.试论科学技术进步的概念与特征[J].科学学与科学技术管理,1987(10):22—23.

[129] 项哲学,陈玉端.论共性技术[J].浙江工业大学学报(社会科学版)[J].2003.2(1):1—4.

[130] 王英.组织效力与权力分配——一种数理解释[J].系统工程理论与实践,1997(8):62—66.

[131] 朱其鳌.组织效率的自组织分析[J].四川轻化工学院学报,2004.17(1):78—82.

[132] 郑泰安.设区的市地方性法规与省级政府规章效力等级辨析—基于讨论规制的视角[J].法学论坛,2018,33(1):92—99.

[133] 曲洪志,谭延敏.文化建设与社会整合[J].马克思主义与现实,2009(1):193—195.

[134] 雷振东,刘家平.整合与重构——陕西关中乡村聚落转型研究[J].时代建筑,2007(4):22—27.

[135] 黄玉捷.社区整合:社会整合的重要方面[J].河南社会科学,1997(4):71—74.

[136] 李长健,胡纯,朱汉明.利益视角下农村资源环境可持续利用与保护机制体系研究[J].河南教育学院学报(哲学社会科学版),2009.28(2):90—93.

[137] 李清华.利益整合:构建和谐社会的关键[J].中共石家庄市委党校学

报,2005(3):47.

[138] 冯海龙.社会运行机制的优化及其途径[J].太原大学学报,2005.6(4):78—80.

[139] 唐祖爱.浅析我国政府整合的缺失及重建途径[J].地方政府管理,1997(9):12—14.

[140] 胡伟.经济转型中的政府整合:政治体制改革的维度[J].社会科学战线,1995(2):1—8.

[141] 应瑞瑶,赵永清,李胜军.行业协会、国内市场整合与对华反倾销[J].国际贸易问题,2004(8):25—28.

[142] 李秀英.医疗卫生服务的市场调节与政府作用的界定[J].中国卫生经济,2000.19(11):16—17.

[143] 王琳琳.试论公共管理中的公共利益与政府利益[J].管理研究,2016(2):24.

[144] 董保宝,葛宝山,王侃.资源整合过程、动态能力与竞争优势:机理与路径[J].管理世界(月刊),2011(3):92—101.

[145] 苏新宁,章成志,卫平.论信息资源整合[J].现代图书情报技术,2005(9):54—61.

[146] 姚尚建.政党政府的结构与功能[J].重庆社会科学,2017(12):95—99.

[147] 曹任何,王晓燕,何超.政府整合功能初探[J].社会科学动态,2018(05):35—36.

[148] 闫蓓,张薇平.从空间整合到功能整合—论天津滨海新区行政管理体制改革的深化与完善[J].天津职业院校联合学报,2012(7):53—58.

[149] 雷海潮.公立医院社会功能及价值探讨[J].中华医院管理杂志,2009(7):433—435.

[150] 劳凯声.重新界定学校的功能[J].教育研究,2000(8):3—5.

[151] 陆大道.关于"点—轴"空间结构系统的形成机理分析[J].地理科学,2002(1):1—6.

[152] 韩大伟."路径"含义的词汇化模式[J].东北师大学报(哲学社会科学版),2007(3):155—159.

[153] 林闽钢,张瑞利.医疗服务体系的纵向整合模式及其选择[J].苏州大学

学报(哲学社会科学版),2014(4):15—20.

[154]金芳.数字化社区建设中平台整合问题研究—以温州学习网为例[J].智能计算机与应用,2013.3(5):87—90.

[155]黎永泰.简论发展的方向性[J].理论与改革,1988(1):35—39.

[156]刘正兴.维纳与控制论的发展—纪念《控制论》出版40周年[J].玉溪师专学报(自然科学版),1988(2):44—51.

[157]胡世华.控制论的发展[J].科学通报,1965(10):862—869.

[158]孙枫,孙尧.生物控制论综述[J].自动化技术与应用,1990(2):1—6.

[159]寇详强.社会控制理论的主要形态[J].大理学院学报,2009.8(1):29—31.

[160]万百五.社会控制论及其进展[J].控制理论与应用,2012.29(1):1—10.

[161]殷晓芳.信息控制与篇章构建[J].大连理工大学学报(社会科学版),2000(3):58—63.

[162]谢琰.大学生资助在新媒体视角下的社会控制方法[J].当代教育实践与教学研究[J].2016(6):237.

[163]周明侠.构建和谐社会的社会控制模式转型与社会控制手段选择[J].求索,2006(12):137—139.

[164]潘允康.试论社会控制手段的多样性和综合性[J].杭州师范学院学报(社会科学版),2002(6):59—62+47.

[165]李长印,李翠荣.试论社会的制度化控制[J].求索,1998(6):50—51.

[166]谭玉林.试论社会控制的模式、手段和方式[J].上海师范大学学报,1989(2):154—156.

[167]陈力丹.传播的社会控制方式[J].东南传播,2017(5):38—41.

[168]仇军,王永红.论体育社会问题的社会控制[J].首都体育学院学报,2010.22(3):1—4.

[169]程恩富.落实科学发展观要深刻认识社会主义初级阶段的理论[J].河南社会科学,2008.16(3):1—5.

[170]中共中央党史研究室理论研究中心.牢牢把握社会主义初级阶段的基本国情[J].党政干部参考,2017(24):5—7.

[171] 陆书建,李艳,高敏.新时代背景下的体育功能优化与价值拓展[J].体育与科学,2023,44(01):30—35,106.

[172] 金超,汪键.全民健身与全民健康深度融合的内在逻辑、现实价值与实现路径[J].体育与科学,2023,44(04):45—52.

[173] 林勇,张宗毅,杨先斌.欠发达地区类型界定及其制备体系应用分析[J].重庆大学学报(自然科学版),2007.30(12):119—124.

[174] 刘国玉.工程监理中的主动控制与被动控制[J].内蒙古科技与经济,2001(6):57.

[175] 索清.工程质量主动控制与被动控制的关系[J].山西建筑,2005.31(1):132—133.

[176] 李四辈.浅谈主动控制与被动控制在安全管理中的应用[J].2005(5):81.

[177] 曹凤月.由外在社会控制到内在社会控制的转换机制[J].中国工运学院学报,1991(3):62—65.

[178] 李海玉.试论社会控制与构建和谐社会[J].毛泽东思想研究,2007.34(6):106—108.

[179] 曹阳."和谐"与"矛盾"并不矛盾[J].思想政治课教学,2008(4):35—37.

[180] 张克忠.公共治理之道:埃莉诺·奥斯特罗姆理论述评[J].政治学研究,2009(6):83—93.

[181] 耿爱生.养老模式的变革取向:"医养结合"及其实现[J].贵州社会科学,2015(9):101—107.

[182] 蒋炜.从主体性控制到主体间性控制—现代性的控制图式转换论纲[J].2007.(1):64—66.

[183] 马勇,陆作生,黄明.美国"运动是良医高校行"推广机制与经验研究[J].武汉体育学院学报,2023,57(04):68—75.

四、网站信息

[1] 中华人民共和国中央人民政府. https://www.gov.cn.

[2] 中华人民共和国卫生健康委员会. www.nhc.gov.cn.

［3］中国青年网. https://baijiahao. baidu. com

［4］国家统计局. www. stats. gov. cn.

［5］中国人大网. http：//www. npc. gov. cn.

［6］国家体育总局. https://www. sport. gov. cn.

［7］国家规划发展与信息化司. ww. nhc. gov. cn.

［8］深圳市人民政府. www. sz. gov. cn.

［9］深圳市卫健委. w jw. sz. gov. cn.

图书在版编目（CIP）数据

健康中国持续推进中体医融合运行机制的理论与实践
研究 / 马勇著.
—上海：上海三联书店，2024.7
ISBN 978 - 7 - 5426 - 8593 - 3

Ⅰ. G883；R

中国国家版本馆 CIP 数据核字第 202466BB28 号

健康中国持续推进中
体医融合运行机制的理论与实践研究

著　　者　马　勇

责任编辑　钱震华

装帧设计　徐　徐

出版发行　上海三联书店

　　　　　中国上海市威海路 755 号

印　　刷　上海晨熙印刷有限公司

版　　次　2024 年 7 月第 1 版

印　　次　2024 年 7 月第 1 次印刷

开　　本　700×1000　1/16

字　　数　290 千字

印　　张　21.5

书　　号　ISBN 978 - 7 - 5426 - 8593 - 3 / G · 1731

定　　价　98.00 元